Marion Bendine

# Partir pour devenir quelqu'un

© 2023, Marion Bendine

Édition : BoD · Books on Demand GmbH,
In de Tarpen 42, 22848 Norderstedt (Allemagne)
Impression : Libri Plureos GmbH,
Friedensallee 273, 22763 Hamburg (Allemagne)
ISBN : 978-2-3224-9755-3
Dépôt légal : Juillet 2023

À tous ceux qui m'ont accompagnée dans cette vie et à tous ceux qui m'accompagneront encore demain.

# SOMMAIRE

Lettre à mes lecteurs ……………………………………………..11
Introduction ……………………………………………………...13

**PREMIÈRE PARTIE – Il est temps**

Chapitre 1
Le retour …………………………………………………....30

Chapitre 2
Le jeu des quatre phases ……………………………………...38

Chapitre 3
Prises de conscience …………………………………………....135

**DEUXIÈME PARTIE - Questions/Réponses**

Rappel à la vérité ……………………………………………….209
Je vous réponds ………………………………………………...229

# Lettre à mes lecteurs

Cher lecteur,
Ce livre que tu t'apprêtes à dévorer est tiré de ma propre expérience, de mes propres ressentis et de mes émotions les plus profondes. Ici, je me livre ouvertement à toi, sans pudeur. Je t'octroie ce plaisir d'en savoir plus sur moi que je n'en sais sur toi.
Sur le papier, j'ai posé ma plume, il y a plus de quatre ans. Je me suis mise à nu pour essayer. J'y ai pris goût. Je ne me suis pas arrêtée. Aujourd'hui, il est temps pour toi de me lire.
Un voyage à l'étranger a suffi pour que je commence cette incroyable aventure que représente l'écriture.
J'ai tenu à mettre un écrit sur toutes ces émotions et ces changements ressentis, pendant et après ce voyage. Il me semblait important de laisser une trace de cet incroyable périple afin que je puisse t'emmener avec moi, comme si tu avais pris part à cette aventure. Une aventure qui représente aujourd'hui à mes yeux, une entrée vers une nouvelle porte, une nouvelle vie, plus sereine et authentique.
Ce rêve, que l'on est beaucoup à partager, celui de tout quitter et partir vers une nouvelle destination est révélateur de cette nouvelle génération. Les nouvelles technologies, les nombreux progrès en matière de transport, l'émancipation de la liberté rendent aujourd'hui ce rêve bien plus accessible que des années en arrière. Et pourtant, peu osent sauter le pas. L'envie a beau être immense, nos peurs freinent notre élan. Nous sommes souvent aux prises de barrières, de croyances, d'obligations qui nous empêchent de prendre ce risque vers l'inconnu qui nous paraît bien trop grand si l'on compare avec la tranquillité et le confort de notre petite vie. Notre état émotionnel nous importe finalement si peu que notre zone de confort est bien souvent la grande gagnante de chaque décision. On vit

pour se sécuriser et non pour vivre. Quel serait le déclic qui nous permettrait de sauter le pas ?

Dans ce livre, tu trouveras en italique, certains de mes textes écrits pendant ce road trip. Des textes mis au monde en pleine réalité, avec cette pleine conscience de la vie. Des écrits singuliers ; l'expression de mon être intérieur à travers cette vie de nomade. Il se peut qu'ils ne puissent pas résonner en toi comme ils résonnent en moi encore aujourd'hui. J'aime cette idée que chacun prenne des petits bouts de phrase, par-ci par-là, là où il se reconnaîtra, là où les mots feront échos. Et si ces quelques bribes de mots peuvent t'apporter quelque chose de bénéfique, si ces simples phrases peuvent t'aider d'une manière ou d'une autre, c'est pour moi la plus belle récompense que je puisse t'offrir.

Ce livre est un peu comme mon journal. Un journal ouvert où je parle des épreuves de ma vie, si courte soit-elle encore, et de ce voyage qui constitue un bouleversement dans ma philosophie de vie et dans mon esprit. Ici, je parle à mon journal comme je te parlerais à toi. D'ailleurs si tu en as marre d'entendre parler de psychologie, de conditionnement ou de ma vie dans les premières parties du livre, je t'invite à avancer à la page 97. Ne te sens pas gêné, promis je ne t'en voudrai pas !

J'aime également l'idée de m'octroyer la liberté de te tutoyer. J'espère que tu n'y verras aucun inconvénient. En réalité, à la fin de ce récit, tu en sauras bien plus sur moi que je n'en saurai sur toi.

J'espère que ce livre te donnera toutes les clés pour sauter le pas et qui sait,

*Transformer ta vie.*

# *Introduction*

*06/12/2018*
*Jour 345 – Dernière journée*

*Il y a un an, l'aventure a commencé. Il y a un an, nous nous sommes donné la chance de changer notre vie temporairement. Un an que l'on a transvasé et plus particulièrement transformé notre quotidien dans un autre pays. Un an d'expériences accumulées, ça laisse des traces, ça transforme un esprit. Pendant cette année, nous nous sommes regardés vivre. Aujourd'hui, nous allons rentrer avec ce quelque chose en plus. Cette valise que l'on ne refermera jamais vraiment. Ce passeport qui restera toujours à la hauteur des yeux. Cette nostalgie qui nous bercera à jamais.*
*Aujourd'hui, j'écris, la tête sur la route, les pieds en tailleur sur le lit de notre dernière nuit en Australie, ce dernier dodo qui clôture une année entière dans nos vies respectives. Je me sens déjà loin de cette liberté. J'ai parfois même du mal à croire que nous avons réussi notre pari fou, comme si notre voyage avait pris la forme d'un rêve. On se réhabitue tellement facilement à cette vie sédentaire, si confortable, qu'il est trop facile de tourner la page. Heureusement, le voyage est là pour nous rappeler toutes nos prises de conscience, forcément évidentes, après avoir vécu douze mois dans un espace aussi étroit que des chiottes, avec panorama direct sur cette nature immense. Alors je vous vois venir, avec vos grands clichés du voyageur qui revient complètement transformé après avoir pris une année de « vacances », devenu écolo et bouffeur de graines, et qui se la pète avec ses phrases toutes faites sur le pourquoi de la vie. Non en vérité, on n'a pas forcément besoin de tout quitter, ni même de s'exiler à l'autre bout du monde pour changer sa vision de soi, des choses et de tout ce qui nous entoure. Le voyage n'est pas forcément une solution ni une fin en soi pour tout le monde, concevons-le plutôt*

*comme un coup de pouce. Mais on ne peut nier le changement qui s'opère en chaque voyageur. La routine est essentielle. On en a tous besoin pour se construire et garder un équilibre sur lequel se reposer, mais c'est quand tu n'oses plus en sortir qu'elle devient dangereuse. On est tous bien dans notre zone de confort, mais nous permet-elle vraiment de nous révéler ? Et c'est là où bon nombre d'entre vous vont grincer les dents, à la lecture de ce discours. En réalité, on a le choix de tout. On fait soit des choix pour répondre à nos besoins et envies, soit des choix pour éviter nos peurs. J'entends par peur, le fait de sortir de sa zone de confort (la fameuse bête noire qu'on a tous peur de quitter, mais qui nous ronge de l'intérieur, paradoxal non ?), ou la peur de l'échec, la peur de décevoir autrui, peur du qu'en dira-t-on et j'en passe. C'est en choisissant d'éviter nos peurs que l'on se trompe complètement de vie. On pense être sécurisé quand on a le bon job, la maison et la sécurité financière, mais en réalité, même riche matériellement et sous couvert d'une stabilité rassurante, on est constamment dans la peur.*
*Peur que l'employeur décide un jour de mettre fin au contrat, peur de ne plus pouvoir payer le crédit, peur de passer à côté de nos rêves et j'en passe... alors on s'enferme encore plus dans tout ce qui nous rend socialement stables, on pense à anticiper le futur et finalement on fait comme tout le monde. On ne peut pas vivre pleinement le regard dirigé vers demain. La peur fait partie intégrante de nos vies. Que l'on soit tributaire ou maître de son destin, elle sera toujours présente. Or c'est souvent quand on se retrouve face à des accidents de vie nous concernant ou proche de nous, que se crée cette étincelle et ce déclic de se dire qu'il est urgent, qu'il faut que se réveiller de cet état inconscient. Alors personne ne va te dire que c'est facile sinon on vivrait tous une vie merveilleuse en accord parfait avec nos aspirations, ce serait limite chiant si tout était si simple, non ?*
*Parfois fuir ton quotidien momentanément en ayant un quelconque projet peut s'avérer être le seul moyen efficace pour prendre du recul sur ta vie, connaître tes priorités et indépendamment apprendre à te connaître de*

*fond en comble. Stopper cette course effrénée et regarder notre nombril pour mieux se recentrer sur nous-mêmes. Honnêtement, je trouve qu'il est très difficile de s'écouter et de construire une vie en phase avec soi-même quand tu es constamment « contraint de.... ». Combien de gens ne savent même pas ce qu'ils veulent faire ou défaire dans leur vie, combien sont ceux qui sont, sans le savoir, doués dans un domaine qu'ils n'ont jamais expérimenté, et ceux qui ne savent pas s'ils doivent écouter leurs envies ou écouter les autres qui les ramènent à la raison. Le voyage, s'il est partagé (j'entends par voyage partagé, un voyage où tu écoutes et observes divers récits et parcours de vie, un voyage où ton esprit s'ouvre et absorbe de nouvelles vérités) à ce pouvoir de te remettre à ta place, te libérer intérieurement de toutes ces ondes négatives avec qui tu cohabitais et te façonner ton identité. J'ai d'ailleurs été frappé par le calme et la passivité qui régnait en moi durant cette année. Personne ne te connaît, plus personne n'attend rien de toi, tu n'as plus cette pression sociale, familiale ou cette tendance au conformisme, plus de stress à la performance. Les ondes négatives envolées, les personnes toxiques éloignées, ton cerveau est forcément plus libre de penser, tu te reconnectes à tes valeurs profondes, tu te surprends à penser plus à tes proches que tu ne faisais avant, en fait tu penses beaucoup plus à ce qui est important pour toi et non à ce qui ferait plaisir aux autres, parce que tu es seul au bout du monde, et la seule personne que tu as à satisfaire, c'est toi.*

*Le plus dur ne sera pas le retour en lui-même. Après douze mois de voyage, l'expérience du retour ne nous effraie pas plus que ça. Pour ma part, je suis plutôt curieuse de voir comment je vais arriver à cohabiter avec mon nouveau moi dans cette vie vide de surprises. Cette vie bordelaise nous l'aimons et même en ayant les pieds en éventail sur une plage paradisiaque, les fameux apéros et moments de poilades entre amis nous ont énormément manqué. Parfois tu as beau être devant la plus belle merveille du monde, tu auras beau visiter des tonnes de pays, le bonheur n'est pas toujours au rendez-vous. Puis parfois, tu ressens une euphorie de bonheur en toi comme tu n'as jamais connu auparavant, un truc hyper puissant, que tu es obligé d'évacuer. Tu es tellement heureux et fier de voir ce que tu accomplis, tellement reconnaissant de partager des rires avec de simples inconnus, de voir le monde d'un œil plus concerné et pragmatique que tu n'as pas d'autres choix que de pleurer de joie. Les jours ne sont jamais les mêmes, encore plus sur la route, et tu finiras même par rigoler des moments négatifs.*

*En fait, ce qui est beau dans un voyage, ce n'est pas tant les paysages, mais se découvrir immergé dans une nouvelle culture, devoir réapprendre les bases comme un enfant, se rendre compte que tu peux améliorer la journée de quelqu'un rien qu'avec un sourire et que même sans but précis tu peux avancer dans ta vie. Le plus dur en fait, ce sera de retrouver notre vie d'avant et de voir que la seule chose qui aura changé ce sera notre vision des choses. À vrai dire il y a déjà des choses que je supporte encore moins qu'avant. La négativité humaine, l'intolérance souvent liée à l'étroitesse d'esprit et les idées très arrêtées de gens qui se basent sur leurs propres expériences souvent décevantes. Ici, tu apprends à relativiser loin des discours maussades. Tu apprends que la pensée positive est source de création et de bien-être vis-à-vis de soi-même, mais également vis-à-vis des autres, qui peuvent parfois absorber ta négativité sans le vouloir. Dans nos vies, on sera tous amenés à vivre des moments particulièrement douloureux. Qu'on le veuille ou non, il y a des événements qu'on ne peut contrôler. Tout le monde ne naît pas avec un moral d'acier, une énergie positive et une force mentale, nous sommes tous inégaux face à ça, mais nous pouvons tous être armés. Cela s'apprend. Oui travailler son moral c'est possible. Tu peux apprendre à être heureux comme tu peux t'autoriser à être triste parfois, à tirer du positif dans le négatif comme te complaire si facilement dans ton malheur, à te relever cent fois avec faiblesse ou chuter une fois avec fracas et ne jamais chercher à te relever. Je suis intimement convaincue d'une chose : un esprit négatif, fermé ou tourné vers le passé te conduira souvent vers des choses négatives, des rencontres que tu aurais dû éviter et des actes regrettés. Nos choix et nos actes sont indéniablement influencés d'une part de psychologie.*

*De ce grand tour du pays des kangourous, de ces 35 000 kilomètres avalés, je me souviens de ces riens qui pour nous étaient tout. Je me souviens du bonheur de faire notre vaisselle dans un simple bac d'eau et être focalisée sur le niveau d'eau du bidon qui descendait si vite. Je me souviens aussi de ce ciel orangé, rosâtre et pétaradant de couleurs, de ce coucher de soleil grandiose, en plein milieu de nulle part, notre van face à la mer. Je me souviens de nos pâtes au thon avalées goulûment après notre périple chevaleresque sur le mont Bruce ou après une dure matinée de vendanges sous cette canicule, je me souviens de notre joie de retrouver un semblant de confort dans chaque petit camping bien mérité, confort qui se réduisait souvent à une simple douche chaude et cuisine équipée. Je me souviens de ces moments forts avec notre magnifique famille australienne à qui nous devons beaucoup, ces sourires partout, cette hospitalité si sincère et spontanée de ces gens qui ne connaissent rien de toi, mais t'offrent tout. Je me souviens de cette plongée, cette immensité bleue silencieuse, cette ombre si lointaine, ce requin-baleine si près, ce souffle coupé. Je me souviendrai toute ma vie de cette sensation si folle de liberté absolue, quand on prenait la route pour de longues heures, sans savoir de quoi seront faites nos journées, la musique omniprésente dans nos oreilles et si évocatrice de souvenirs. Pour une fois, on était les maîtres du monde.*

*Difficile de se dire que tout cela est bel et bien terminé, difficile d'oublier toute cette humanité, difficile de se dire qu'on ne s'émerveillera plus chaque jour, difficile de se réadapter à un rythme plus speed quand tu ne savais parfois pas quel jour on était et que tu te fichais éperdument de l'heure. Puis je n'ai franchement pas envie de nous revoir à cran, stressés par cette vie intense en émotions négatives et je sais pertinemment que ce sera difficile d'y échapper. Ici on a connu l'intensité, mais de manière positive et tellement plus constructive pour un homme. J'ai l'impression d'être à la fois dans l'envie, mais dans le déni du retour. Je me sens coupée de mes émotions, mais en même temps, une simple photo ou une musique significative de notre road trip peut me faire monter les larmes aux yeux. Le voyage te rend extrêmement sensible à tout. Aujourd'hui, c'est le jour où tous mes souvenirs me reviennent en plein dans la tronche. Le diaporama défile et ça ne s'arrête pas. Aujourd'hui, c'est le jour où tu te dis "putain c'est réellement fini".*

*La joie du retour sera de courte durée, mais les bienfaits du voyage sont acquis pour la vie. Ce sera notre réserve à bonheur quand la nostalgie viendra nous dire coucou. Comme clap de fin, j'aimerais remercier tout le monde pour nous avoir encouragés et soutenus dans cette folle expérience. J'aimerais te remercier, toi, en qui rien n'aurait été aussi beau. Ce voyage nous a soudés d'une manière dont nous n'avons encore pas pris réellement conscience. Seul, on va plus vite c'est sûr, mais à deux, on va plus loin, on avance plus fort.*
*Un merci également à tous ceux que nous avons rencontrés sur la route, des rencontres inattendues où plus prévisibles, ces personnes qui comme nous, ont choisit de vivre leur vie le temps d'une année et nous on fait partager des moments de bonheur intenses.*

# PREMIÈRE PARTIE

## Il est temps

*Ne plus attendre personne, pas même un miracle, c'est peut-être avoir enfin une chance de se rencontrer soi-même.*
Jacques Dor

Samedi 8 décembre 2018. 14h51. Paris.

Il fait froid en gare. Très froid. Le monde est partout. La foule bruyante. Ici, les gens parlent français. Dans le train, dans les tabacs presse, dans les microphones et même aux toilettes. Partout. J'entends la conversation de Fernande qui téléphone à son mari André pour le rassurer et celle de Corine qui bougonne quelques vilains mots à son amie face à la une du journal. Et moi, je suis là. Assise à leurs côtés. Attentive. Réceptive à toutes ces nouvelles sonorités que je perçois. Présente sans avoir l'impression d'être là. Je comprends tout. Mes oreilles bourdonnent. Je capte le moindre bruit familier. Eux aussi me comprennent quand je parle. Cela me fait vraiment bizarre. À ce moment précis, je me vois tel un enfant à l'affût du moindre mouvement, du moindre son qu'il redécouvre à nouveau. J'ai déjà cette impression de marginalité face à cet Ancien Monde que j'avais laissé. Je n'étais pas prête.
Encore deux heures d'attente, les dernières qui clôtureront 345 jours d'intenses jouissances de vie à l'autre bout du monde. Deux heures à patienter dans ce fourmillement incessant. Louis, mon compagnon de route et mon mari à l'heure où tu me liras, se tient juste en face, les yeux fatigués du long vol que nous venons de terminer. Ce dernier vol de vingt-quatre heures nous ramène au temps d'avant. Ce temps où nous

nous apprêtions à faire le chemin inverse sans savoir ce qui nous attendait. Je lui décris mes sensations intérieures, je me sens toute bizarre de renouer avec mon pays. Lui, me semble rester impassible et peu dans l'expression. Il se passe quelque chose dans mon ventre, un mélange d'anxiété, de peur, d'excitation et de panique intérieure. Je ne gère déjà plus rien sans le savoir.

Je me retrouve dans le premier bureau de tabac de la gare. Je ne fume toujours pas non. Je ressens juste une furieuse envie de pouvoir m'acheter à nouveau mon magazine favori, dans ma langue maternelle. Une envie et un besoin de retrouver un semblant de familiarité. Je sors les quelques euros qu'il me restait de mon départ, 345 jours plus tôt et les tend au vendeur. Ce dernier me demande si j'ai de la monnaie, ce à quoi je lui réponds « non, sorry » avant de me sentir envahie par un sentiment très gênant. Je sens la confusion dans mon esprit. Mon réflexe acquis de parler anglais n'était apparemment pas décidé à s'en aller de sitôt. Il me redonne mes achats en me souhaitant une bonne journée. Je lui réponds instinctivement « thank you». La déstabilisation venait déjà de débuter.

Je me souviens encore de ce jour où nous étions là sans y être vraiment. Notre cerveau n'est sûrement pas programmé pour passer d'un pays à un autre en moins de vingt-quatre heures. Du moins, le mien n'a pas voulu me mettre face à cette réalité. Avait-il senti le raz-de-marée qui s'annonçait en moi ou était-ce un simple déni du moment ? Je crois que je ne saurais peut-être pas, ou peut-être que si, je ne sais pas, je ne sais plus. Je me sens perdue.

Bref. Nos valises bien lourdes de souvenirs, nous sommes revenus en France.

Revenons-en au fait. Le 28 décembre 2017, nous sommes partis. Nous avons quitté la France pour nous envoler à l'autre bout du monde. Plus exactement à 17 308 kilomètres. Nous avons longuement réfléchi à cette idée de départ. Ayant pour sa part terminé ses études avant l'heure et pour la mienne, commencé à travailler dans une entreprise pour laquelle je n'avais pas prévu de faire une grande carrière, nous nous étions toujours dit que nous partirions un jour dès que ce serait le « moment ». En vérité, cette phrase peut vite devenir un traquenard, car on n'a jamais l'impression que le bon moment est arrivé. On attend, on repousse à plus tard, on se trouve des excuses, on s'invente des obstacles et ce « plus tard » nous empêche de réaliser notre rêve. Le plus important c'est peut-être de se sentir prêt et d'en avoir envie.

Juillet 2017, Louis m'informe de son projet de partir quelques mois à l'étranger. Cela fait déjà trois ans que nous sommes ensemble. Avec ou sans moi, c'est décidé, il partira. Je ne m'attendais pas à ce qu'il prenne cette décision aussi rapidement et qu'il soit surtout aussi sûr de lui. Ma vie a très souvent été caractérisée par une grande hésitation, alors me retrouver face à une telle détermination de sa part, me fit étrangement du bien. J'ai pensé deux, trois fois à mon travail. Est-ce une bonne décision de partir pour moi aussi ? J'ai une vie satisfaisante, j'ai un CDI depuis peu, mes proches ont l'air content pour moi, j'ai l'air de l'être aussi, j'aime beaucoup ma vie bordelaise, mes sorties avec mes amies, je suis encore chez papa maman et ça se passe plutôt bien alors pourquoi j'irais me perdre à l'autre bout du monde ? Pourquoi je ne continuerais pas dans cette voie pour prendre mon indépendance au lieu de tout quitter d'un coup ? Et puis je me suis rendu compte qu'une vie satisfaisante c'était bien, mais qu'à mon âge, j'avais envie de plus. À 23 ans, l'envie de me poser, passer la moitié de mon salaire dans le loyer d'un appartement ou d'une maison et me ranger pour obtenir une certaine stabilité n'était pas ma priorité ni mon envie immédiate. Je ne me voyais pas devenir épanouie en suivant ce modèle et en même temps, je commençais à ressentir une envie de responsabilité, d'émancipation, de porter un projet sur mes épaules et montrer à mes proches sûrement que j'étais capable de me débrouiller. Ma vie était bien, mais je ne vibrais pas. Je ressentais ce besoin de plus. Pas matériellement, mais humainement.

Le concept du voyage ne m'était à vrai dire pas inconnu et me rendait même toute excitée. J'ai connu durant tous mes mois de juillet, et ce, de l'âge de six ans jusqu'à mes dix-huit ans ; l'aéroport, le bruit des avions, les rencontres avec de nouvelles têtes, l'excitation d'un départ vers l'inconnu, cette atmosphère enivrante de partage, ces occasions de me sentir complètement moi-même et de pouvoir réinventer mon univers le temps de quelques semaines. J'ai eu cette chance inouïe de pouvoir voyager grâce aux colonies proposées par le travail de mon père. Les voyages font partie de moi depuis toute petite. Cette sensation de savoir que tu vas partir dans un endroit où tu ne connais rien, je la connais par cœur ! Le bonheur du voyage commence pour ma part, bien avant le départ. Il est déjà présent, la tête dans ma valise à compter combien de paires de chaussettes et de culottes il me faudra. Rien que de m'imaginer ressentir l'excitation des préparatifs me donne du baume au cœur. Ce n'était donc pas cet inconnu qui pouvait me freiner. Plutôt cette impression de faire quelque chose qui sort du cheminement classique de notre société.

Bien formatée comme nous le sommes depuis notre plus jeune âge, je me suis demandé pourquoi je ressentais ce besoin d'aller ailleurs alors que j'avais soi-disant « tout », pour vivre et m'accomplir. Qu'allais-je trouver de mieux là-bas ? Y a-t-il vraiment un sens à toute cette folie ?

Toutes ces questions que l'on se pose face à un évènement ou lors de la création d'un nouveau projet sont tout à fait légitimes. L'inconnu et la peur du futur en effraient plus d'un. On a tous ce besoin de maîtrise sur le cours de nos vies et d'anticiper les éventuelles erreurs qui nous feraient « perdre » notre temps.

Ne pas savoir ce qu'il adviendra une semaine, un mois, un an après peut laisser songeur certains et rebuter tant d'autres. Et pourtant, même en essayant de prévoir, on ne peut pas tout maîtriser, tout voir venir. Il faut apprendre à se laisser aller et faire confiance à la vie comme je le dis si souvent. Ce qu'il y a de beau dans l'incertain c'est que rien n'est perdu d'avance. Tu peux tout créer à ta façon. Ne s'attendre à rien, ouvre le champ des possibilités et ton esprit avec.

Là-bas, justement, j'allais me trouver. Mon être intérieur. J'allais sûrement comprendre bien des choses sur cette petite fille en souffrance que j'étais et cette jeune adulte souhaitant s'émanciper de ses fardeaux. Laisser s'exprimer notre singularité et notre différence dans l'inconnu est bien plus facile que dans notre quotidien, qui nous entraîne parfois à nous ranger et étouffe bien souvent nos propres idéaux. J'avais beau me sentir bien, je sentais au plus profond de moi que quelque chose restait bloqué. Cette vie que j'avais m'empêchait justement de faire jaillir cette chose en moi sans savoir ce qu'elle était vraiment. J'étais joyeuse, pétillante, aimée et aimante, mais trop avide de reconnaissances et aux prémices de la découverte de ma propre personnalité. Je commençais à déceler une partie de mon individualité, mais pas assez vite à mon goût. Or, je savais déjà que le voyage me permettrait d'accélérer ce processus de connaissance de soi.

L'ayant déjà expérimenté en colonies et sous l'autorité de plusieurs adultes, j'ai vite pris conscience du potentiel que pouvait apporter ce type d'expérience chez un être humain. Vivre un séjour en communauté avec l'œil rassurant de l'adulte permet de s'émanciper de notre vie d'adolescent. On y apprend la vie en communauté, la responsabilisation et la communication entre jeunes et adultes. On partage un quotidien malgré les différences d'âge, on se crée son petit groupe, ses habitudes. On y apprend l'organisation et l'adaptation, mais aussi beaucoup de valeurs humaines telles que l'entraide, l'amour, l'écoute, la bienveillance, l'empathie et l'acceptation de soi. On y apprend les tâches de la vie quotidienne ; tâches dont on se déresponsabilise le plus souvent quand on vit chez ses parents et qu'on prend finalement plaisir à faire dans une ambiance conviviale. On apprend à se connaître à travers le partage et l'échange avec autrui, on se voit interagir en public, faire connaissance avec ceux qu'on pleurera trois semaines plus tard. On s'enrichit de tous ces contacts, ces excursions organisées, ces repas autour du feu de camp, ces nuits à la belle étoile, ces destinations différentes chaque année. Vivre les colonies de vacances, c'est créer un lien fort avec ceux qui étaient de purs inconnus trois semaines auparavant. C'est savoir se créer aussi sa propre bulle pour se retrouver seul puis se délecter à nouveau de ces contacts enrichissants. On se crée finalement un petit cocon à travers ce groupe.

Vivre la même expérience à deux, pour une durée bien plus longue et sans personne pour nous guider ou organiser notre journée, je savais pertinemment que ce serait encore plus formateur. Mais est-ce que j'en serai capable n'ayant jamais vraiment été aux commandes de mon séjour ? Est-ce que ce sera une bonne chose pour moi ? Y aura-t-il des conséquences ou seulement des bienfaits ?

A ces questions, l'interrogation était immense, mais j'étais persuadée d'une chose : si l'occasion se présente, il faut la saisir et si l'envie est grande, il faut foncer. Tu verras ce qu'il en est, mais au moins, essaie. Jamais tu ne regretteras d'avoir essayé.

***

Quelques secondes de réflexion m'ont suffi pour lui répondre « et bien je pars avec toi ». J'accueille avec un immense plaisir cette nouvelle et je me languis de cette nouvelle page que nous allons créer conjointement. J'en ai des étoiles plein les yeux.

Les jours qui suivent me semblèrent si beaux. Je vis sur un petit nuage et secrètement, je ressentis en moi la liberté que je venais d'octroyer à ma vie. Je me souviens de cette agréable impression de sortir de ce carcan social ne serait-ce que par la pensée alors que rien n'était encore fait. J'ai eu l'impression de retomber quelques années en arrière, mes yeux de petite fille grands ouverts, un sourire émerveillé face à ce géant volant qui m'emmènera loin, vers cet autre monde qui m'attire tant, vers cette liberté qui m'était déjà si attrayante. Mais ma tête de jeune adulte me dit aussi de ne pas trop me précipiter, ce ne sera sûrement pas dans l'immédiat, le projet peut être décalé ou annulé pour x raisons. Si cela ne se concrétise pas, je vais être si déçue et ce type de projet me paraît à la fois tellement loufoque et trop beau pour que ce soit réalisable. Et puis j'aurai à peine un an d'ancienneté dans l'entreprise, que vont penser mes proches de cette décision ? Est-ce vraiment raisonnable Marion ?

L'excitation et la raison se battent en duel dans ma tête. Je me rends compte à quel point le doute permanent fait partie de nos vies. Ce doute souvent lié à des peurs et au regard de l'autre. Les risques ne sont pas réels, mais on les invente facilement dans notre tête pour nous auto dissuader de ne pas tenter. Cette peur de mal faire, de se tromper, peut très vite nous persuader de ne rien faire. Mais au pire que risque-t-on ? Pas grand-chose, mis à part le fait de savoir ce qui est bon pour nous et ce qui ne l'est pas. Cette peur de l'échec fait partie intégrante de notre éducation. Il faut vraiment apprendre à la minimiser et à prendre conscience que l'erreur fait intégralement partie de l'apprentissage de la vie, mais surtout de soi. Notre entourage, avec tout l'amour qu'il nous donne, fait parfois tout son possible pour nous éviter l'erreur. Aucun parent ne souhaite voir son enfant échouer. On nous souhaite à tous de réussir, d'avancer, d'avoir des bonnes notes et de rester motivés. Nous-mêmes, nous nous le souhaitons. Mais à aucun moment on évoque ou on nous sensibilise à un potentiel échec et aux bienfaits qu'ils peuvent apporter. Comme s'il n'y avait que de la réussite dans une vie réussie ! Il est bien plus courageux et salvateur de se tromper pour apprendre à se connaître, que de ne pas oser et rester cloîtré dans un schéma de vie et de pensée qui ne nous ressemble pas.

Tête brûlée que je suis, j'apprends beaucoup et bien plus facilement de mes erreurs. Je suis le genre de personne à ne pas suivre le panneau déviation sur la route parce que je reste persuadée, même avec mon sens d'orientation aussi développé qu'un bulot, qu'il existe un chemin plus court. Vous vous imaginez que bien souvent, je me trompe ! Je perds un peu de temps, beaucoup parfois, je refais le chemin inverse et je finis par prendre la déviation indiquée. Mais ce que je ressens à ce moment-là, mis à part une franche rigolade à l'idée de me voir raconter ma mésaventure, c'est quand même une certaine satisfaction parce que je me suis d'abord écoutée, quoi qu'en devienne l'issue, j'ai compris que je m'étais trompée, j'ai accepté mon erreur pour mieux suivre le chemin. Les erreurs me sont quasi inévitables face à une nouvelle situation, mais je m'arrange toujours pour ne jamais les refaire deux fois. C'est comme cela que je fonctionne. Je saute dans le vide, je suis mon cœur ou mon instinct qu'elle que soit la vérité et j'avise en fonction du résultat. J'aime découvrir les choses par moi-même. Je n'aime pas faire comme les autres. Je préfère parfois mettre de côté les conseils des uns et des autres pour me faire d'abord mon propre avis, quitte à me retrouver dans une situation grotesque. Je ne sais pas d'où je tiens cette ténacité, mais je pense que cela renvoie à mon désir épris de liberté ce qui explique sûrement pourquoi je ne regrette que très peu de choses dans ma vie, car la plupart me sont toutes venues du cœur ou m'ont justement amenée à l'écouter.

Nous revoilà deux semaines plus tard. Nous reparlons plus sérieusement de ce voyage et c'est à ce moment-là que je prends vraiment conscience que sa décision est réellement prise (oui le doute m'habitait encore !).
- « Ce sera avec ou sans toi, dans tous les cas on se retrouvera », me dit-il.
- « Ou pas », lui dis-je…
Les relations à distance ne m'ont jamais vraiment convaincue. Trop de frustrations pour si peu de partage. Ce n'est pas ainsi que je conçois l'amour. J'aime vivre avec la personne, sentir sa présence, partager le quotidien, ses plaisirs simples et ses aléas, la faire entrer dans mon univers et réciproquement m'ouvrir au sien avec légèreté tout en gardant

notre indépendance, nos activités et nos secrets. J'aime la vie à deux, mais je crois préférer la solitude à une relation où les moments de partage sont limités et entravent mon besoin de connexion avec l'autre.

Sitôt dit sitôt fait, mon cerveau est ok, c'est bon, je peux partir. Cette fois j'en suis sûre ! C'est notre histoire à tous les deux, une expérience individuelle qui va finalement concrétiser cet amour que nous vivons depuis déjà trois belles années.

La date s'est fixée tout naturellement. Dans cinq mois nous serons en Australie. Jeudi 28 décembre 2017, nous nous envolerons vers l'inconnu pour une durée indéterminée.

## Et alors, ces préparatifs ?

Un régal ! C'est un avant-goût du voyage sans en connaître encore la réalité et les sensations. L'étape préliminaire indispensable pour que le départ se fasse l'esprit tranquille. Autant ne pas se rajouter de l'imprévu face à une situation inhabituelle ou inconnue !

À ça, il y a deux écoles. L'organisation, l'anticipation à outrance, se noter des dizaines d'articles de blogs ou de livres traitant de la destination, développer une passion pour les tableaux Excel, préparer sa valise un mois avant c'est-à-dire moi et mon esprit bien structuré. Et de l'autre côté, le dernier moment, les imprévus, la valise faite la veille, le bordel organisé, le passeport que tu ranges dans la mauvaise poche et que tu ne retrouves plus, le stress de dernière minute et l'imprimante qui ne marche plus, c'est-à-dire mon mec et sa procrastination. À vous de choisir la vôtre, le plus important c'est de vous y retrouver et de vous laisser porter !

Les semaines s'écoulent, on continue notre train-train quotidien dans la joie et l'impatience du départ. On se rend au travail avec un sourire XXL en permanence. Plus rien n'est vraiment important à part ce doux projet qui commence à se rapprocher lentement de nous. Je me souviens ne plus ressentir cette boule au ventre à l'idée d'aller travailler. Toutes les petites choses qui auparavant me frustraient, me peinaient ou me mettaient dans un état d'angoisse coulaient désormais lentement sur moi comme si plus rien ne m'atteignait. Je prenais conscience que je faisais bien de partir. Les réunions hebdomadaires qui m'agaçaient de par leur absence d'utilité et leur caractère obligatoire se déroulaient sans moi pour mon plus grand bonheur. Les querelles et ragots entre collègues, je m'en étais totalement détachée. C'était d'ailleurs de mon voyage que l'on parlait. Cette peur de faire une erreur ou de prononcer un mot de travers devant un client s'était envolée au profit d'une entière spontanéité et d'une absence totale de remords. Je faisais ce que j'avais à faire, je disais ce que j'avais à dire tout en donnant mon maximum pour quitter ce poste de la meilleure manière qu'il soit, mais tout en me foutant de tout. J'aimerais être cette personne tous les jours. L'authenticité nous fait rayonner, mais pour cela, faut-il encore se libérer de ses peurs. C'est comme cela que l'on devrait appréhender la vie en finalité. Tout en légèreté.

Entre les billets d'avion reçus et tous ces reportages sur les voyages, le rêve se fait de plus en plus présent. Il se dessine en nous, de plus en plus proche. Ma vie était déjà transformée alors que nous n'avions toujours pas décollé. J'ai si souvent regardé ces nombreux reportages traitant de toutes ces merveilleuses destinations, ces familles qui claquent tout pour se refaire une nouvelle vie, ces voyageurs qui osent mettre un terme à leur routine pour découvrir le monde, ces gens qui s'accordent tout simplement du temps pour vivre. Sauf que ces gens-là, ce n'est jamais nous. On les idéalise à distance, on les envie ou on les déteste alors qu'au final, ils sont comme nous. Assis sur le canapé, à s'engloutir une tablette de chocolat, qui ne s'est pas dit un jour « y'en a qui ont bien de la chance quand même ». La télévision met facilement une barrière entre notre vie et ce qu'on voit à l'écran. On rêve devant ces paysages, cette vie d'expatriés, sans prendre conscience que c'est peut-être une expérience que l'on pourrait vivre ! Sitôt la télévision éteinte, on zappe vite nos pensées, nos rêves d'évasion et on se replonge dans un mode automatique, nous aliénant complètement de nos envies profondes.

Alors si toi aussi, tu as vu ces dizaines de reportages avec délectation et envie, peut-être que ce livre, qui sait, t'encouragera à oser et provoquera peut-être un déclic en toi, celui de vivre tes rêves, aussi grands qu'ils soient, aussi difficile qu'ils puissent te sembler.

# CHAPITRE 1

## Le retour

*Le voyageur voit ce qu'il voit,
le touriste voit ce qu'il est venu voir.*

Gilbert Keith Chesterton

*« Le retour ? Mais je ne suis toujours pas partie, qu'elle me parle déjà du retour, on s'en fiche ! »*

J'ai choisi de commencer la première partie de ce livre en évoquant en effet, le retour, plutôt que le départ qui semblerait plus logique. Sauf que je n'aime pas trop la logique, vois-tu ? J'aime l'instinct, les ressentis, le feeling comme on dit si bien. En réalité, j'ai commencé mon livre en essayant de raconter de A à Z les étapes par lesquelles nous sommes passés, en respectant bien la chronologie des faits et des dates du voyage. Sauf que je me suis rapidement rendu compte que cette linéarité ne me ressemblait pas, je m'ennuyais presque et ce projet d'écriture m'apparut soudainement plus comme une contrainte qu'une véritable bouffée d'oxygène.

La deuxième raison de cette volonté d'évoquer en premier lieu le retour, vient aussi et surtout du fait, que ce dernier a été une véritable épreuve à surmonter à laquelle je n'étais absolument pas préparée. Complètement dans mon euphorie touristique, je n'ai pas vu venir le coup de massue en revenant dans mon pays. Je suis rentrée, l'esprit ailleurs, mais vraiment comme si de rien n'était. En prenant du recul, je me rends compte qu'on a tendance à trop idéaliser le voyage en lui-même ainsi que le retour.

Rien que le mot voyage connote à lui-même le bonheur suprême, quelque chose de positif. Bien évidemment que ça l'est, mais ce n'est pas pour autant que les aspects négatifs en sont moins nombreux et qu'ils doivent-être négligés. Avec toutes ses leçons et ses moments de pur bonheur qu'il nous procure, le voyage m'aura tout de même mis six pieds sous terre. Tu l'auras donc compris, si tu as prévu de partir pour une durée plus ou moins longue, je te conseille de te préparer un minimum. Se mettre en condition demande de savoir se visualiser une situation qui ne s'est pas encore produite.

Par rapport aux connaissances que l'on a de soi, on est plus ou moins en mesure d'appréhender l'état émotionnel dans lequel on sera face à tel évènement. Rien n'est garanti, mais c'est un exercice que je trouve relativement intéressant à faire, pour se « préparer » à de futures émotions que nous n'aurions peut-être pas su gérer sans préparation mentale. À vrai dire, cette idée de se préparer mentalement à un moment futur ne correspond pas du tout à ma philosophie de vie, moi qui suis plutôt dictée par l'instantané et qui peine justement à me projeter au-delà de la semaine prochaine. En soi, peut-on vraiment s'armer face à un évènement qu'on ne maîtrise pas ? Cela me semble difficile, mais peut-être pas impossible. J'aurais au moins essayé si j'avais su dans quel état émotionnel je me retrouverais après.

Happé par cette aventure unique, on n'a pas spécialement le réflexe inné ni parfois le temps de prévoir le retour, mais plutôt de penser au moment présent, profiter un maximum de tous ces moments hors du temps jusqu'à la dernière seconde. Jusqu'à la dernière minute, le pied qui s'envole de ce territoire où je laisse un bout de ma vie et une partie de mes plus beaux souvenirs, je n'ai pas voulu me préparer. C'était un choix délibéré, car je n'y voyais pas l'intérêt ni le but, puisque dans tous les cas, il me fallait rentrer. Je croyais avoir le temps de m'y faire pendant ces vingt-quatre heures de vol et cinq heures d'escales. **Mais j'ai compris après que le vrai défi d'un long voyage, c'est le retour.**

Après plusieurs mois passés à vivre intensément avec un rythme et des cadres bien différents de ceux auxquels on était habitué, des mois à ressentir une liberté inégalable, le retour reste un peu moins difficile à vivre s'il est déjà voulu et conscientisé. Rentrer en ayant des projets est également un élément important pour se réadapter plus facilement. Attendre et espérer que quelque chose se passe ou se déclenche, c'est sous-estimer ce que vous avez vécu pendant ce voyage (je parle en connaissance de cause haha). Avoir un ou plusieurs projets c'est se donner un but, une raison de rentrer. C'est éviter aussi le flot de questions qui arrive en même temps dans la tête et ne plus savoir quoi en faire, ou par où commencer.

J'aime qualifier le voyage d'ascenseur émotionnel. Un ouragan qui vous fait vivre tout à cent à l'heure. Les journées sont souvent bien remplies, riches de sens, de découvertes et de situations nouvelles. L'émerveillement est omniprésent. Tout est source de stimulation, d'éveil et d'espoir. L'heure prend une place moins importante, la notion du temps également. C'est vraiment un décalage total à ce à quoi nous sommes habitués dans nos vies quotidiennes. De retour au pays, le temps paraît bien plus long, la vie plus routinière, le futur incertain voir même totalement flou. Le rythme est différent, le sommeil peut être perturbé les premiers temps, l'ennui de n'avoir plus rien à découvrir arrive très vite et l'incapacité de réagir, la tête plongée dans les souvenirs, peut rapidement rendre passif. Combien de temps j'ai attendu sur mon canapé en pensant à tout un tas de trucs et en ne faisant rien. Le sens de la vie peut se voir chamboulé et remis en question. Momentanément ou parfois irréversiblement.

Je suis passée par toutes ces étapes, à me demander pourquoi nous étions rentrés, puis pourquoi cette sensation de vide et d'ennui profond s'accrochait à moi à ce point, pourquoi avais-je fait cette aventure pour revenir encore plus perdue qu'au départ, pourquoi n'arrivais-je pas à faire la passerelle entre mon voyage et ma nouvelle vie en France ? Y avait-il vraiment un lien entre ces deux modes de vie que tout opposait ?

Ma souffrance intérieure me signifiait-elle qu'il fallait que je reparte ? Non, je n'aurai pas été plus heureuse à l'autre bout du monde, pas plus que je ne le serai dans mon pays. La destination idéale n'existe pas. Ce qu'il me manquait, c'était de trouver un sens à cette expérience pour en faire quelque chose d'utile. Fuir mes interrogations et mes peurs me desservirait plus qu'autre chose. Les questions ont fusé dans ma tête pendant des mois et des mois. Jusqu'à ce que je décide de me concentrer sur ce que m'avait apporté ce voyage et ce que j'avais pu découvrir sur moi. Après maintes réflexions incessantes, la révélation de mon aisance pour l'écriture fut une des premières découvertes que je fis sur moi. Je me suis donc lancée dans l'écriture d'un livre. Il y a beaucoup de gens qui partent, mais au final peu d'écrits qui traitent de cette expérience sur laquelle on visualise plus l'aspect onirique au détriment du réalisme. Il existe beaucoup de livres traitant de la logistique d'un voyage ou de la création d'un van aménagé mais très peu de témoignages et d'auteurs qui se dévoilent sur l'aspect personnel de leur périple. Alors, peu importe le temps que ça me demandera, écrire me permet de continuer à faire vivre ce voyage en moi et c'est ce dont j'ai besoin.

Cette aventure s'est suivie d'une remise en question globale de toute une vie et de la personne que j'étais. Loin de moi l'idée de repartir à zéro, mais je ne me voyais pas pour autant retourner dans le quotidien que j'avais laissé. Le changement m'est apparu comme inévitable. La parenthèse m'était impossible à fermer. Si, à des milliers de kilomètres, j'ai eu ces déclics, ces coups de cœur, ces sensations jamais ressenties auparavant, si j'ai trouvé les clés pour déverrouiller ces nœuds en moi, c'est qu'en revenant, il me fallait agir dans ce sens et continuer à suivre cette voie. Je sentais en moi, viscéralement, que ce changement m'était certain. Mais à quel niveau de ma vie ? À ce stade du retour, je ne savais pas encore. Je savais par contre que le temps me laisserait construire tout ça. Il me fallait juste être patiente et faire confiance en la vie, comme je l'ai appris durant ce voyage.

Cependant le changement ne fait pas obligatoirement partie du processus pour tout le monde et je tiens à le souligner. Peut- être, toi, qui as déjà tenté l'aventure, n'as-tu eu aucun besoin d'aspirer à un quelconque changement. Le but d'un voyage n'est pas forcément de trouver des réponses, ce peut-être une pause dans notre vie sans forcément remettre en question notre quotidien. Peut-être que si l'on ne ressent pas ce besoin, c'est qu'il n'y a rien à changer. Le voyage apportera indéniablement quelque chose de bénéfique en chaque individu.

J'évoquais ci-dessus l'idée qu'un retour choisi soit, en toute logique, bien plus facile à gérer. Mais, même désiré, retourner dans sa vie d'avant n'est pourtant pas si simple, du moins dans le ressenti que j'en ai eu. Tout dépend aussi du type de voyage que l'on fait. Dans le cadre des études ou de quelques jours de vacances, l'impact du voyage sera minime, la routine moins perturbée et la difficulté du retour sera rapidement balayée. Dans le cadre d'un voyage plus long et nomade, un voyage où tu baignes en plein dans la culture du pays, en général on n'en revient pas sans avoir appris quelque chose sur soi et sur les autres. C'est le genre de voyage qui laisse des traces profondes. Quand déjà, avec nos deux semaines de vacances, on s'envole vers l'inconnu pour revenir nostalgique à l'idée d'être rentré, imaginons pour un voyage d'une année dans des conditions moins confortables, mais avec une plus grande immersion... S'approprier un nouveau rythme, une culture et des codes différents passe forcément par une phase de réadaptation, plus ou moins évidente selon les individus. Le reste dépend véritablement de notre manière de vivre le voyage, de notre expérience et de la façon dont on ressent nos émotions…
Là-bas, tout me semblait possible, mais tout se méritait. Ces longues heures d'efforts pour apercevoir un panorama digne d'une carte postale, ces journées interminables en émotions quand ton futur employeur t'annonce que tu commences demain, ces longues heures de travail sous ce soleil harassant que l'on savourait sitôt la route reprise, ces longs

moments de recherche pour trouver un point d'eau potable dans l'unique but de satisfaire un besoin vital ou pouvoir faire la vaisselle. Cette vie n'était pas facile, mais elle avait un réel sens. On travaillait quand le besoin se faisait sentir pour pouvoir voyager, découvrir une partie du monde et se sentir vivre. Le fruit de notre travail était constamment récompensé et les récompenses étaient toujours à la hauteur de l'effort. Nous travaillions non pas pour survivre, mais pour vivre simplement. Pour s'émerveiller de ce que le monde a à nous offrir. Nous étions tous les jours hors de notre zone de confort à se créer de nouvelles habitudes, à découvrir de nouvelles villes, de nouvelles têtes, de nouveaux paysages. Aucune journée ne se ressemblait. Demain était toujours incertain et cet incertain nous rendait incroyablement vivant et pleinement présent dans chaque action. À croire que trop d'habitudes nous plongent dans une automatisation totale de nos gestes et émotions.

Quand nous sommes face à une nouvelle situation, faute de repères, nous sommes attentifs à tout ce qu'il se passe autour de nous. Comme des enfants, nous observons l'environnement et nous nous émerveillons de toutes ces nouveautés. Nous nous imprégnons de l'atmosphère que dégage l'endroit et les gens autour de nous et nous nous adaptons, parfois avec plus ou moins de facilités. L'incertain finalement nous propulsait face à nos peurs, mais avait ce paradoxe de nous rendre pleinement confiants. L'incertain nous rendait plus forts, plus adaptables et résilients. Nous prenions pleinement conscience de notre présence, ici même, et de ce moment qui nous connectait au monde. J'ai rarement aussi longtemps vécu dans l'instantané.

En revenant, j'ai rapidement pris peur. Peur de quoi me diriez-vous ? Paradoxalement, je retrouvais mes habitudes et mon cocon, mais je me sentais bien moins sécurisée qu'à l'autre bout du monde. J'ai eu peur de ne pas être à la hauteur de ce que le voyage m'a enseigné. Peur de ne pas arriver à mettre en application ce que j'avais appris. Peur de ne plus ressentir toutes ces émotions grandissantes. J'avais peur et pour une fois, j'ai eu raison. Je me suis vu retourner dans un monde figé, où rien n'avait bougé, où l'émancipation personnelle se voit heurter par le poids des habitudes, des normes et des statuts. J'ai vu ce monde comme si je n'en faisais plus partie. J'ai vu ce monde courir dans une quête d'abondance matérielle. Au détriment des valeurs humaines, de la liberté individuelle et de l'enthousiasme. J'ai eu l'impression de revenir en terre inconnue. Je pensais avoir fait le plus dur en partant. Je m'étais trompée

*16/02/2018*
*Jour 49*

*Vivre au jour le jour. Heures par heures. Parfois minutes par minutes. Ne penser à rien. Seulement regarder. S'émerveiller. Rester bouche bée devant cette nature si grande. Vivre pour soi et non pour les autres. Rien que pour soi. Se lever, avec pour seul réveil, le soleil matinal. Savoir qu'une journée de découverte t'attend. Une journée sans obligations. Des obligations, tu n'en as que peu dans cette nouvelle vie. Savoir que toi seul décides de ta journée. Le monde t'ouvre ses portes. À toi de le découvrir à ta manière, au rythme que tu veux, de manière solitaire ou plus entourée. C'est aussi des démarches administratives plus ou moins évidentes à effectuer, un budget à gérer et des achats importants. Le tout dans une langue qu'on ne maîtrise finalement pas si bien que ça. Du stress au moment de chercher du travail le plus rapidement possible ou quand la jauge d'essence baisse plus vite que prévu, mais quel bonheur de voir le compte bancaire remonter, en pensant à toutes les activités que nous pourrons faire dans les mois prochains grâce à notre travail. Prendre conscience que l'eau est un trésor. Que les douches ne seront pas sur ta route tous les jours. Apprendre à vivre 24/24h avec ton compagnon, sans ta petite bulle dans laquelle tu te réfugiais. Apprendre à ne rien faire aussi, cela peut paraître déroutant quand on est peu habitué à cette vie "peu productive". Se découvrir de nouvelles activités (lecture, écriture, photos...). Un road trip, ça n'est pas dormir tous les soirs sur des plages paradisiaques. La réglementation te rappellera à l'ordre. Ça n'est pas seulement voir des paysages. Ce ne sont pas non plus des vacances. C'est un changement personnel intérieur. C'est devenir qui on est vraiment, de manière positive et faire ressortir notre vraie personnalité. C'est sortir de sa zone de confort. Se découvrir. Vivre simplement. Loin de cette course effrénée qu'on connaît tous, cette course à la performance qui nous bouffe et dont certains ne s'y reconnaissent pas. Ça n'est pas le paradis tous les jours non, mais putain qu'est-ce que c'est bon de se sentir vivant!*

## CHAPITRE 2

Le jeu des quatre phases

*Être différent paie, quoi qu'il en soit.*
*Être soi-même et vivre honnêtement laissera toujours un héritage*
*d'authenticité.*
Lady Gaga

### Ascenseur émotionnel

Je me suis beaucoup renseignée sur l'impact que pouvait avoir le retour sur un voyageur. Outre la complexité et les difficultés de ce dernier, j'y ai lu un peu partout, cette phase d'euphorie des premières semaines que je m'attendais du coup à ressentir. Autant te dire que je l'attends toujours, quatre ans plus tard.
Sitôt revenus ; les retrouvailles faites avec nos proches, je ne me suis pas sentie une seule fois dans cette euphorie du retour, que nous avions pourtant prévu. L'émotion que je m'attendais à ressentir n'a pas montré le bout de son nez. Les jours sont passés et je m'attendais bêtement à ressentir cette fameuse joie en moi. J'attendais. J'attendais vraiment que cette euphorie prenne place sur ce sentiment de malaise qui venait doucement à moi et qui ne me semblait pas être dans l'ordre des choses. Cette volonté de ressentir les « bonnes » émotions pour me rassurer me fait doucement rire aujourd'hui. Comme si nos émotions étaient mécaniques et identiques d'un individu à l'autre, d'un évènement à un autre.

Une semaine. Deux semaines. Trois semaines. Un mois. Puis deux. Le bonheur du retour n'est malheureusement jamais arrivé chez moi. J'avais pourtant « repris » mes habitudes, mon quotidien était quasiment identique à celui d'avant, je pratiquais à nouveau les mêmes activités, je revoyais les amis, la famille, sans réelle envie, soit, mais je revivais comme avant mon départ. Au lieu de me sentir comblée, je me suis sentie au contraire vide intérieurement. De nature pourtant très émotive, je me sentais vivre sans mes émotions. C'est violent de ne plus rien ressentir, de se sentir respirer dans un corps que l'on voit de l'extérieur. J'ai vraiment eu cette sensation d'avoir laissé mon cœur et mon esprit en Australie tout en essayant de reprendre ma vie en France. En fin de compte, je n'étais pas là. Je n'étais plus présente émotionnellement dans aucun de mes échanges, gestes ou actions… Seule ma présence physique me rendait apte à ces moments de partage que je ne savourais finalement pas. Je ne ressentais rien quand on me parlait, je n'arrivais plus à retrouver mon humour malgré le sourire des gens, et je ne trouvais même plus de plaisirs dans les moments simples de vie que j'aimais tant savourer autrefois.

Ce retour soi-disant euphorique pour bon nombre de voyageurs a été quelque chose de difficile à avouer aux autres et à moi-même. Après un an à plus de quinze mille kilomètres de ma famille, mes amis et toutes ces personnes qui constituent mon entourage plus ou moins proche, je n'ai même pas ressenti cette joie intense le jour où je me suis retrouvée face à eux. Les personnes les plus chères à mon cœur ne parvenaient pas, avec toute la bonne volonté du monde, à me faire ressentir la moindre émotion positive. Mes sourires semblaient sincères. Ma voix pleine de gaieté. Et pourtant un sourire peut cacher bien des choses. Autant socialement que matériellement, rien ne m'a procuré la moindre étincelle de bonheur. Retourner dans ma ville d'enfance, entendre à nouveau ma langue maternelle, retrouver mon confort, la « sécurité » du quotidien et cette vie sociale plus intime aurait normalement dû faire jaillir en moi quelque chose de revigorant. L'être humain est normalement satisfait, après une absence plus ou moins longue, de retrouver les choses qu'il connaît, qu'il a tant aimées, retrouver un environnement familier et sécurisant, se reconnecter à ce qui faisait de lui un être à part entière. À ce moment précis, ce fut l'incompréhension. L'incompréhension d'avoir vécu une année riche en émotions et ne plus rien ressentir sitôt revenue. Un sentiment d'égarement. J'ai eu l'impression d'être encore plus perdue qu'avant mon départ alors que j'étais aussi partie pour comprendre des choses sur moi, sur ma vie, pour tenter quelque chose que je n'aurais sûrement pas osé faire seule, pour vivre une expérience qui sortait de l'ordinaire tout simplement. Pourquoi étais-je revenue aussi vide ? Pourquoi, certainement le mot que j'ai dû le plus prononcer à mon retour et le moins utilisé là-bas.

Le temps a passé et comme on dit, seul le temps guérit les blessures. Sept mois plus tard, plus de recul sur mes émotions, je commence à comprendre tout ce qui s'est passé dans ma tête. J'accepte mieux ma situation et mon état d'esprit même si tout n'est pas encore clair. J'ai compris que cette étape était nécessaire et que toutes ces sensations négatives s'apparentaient à un deuil. Le deuil du voyage. Tant que ce deuil ne sera pas accepté, je ne pourrai pas passer à l'étape suivante. Tant que le retour à la réalité ne sera pas accepté, rien ne pourra se construire. Au bout de ces longs mois d'errances, j'ai compris que je m'étais sûrement voilé la face en essayant de vivre comme si rien n'avait changé dès mon retour. Ce fut une remise en question de mes vingt-cinq dernières années. Non pas sur toutes les expériences ou relations que j'ai pu vivre, car celles-ci font partie intégrante de ma construction. Je dirai plus une remise en question sur ma propre personne et mes objectifs personnels. À l'autre bout du monde, ce fut un questionnement permanent sur le sens de la vie, sur notre place à tous, tous petits humains que nous sommes dans cette immensité. Je suis revenue remplie de merveilleux souvenirs et de leçons mémorables, mais incapable d'en faire quoi que ce soit. J'ai comme court-circuité mon cerveau, je me suis mise en mode pause pendant des jours, des semaines, des mois. De très longs mois. Le temps a ce pouvoir incroyable de nous donner les clés pour comprendre, analyser et prendre du recul sur chaque situation si on sait écouter. Il est important de ne pas vouloir aller trop vite, de ne pas chercher à tout prix à retrouver la performance, mais au contraire, se laisser porter par ses émotions et s'autoriser un temps d'inaction qui laissera plus facilement place à l'introspection et la réflexion. S'autoriser à aller mal, pleurer toutes les larmes de son corps c'est accepter qu'il nous faille passer par cette étape pour pouvoir aller mieux ensuite.

Après de longs mois à essayer de noyer le poisson en cherchant un travail quelconque sans vraiment chercher, à essayer de me motiver sans réelle motivation, à essayer de sortir de cet enfer mental sans vraiment chercher à en sortir, sept mois à vivre sans vivre, sept mois à faire semblant… Nous sommes en juillet. Juillet 2019. Est-ce l'arrivée des beaux jours qui m'apportent du baume au cœur ou simplement le temps qui s'écoule et permet de guérir ? Peut-être un peu des deux mélangés au pouvoir exutoire de l'écriture. Je reprends goût à la vie, à ces choses que j'aimais autrefois et que j'aime toujours finalement, parfois plus ou parfois moins. Je me sens reconnectée à mon cœur. Mes émotions se sont mises à danser dans ma tête, dans mon ventre, dans tout mon être. Mon énergie est devenue plus vivante. J'ai commencé à reprendre doucement goût à cette vie, moins incroyable, mais tout aussi belle quand on s'y laisse bercer. Au bout de ces quelques mois, j'ai fait un tri naturellement dans mes relations. J'ai laissé le silence et l'absence de mes mots étioler les quelques relations qui manquaient à mon sens d'équilibre et de sens. Je n'ai jamais eu une vie relationnelle excessive, mais relativement stimulante, parfois trop.

Avant le départ, j'exerçais un métier de contact auprès des seniors, ce qui me permettait d'entretenir un rapport quotidien avec les autres. Rajouté à cela les occasions de partager un repas avec la famille, la belle-famille, les amis et les amis des amis qui ne manquaient pas et occupaient, en ce temps, une bonne partie de nos semaines et week-ends. À cette période de ma vie, j'avais grand besoin de me sentir entourée, reliée aux autres et reconnue, ce qui me poussait parfois à accepter l'envahissement social. J'ai d'ailleurs ressenti une légère inquiétude au moment du départ, quant au devenir de mes relations et à l'idée d'être éloignée de mon cercle social pendant une année entière. Je ne savais pas si les liens que j'avais créés allaient rester ou disparaître. Les rencontres peuvent se faire relativement vite, aussi vite qu'elles peuvent se défaire parfois.

Quand nous sommes partis, j'ai vite été confrontée à ma véritable identité. Loin des fréquentations usuelles et des rituels sociaux qui ne relèvent parfois pas tant d'une envie, mais plus d'une obligation (le fameux dimanche en famille, poulet frites et compagnie, avouez parfois que l'on a juste envie de rester chez soi avec Bébert le chien ou Nougat le chat et qu'on nous foute la paix avec toutes ses injonctions), j'ai pris conscience que j'aimais le contact, mais moins que ce que j'imaginais. Or, ce n'est pourtant pas le manque de rencontres qui pouvait caractériser ce voyage, bien au contraire. Ce fut une année riche en termes de contacts, bien que très souvent limités par mes soins. Nous avons rencontré de très belles personnes, mais il y avait une telle diversité de voyageurs et une telle facilité à nouer le dialogue, que si j'avais dit « oui » à toutes propositions, je me serais retrouvée tous les soirs en compagnie de nouvelles personnes, la bière à la main et de nouvelles anecdotes à raconter.

D'un côté, je trouve cela génial. Rencontrer une nouvelle personne chaque jour, l'écouter raconter son périple, prendre les conseils et astuces de chacun et laisser se propager, le temps d'une soirée, la convivialité, les rires et la chaleur humaine. D'un point de vue plus personnel, je me suis souvent sentie oppressée socialement, parfois à la limite du craquage émotionnel car je n'arrivais pas du tout à gérer mes limites sociales. Loin, très loin de ma vie en France, un grand besoin d'introspection a vite émergé en moi, évinçant cette nécessité tortueuse et parfois malsaine qui me poussait à m'entourer d'un maximum de personnes et prévoir tous mes week-ends à l'avance pour m'éviter de ressentir cette solitude que je détestais.

Entre être seul et se sentir seul, il y a une grosse différence, à savoir, la souffrance. Nous pouvons choisir d'être seuls. Cela relève d'une volonté de notre part et souvent d'une grande force de caractère. Cependant, nous ne choisissons pas de nous sentir seuls. On peut être entouré physiquement, en couple, vivre en colocation, dans une grande ville, être avec des amis et pourtant se sentir terriblement seul émotionnellement. Cette sensation est très désagréable et engendre beaucoup de souffrances intérieures. Cette souffrance, je l'ai beaucoup ressentie, tiraillée par ce besoin de me retrouver au calme et celui de me perdre à travers l'autre pour combler un manque d'amour intense et de reconnaissance.

***

À la lecture de ces quelques phrases, qui ne me caractérisent plus vraiment aujourd'hui, cela surprendra sûrement ceux qui ne m'ont jamais connue avant ce voyage. J'ai l'impression que quelqu'un a appuyé sur le bouton « reset » pour que j'ai une nouvelle chance de colorer ma vie à mon image. J'apprends au fil des années, à faire mes expériences seule, à me donner ce qui me manque, sans penser d'abord à aller le chercher chez les autres ou attendre qu'on me le donne. C'est ainsi que j'ai commencé à apprendre à être bien et plus sereine en ma propre compagnie, petit à petit, essayer de prendre plaisir à me balader hors de chez moi, aller à une séance de cinéma toute seule, m'asseoir à une terrasse de café et maintenant voyager à l'étranger en solitaire. La voilà ma revanche !

J'aime désormais autant la convivialité et le partage que la saveur de la liberté et de la solitude. Je n'aurais jamais cru dire ça un jour.
J'aime le relationnel, mais à petite dose et pas trop longtemps. Je peux rester des jours entier chez moi sans parler à des gens et me sentir

incroyablement bien et apaisée, je suis capable de rester sur mon lit pendant quatre heures avec mon chat, à écouter le silence à travers la fenêtre ou à me plonger dans l'écriture ou la lecture d'un livre. Je ne suis pas du genre à aimer recevoir du monde tous les week-ends. J'absorbe tellement d'informations et de stimulus tous les jours, que j'ai besoin de ces temps de silence et de profonde solitude pour me régénérer. Pourtant j'adore inviter mes proches, préparer un bon repas à l'avance, mettre les petits plats dans les grands, proposer des activités, s'asseoir autour d'un feu et se raconter des histoires, lancer une partie de pétanque, se retrouver autour d'un jeu de société, s'affaler devant un bon film, refaire le monde, partager ses opinions, se livrer ouvertement une fois que le vin a fait son effet, mais j'apprécie aussi de ne pas me sentir obligée de tout faire avec mes invités. Un peu comme une auberge où chacun fait sa vie, vit à son propre rythme sans dépendre d'autrui et sans se sentir obligé de. J'adore cette atmosphère et c'est dans ce contexte que j'aime le plus recevoir. D'ailleurs, la première phrase que je dis quand quelqu'un vient passer le week-end à la maison, c'est « fais comme chez toi ! ». Sauf que souvent on utilise cette phrase automatiquement pour mettre à l'aise nos invités et souvent on n'ose pas faire chez les autres ce que l'on fait chez soi, alors on reste un peu dans cette attente de tout faire avec notre hôte, on attend qu'il nous dise quoi faire, qu'il propose quelque chose, qu'il nous serve et soit l'animateur de la soirée et cela devient vite oppressant. Je n'ai jamais été très à l'aise pour accueillir quelqu'un dans mon univers - je ne sais jamais quoi dire, quelle question poser à part « tu veux un verre d'eau ? » ou « tu as fais bonne route ? » - alors il m'est toujours plus facile d'inviter des personnes qui me sont proches avec qui je ne ressens pas ce besoin de fournir un effort pour me persuader que la personne passe un bon moment. Le bavardage n'est clairement pas mon plus grand talent, ni mon sens de l'accueil qu'on se le dise. Et pourtant je suis toujours nostalgique de ces week-ends entre copains où les jeux, les rires à plusieurs, les moments de complicité sont exacerbés par ce quotidien partagé ensemble. Il est vrai que plus on est nombreux, plus j'ai la possibilité de m'isoler sans que mon absence perturbe ou gène la dynamique du groupe.

J'aime sentir le fourmillement autour de moi, les présences des uns et des autres, échanger quelques paroles, tout en me sentant extérieure. J'aime sortir du groupe quand j'en ai envie, me plonger dans le canapé pendant que tout le monde est encore à table, aller vagabonder là où mon instinct me guide sans avoir besoin que les autres me suivent. J'aime partir sans prévenir, sans justification, tel un fantôme, qui apparaît et disparaît selon son bon vouloir. Je crois aimer que ma présence ne soit pas indispensable. Ma philosophie de vie aujourd'hui est d'ailleurs une parfaite reproduction de ma manière d'être, anticonformiste, spontanée et parfois un peu étrange je l'avoue. Par exemple, contrairement à la plupart d'entre nous, j'accepte volontiers que l'on fouille dans mes affaires, même personnelles, plutôt qu'on me demande dix fois où se trouve telle ou telle chose. J'aime que l'on fouille dans mes placards, si ça peut m'éviter de descendre deux étages pour donner une cuillère à soupe. Cette liberté de ne pas se gêner me renvoie un sentiment de bien-être. Si mon invité prend l'initiative de se faire un café tout seul, de prendre les reines de la cuisine ou de s'affaler sur le canapé pour lire, c'est qu'il se sent comme chez lui. Cela m'évoque un sentiment de bien-être, auquel cas je me sens plus disposée pour vaquer à mes occupations, sans culpabilité à me dire qu'il faut que j'occupe mon invité sans cesse. Si la personne ose quitter momentanément cette connexion qui nous relie, c'est qu'elle se sent suffisamment confiante et libre en ma présence pour écouter ses propres désirs. C'est cette liberté que je trouve belle.

À 28 ans, je ne me noie plus dans les rencontres et l'amour, mais je suis constamment en train de chercher un équilibre à cette ambivalence. Le partage ou la solitude. J'adore autant ces moments d'amitié que le silence.

*Quand certaines personnalités se décuplent dans l'abondance, d'autres le font dans le dénuement.*

Oser montrer sa vulnérabilité. Chose rare dans notre société qui met plus en avant les compétences, la rigueur et le contrôle de soi à outrance. J'ai pris conscience, il y a peu, de l'importance de savoir se montrer telle que l'on est face à l'autre, peu importe l'avis ou l'étiquette qu'il nous colle à la peau. Faire preuve d'authenticité c'est être suffisamment bien avec soi-même pour ne pas avoir peur du regard que l'autre va porter sur nous.
Nous nous dévoilons tous plus ou moins à nos proches. Mais se dévoiler auprès de personnes moins proches reste quelque chose de difficile à expérimenter. Dévoiler notre entière personnalité dès le départ permettrait justement d'éviter les idées préconçues et les jugements que l'on se fait sur une personne, responsables de bien des mésententes et relations faussées. Je suis, pour ma part, très sensible aux personnes qui me laissent lire en elles, qui osent dévoiler leur masque et me parler de leurs douleurs, de leurs émotions avec une pointe d'admiration dans les yeux.
En 2020, je travaille dans une tonnellerie. Alex, 18 ans est embauché pour le mois d'août, histoire de se faire un peu d'argent de poche. Nous avons travaillé ensemble quelques semaines à repeindre des barriques pour un évènement. La première impression a été positive, il était calme, un peu dans sa bulle et souriant. Cela a sûrement facilité les choses. Alors que l'on se connaît seulement depuis quelques heures, on a commencé à avoir des conversations plus axées sur nos émotions et notre manière de ressentir la vie. Nous n'avions pas le même âge. Pourtant, une confiance mutuelle s'est installée. Il s'est mis à me raconter sa vie personnelle, ce qui le tracassait vis-à-vis de lui, de sa famille. Il était conscient, à l'écoute de ses propres failles pour son jeune âge. Cette vulnérabilité m'a beaucoup touchée. En à peine quelques heures, notre relation avait déjà

pris un tournant, on se faisait confiance, c'était libérateur d'échanger nos expériences et d'écouter l'autre sagement. Je ressentais ces émotions, lui répondait aux miennes. Les jours suivants, j'étais pleine de joie à l'idée de commencer une nouvelle journée parce que c'est cette profondeur d'échange que je recherche dans mes relations. Cette personne m'a marquée, à vie. Je ressens encore beaucoup d'émotions quand je repense à ce moment. Cela m'a prouvé que pour entamer de bonnes relations, il faut savoir se mettre à nu et écouter à son tour, sans peur, sans honte, juste dire qui l'on est.

Mais c'est là que le lien affectif peut aussi être un rempart à l'expression de nos émotions profondes. En effet, nos proches, qui nous connaissent bien souvent depuis des années, ne sont pas toujours les plus aptes à écouter avec attention et bienveillance, nos propres douleurs intérieures et vérités personnelles. En grandissant, nous évoluons, nous changeons parfois d'avis cent fois avant de trouver nos propres certitudes, nous sommes rarement la personne que nous étions tout petit. Or, il peut être difficile de s'avouer, face à des personnes qui nous ont connues différemment et qui ont donc une idée précise et fixe de qui nous sommes. Sans parler de cette crainte d'être catalogué de « fragile, faible, trop sensible » si on laisse transparaître toutes nos émotions.

Je me demande finalement si ce n'est pas plus facile de s'avouer à un inconnu. Confier nos impressions, nos doutes, nos failles, le temps d'une soirée, d'un rendez-vous inopiné à une personne qui ne connaît rien de nous. On prend moins de risques si on ne la revoit plus après. Se dévoiler face à cet étranger qu'on ne reverra peut-être pas, n'est-ce pas un premier pas vers la libération intérieure ? Cette personne emportera avec elle une part de notre sincérité, qui la fera sûrement grandir et nous, nous repartirons le cœur plus léger.

La communication fait partie intégrante des guérisons. Le fait de verbaliser nos maux nous libère de ce poids, de cette tension que nous gardons souvent au fond de notre ventre. Je prends beaucoup de plaisir à écouter les gens capables d'une telle ouverture. Je trouve cela très respectable et admirable parce que moi la première, je n'y arrive pas avec tout le monde. Car encore faut-il savoir écouter vraiment et ressentir une vraie confiance et connexion avec l'autre.

N'as-tu jamais passé un dîner où seules des conversations que j'aime qualifier de surfaces permettent d'éloigner le silence ? Ces conversations où on parle de boulot, où chacun prétend avoir trouvé le poste de ses rêves ou la situation de vie idéale le sourire falsifié, à moitié convaincu par ses propres paroles. Ces conversations où on parle aussi des autres, ceux qui sont absents et sur qui on s'autorise la liberté de parler à leur place. Ces conversations où la météo vient rompre un silence gênant. Et si nous parlions de nos sentiments, de comment nous nous sentons vraiment aujourd'hui, sans mensonges ? Et si nous osions avouer que ça ne va pas si bien que ce qu'on essaie de montrer ? Et si nous partagions sans crainte de passer pour un faible, nos failles, nos manquements et nos interrogations ? Pourquoi mettons-nous un voile en public sur les doutes de nos vies ? J'imagine bien que la peur de se sentir jugé est grande ou que cette faiblesse avouée pourrait être utilisée contre nous. Et pourtant, nous sommes les premiers à nous sentir moins seuls lorsque quelqu'un nous avoue sa difficulté. Cela nous met en confiance et nous permet de nous livrer à notre tour. Ce sont d'ailleurs ces soirées où chacun se libère, au coin d'un feu, ou un verre à la main, qui nous font le plus grand bien, qui renforce nos relations et que l'on garde longtemps dans nos souvenirs.

Maintenant, imagine que cet ascenseur n'arrête pas de descendre. Plongeons-nous vraiment dans les profondeurs.

# Vague à l'âme

Cher lecteur, avant que tu ne te décides à changer de page à la lecture de ce pavé peu joyeux, je tiens à te rassurer qu'aujourd'hui tout va bien mieux pour moi et que le soleil est revenu dans ma petite tête.
08 décembre 2018. Je me souviens de ce premier jour en France. Un samedi. Nous sommes sortis de la gare de Bordeaux. Les retrouvailles avec nos familles faites, nous nous séparons pour la première fois après trois cent quarante-six jours collés l'un à l'autre. Un déchirement dans mon cœur. Il est temps de rentrer chez mes parents après cette folle aventure. Une sensation de retour à la case départ sans la case départ. Je m'assois sur le siège passager, ma mère au volant. La voiture roule en périphérie du centre-ville bordelais. Je me souviens de cette vision de grands boulevards goudronnés, ce côté très urbain, une verdure quasi inexistante, ces habitations encastrées les unes sur les autres. Je me souviens de ce monde, cette foule, ces vélos, ces klaxons. Pourtant classée comme une des plus belles villes dans mon cœur, je ne la trouvais plus aussi belle. Mon état d'esprit avait brouillé ma vision. Ma comparaison permanente avec l'Australie et ces jungles urbaines ne me permettait pas non plus d'apprécier la beauté moins exotique de cette ville pourtant magnifique. Tout était fade, gris, terne, sans peps. Les nuages bien présents ce jour-là ne m'ont pas aidée à embellir le tableau. Nous quittons la ville pour retrouver la campagne. Je reconnais ces rues, ces petits commerces, ces quartiers résidentiels. Rien ne me paraît changé.
J'aperçois la maison familiale au bout de la rue. Elle se rapproche, pourtant j'ai comme déjà l'impression de m'en être éloignée. Je ne réalise pas. Deux jours avant, je me trouvais à l'autre bout du monde. La voiture s'arrête. Je suis bel et bien rentrée. Je me vois sortir de la voiture, ouvrir le coffre pour y prendre ma valise, seul élément qui me raccroche à ce

passé révolu et je m'apprête à ouvrir la porte de la maison. Mon père m'accueille, heureux de me retrouver. Sa joie me procure du bien-être, mais pourtant je me sens absente. Dissociée. Je n'ai pas l'impression d'être là.

J'ai tout de même ressenti une petite « joie » de retrouver le confort d'une maison, la chaleur de la cheminée allumée, le bonheur d'avoir une salle de bain rien que pour soi, sans avoir besoin de la partager avec tout un tas d'inconnus, de retrouver ce confort qui nous a parfois manqué. La chaleur et l'électricité m'ont apporté une dose de soulagement et une certaine « sécurité ». Je me sentais soulagée de ne plus avoir à chercher un point d'eau avant la nuit tombée ou un endroit autorisé pour dormir, soulagée de ne plus avoir besoin de tout prévoir pour pallier à ce manque de confort permanent. Là dans cette maison, tout était facile, à portée de main, il n'y avait rien besoin d'aller chercher. On appuie sur l'interrupteur et tout s'allume. On ouvre le robinet pour avoir de l'eau en illimité. On allume le chauffage pour avoir plus chaud. Cela fut relativement reposant les premiers jours. Mais mes yeux ne pétillaient pas de bonheur devant tous ces trésors. Même le fait de dormir dans une vraie chambre, dans un lit bien molletonné ne m'a fait ressentir que le vide d'une pièce aussi grande pour une seule et même personne.

En vérité, je pensais que tout irait bien, que le retour se ferait aussi facilement que le départ. En effet, nous étions allés au bout de notre projet - faire le tour de l'Australie - et nous avions même ressenti à la fin de cette année de déplacements incessants, l'envie de nous poser et de construire quelque chose de plus stable. Je pensais que tout irait bien parce que j'avais beaucoup travaillé sur moi pendant ces douze mois et que j'avais appris à me découvrir à un degré bien plus élevé qu'auparavant. Et pourtant, à peine arrivée, me voilà de nouveau envahie par le stress, les doutes et les questions à toute heure de la journée. Sitôt arrivée dans mon pays, je ne maîtrisais plus rien.

La première semaine de notre retour s'est achevée. Le déni a commencé à laisser place à une lente déprime, un peu plus profonde chaque jour.

Mes émotions ont commencé à refaire surface, mais pas comme je m'y attendais. Je me sentais complètement perdue et morte à l'intérieur. Tu sais toutes ces choses que l'on ressent, ces vibrations du corps, cette énergie à l'intérieur de soi, ces papillons dans le ventre qui traduisent ta joie ou ton excitation, ce souffle coupé d'étonnement, ces crampes dans l'estomac à force de trop rire… Je n'avais plus rien. Je ne pouvais me raccrocher à aucun repère parce que je n'en avais plus. Je les avais emmenés avec moi, en Australie, et il m'aura fallu bien du temps pour les retrouver ici en France. Mon seul repère, c'était Louis. Le seul qui avait vécu la même aventure que moi et qui était susceptible de comprendre mon état émotionnel. Seulement je le voyais vivre différemment ce retour. Contrairement à moi, il s'était préparé mentalement à ce retour. Il était assez content et ressentait cette joie et ce doux mélange de nostalgie que je m'attendais à ressentir. J'avais beau essayer de mettre des mots sur mes ressentis et lui expliquer, c'est toujours délicat de se mettre à la place d'une personne quand nos émotions sont à l'opposé des siennes. Et je n'avais pas non plus envie que ma déprime devienne contagieuse. Je sais à quel point les émotions des autres peuvent-nous impacter quand on est une véritable éponge émotionnelle. Il méritait tout aussi bien que moi de vivre ce retour à sa façon. Alors j'ai poursuivi mon quotidien dans le noir, jour après jour, dans l'attente d'une amélioration, sans vraiment en parler.

\*\*\*

Là-bas, je m'étais créée une routine quotidienne remplie de liberté et de curiosité - et ceux qui me connaissent savent à quel point j'ai un besoin fou de me sentir libre dans n'importe quelle situation, relation ou évènement. Je ne supporte pas dépendre de quelque chose ou de quelqu'un et encore moins qu'on me dise ce que je dois faire quand je n'ai rien demandé. J'évite toutes situations où je sais d'avance que je serais contrainte de subir le moment. Un peu comme ce genre de soirée, qui avouons-le, ne nous emballe pas plus que ça, mais à laquelle on s'est engagé à venir. Ce genre de soirée où on ne prend qu'une seule voiture. Cette erreur, je l'ai faite à plusieurs reprises - conscience écologique ou facilité pour se garer, je ne sais plus trop – pour me retrouver fatiguée avant minuit, rêvant de me retrouver dans mon lit, à lire mon bouquin avec mes chats et regrettant de m'être encore une fois mise dans une situation où seuls les autres - en l'occurrence celui qui sera apte à conduire - me libérera de ce moment. C'est fou comment le temps peut passer lentement quand tu rêves de tout sauf d'être là où tu es. Désormais, je préfère dépenser plus d'essence en prenant ma voiture et être libre de partir quand je le souhaite ou carrément rester chez moi plutôt que subir un moment que je ne sens pas et regretter mon choix.

Se sentir coincé quelque part, perdre son temps dans un environnement qui nous fatigue ou qui n'est pas compatible avec notre énergie, c'est quelque chose que j'ai du mal à gérer. La connaissance bien plus affirmée de mes émotions me permet de moins me retrouver face à ce type de situations. Mon désir d'indépendance est désormais une grande priorité dans ma vie tout comme l'acceptation de ma propre responsabilité. Cette dernière n'a pas été simple à accepter. Pendant longtemps, lorsque je me retrouvais « bloquée » dans un évènement professionnel, familial ou une simple soirée, je n'en voulais pas seulement à moi-même d'avoir dit oui - à défaut de m'être écoutée - mais j'en voulais également aux personnes présentes, qui, à force d'insistance et parfois de lourdeur m'avait « convaincue » que venir à cette soirée/réunion était la meilleure chose à faire. Aujourd'hui, même si j'ai toujours du mal à supporter quelque chose dont je n'ai pas envie, je sais que la seule personne qui me met dans ces situations, c'est moi et moi seule. J'ai beau subir l'obstination d'une personne ou son incompréhension, c'est l'affirmation de ma volonté qui me permettra de passer un agréable moment sans rancœur et frustration. Une fois que l'on arrive à imposer notre refus et à ne plus se laisser influencer, petit à petit, on trouve un meilleur équilibre dans nos relations. Mais pour affirmer nos décisions, encore faut-il réussir à s'affranchir du regard de l'autre ! Pas si simple.

Cette sensation de perdre le temps de quelques heures ma liberté, me retrouver bloqué quelque part, devoir supporter une situation ou une personne sans envie, cela nous arrive à tous au cours de nos vies. Nous ne maîtrisons pas tout, nous ne pouvons pas toujours éviter de subir telle ou telle situation, comme nous ne pouvons pas être constamment en contact avec des gens que nous apprécions tant au niveau professionnel que dans nos vies quotidiennes. Or, depuis notre retour en France, cela m'est relativement difficile à supporter car c'est dans ces moments que mon énergie se vide totalement. Pendant le voyage, seule notre volonté et notre instinct nous guidait dans notre périple. Nous avions juste besoin de nous écouter pour prendre une décision, nous étions libres partout où nous étions, de rester ou de partir. J'ai rarement eu ce sentiment de devoir subir une situation, et si cela nous arrivait, nous prenions la décision de nous éloigner de cet environnement pesant.

Cette vie de nomade m'apparut à la fois comme un choix de vie assez rude et à la fois si simple, car rien ne nous retenait et rien ne nous appartenait, hormis notre véhicule. Nous avions notre maison roulante, rien derrière nous. Pas de délai ou préavis à respecter, pas de formalités ou justifications à apporter à qui que ce soit, nous étions maître du temps, de nos journées et les décisions se prenaient bien plus facilement que si nous étions obligés d'attendre la validation d'un tiers ou de remplir les conditions nécessaires pour partir. Il n'y avait aucune règle de conduite, mais beaucoup d'ouverture. La raison prenait beaucoup moins de place que le cœur. Ce cœur, nous l'écoutions pour tout. Pour construire notre périple, nos escapades, trouver un travail ou organiser nos journées. La liberté, la vraie c'était de pouvoir faire ce qu'on voulait, avec les contraintes qui nous étaient données, sans craindre quoi que ce soit. Nous n'avions pas à avoir peur si on écoutait notre petite voix, il n'y avait rien ni personne autour pour nous dissuader. La sécurité, nous ne l'avions pas alors il n'y avait aucune crainte de la perdre. Quant aux qu'en-dira-t-on, nous étions seuls parmi tant d'étrangers, alors personne n'aurait à redire quoi que ce soit sur nos choix.

La philosophie de vie des Australiens a également joué sur notre facilité à assumer cette liberté et a écouter nos ressentis. Ils ont cette décontraction et philosophie de vie qui leur permet d'apprécier en premier lieu l'enthousiasme d'une situation avant les aspects plus négatifs. C'était simple de vivre pour soi et avec les autres, sans se soucier de leur regard. C'est un des aspects qui me manquent le plus. **Ici, je trouve que se sentir libre d'être soi, demande plus d'efforts, plus de confiance en soi et beaucoup plus de courage.** Notre société n'est encore pas tout à fait ouverte quand il s'agit de penser autrement ou de vivre en ayant un mode de vie ou une philosophie de vie différente de la norme française.

Mais pour autant, nous n'avons pas besoin de partir loin pour nous sentir épris de liberté et pour construire une vie à notre image. Nos seules limites, ce sont nos peurs. Ces peurs, très souvent liées au regard de l'autre et à ce conditionnement qui nous influence tous plus ou moins. Ceci explique aussi beaucoup pourquoi je me suis sentie si libre, loin de mon pays, de mon entourage et de mes habitudes sociales. Ces derniers me conditionnaient trop. Je ne parvenais pas à faire mes propres choix et à m'assumer, en dehors de mon couple, mon groupe d'amis et ma famille. Là-bas, il est vrai que personne ne voyait ce que je faisais, comment je pensais, comment je me comportais, comment je vivais et comment je m'exprimais, alors personne ne pouvait rien dire de négatif sur moi, si ce n'est que j'avais une chance inouïe de vivre cette expérience. Ma confiance en moi était si fragile avant ce départ que les opinions des autres à mon égard me servaient de base pour me construire. Je n'écoutais que les autres. Ne plus me sentir influencée a donc été un premier pas vers la libération intérieure. Mais au fond, ce n'est pas le voyage en lui-même qui m'aura appris à m'assumer et à ignorer les opinions et conseils d'autrui à mon égard. Le voyage m'aura permis de prendre du recul plus facilement, de me voir agir sans les autres derrière moi, avec de nouvelles personnes et donc d'apprendre à me connaître bien plus facilement que si j'étais restée au même endroit. Mais le vrai chemin à faire c'était au retour. En retrouvant cette vie d'avant, je me devais de mettre en application ce que j'avais appris sur moi, d'imposer mes limites et ne plus accepter les situations et discours que j'acceptais avant. Je devais me faire confiance comme j'avais réussi à le faire tout au long de ce périple, non sans difficultés.

Cela, je l'ai compris un an après être rentrée. Le travail que j'avais commencé à faire sur moi là-bas, ne faisait que commencer et continue encore et encore à porter ses fruits et à m'emmener vers de nouvelles prises de conscience. J'ai depuis, appris avec l'aide d'une professionnelle, de ne plus faire de la réalité des autres ma propre réalité, mais plutôt d'écouter ce que les autres ont à dire, trier leurs paroles et choisir si cela me semble cohérent avec ma propre vérité et mes valeurs. J'apprends à ne plus construire mon image à travers les avis extérieurs, mais à travers ce que je pense à l'intérieur de moi.

## *L'importance d'un endroit à soi*

En Australie, mon refuge était mon van, mon cocon, mon chez-moi. Ce tout petit endroit où nous dormions, nous mangions, nous cuisinions, nous rigolions, nous lisions, nous jouions, nous planifions nos prochaines étapes du voyage et où nous passions nos soirées sous la pluie battante. Ce tout petit endroit, ces cinq mètres carrés qui nous emmenait voir les plus beaux paysages. J'aimais y passer des heures, allongée sur le matelas, absorbée dans les pages d'un livre. Parfois face à la mer, parfois en plein centre-ville, je voyais les gens marcher à travers la porte entrebâillée, je les entendais parler sans qu'eux me voient ou ne se doutent de ma présence. J'aimais cette idée de pouvoir m'isoler, me rendre invisible, tout en étant en plein cœur de la vie. C'était mon sas de décompression. Le seul endroit que je savais toujours disponible pour un moment de tranquillité. Cet endroit où je me sentais si bien et à l'abri de tout, il n'était plus désormais. Je n'en avais plus, du moins à mon image. Il me fallait en recréer un.

Mais aussi loin que je me souvienne, j'ai toujours créé ma bulle où que je sois. Quand je ne suis pas chez moi, je trouve toujours le moyen pour me mettre dans ma bulle quand je sens l'oppression du bruit et des contacts sociaux arriver en moi. En général, j'ai toujours une paire d'écouteurs dans mon sac, ou un livre quand je sais que le bruit ambiant ne me gênera pas pour lire. J'adapte chaque situation à mon seuil de tolérance journalier, mais j'anticipe toujours ce trop-plein. Cela me permet de me protéger. Souvent mes écouteurs restent dans mon sac, mais le fait de les savoir à portée de main me permet de me vider plus facilement de mon énergie en présence des gens que je côtoie.

Quand je suis chez moi et que je me sens vidée par la présence d'invités, soit je file m'isoler dans ma chambre devant un film, un livre, soit je m'affale sur le canapé, la musique à fond dans les oreilles, je ferme les yeux ou j'écris. Écrire me permet de vider mon sac émotionnel et de recharger mon énergie pour profiter à nouveau des gens présents. La musique me permet de me plonger dans ma bulle, dans un autre univers que le blabla général qui me fatigue vite. Cela me procure des sensations très intenses. Les expériences intérieures que je vis dans ces moments en solitaires sont souvent très fortes. Le fait de me couper du bruit ambiant, pour y écouter un son musical ou celui du silence, me procure instantanément une bouffée de joie et un soulagement qui me conduit à une sensation de plénitude totale. Comme si tout ce que j'avais accumulé en discussions, informations et tensions dans la journée s'évaporait, pour laisser place à l'énergie qui sommeille en moi. J'ai beau être fatiguée nerveusement par trop de stimuli, je me reboost en me plongeant dans mon monde. Il n'est d'ailleurs pas surprenant de me voir discrète, fatiguée et taciturne et me retrouver enjouée, revigorée et démonstrative, après deux heures d'isolement. Le monde extérieur me fatigue, car il n'est pas toujours fait pour moi alors que mon monde intérieur me revigore.

Avant le départ, je vivais chez mes parents ou plutôt la plupart de mon temps dans ma chambre. C'était ma pièce préférée. Une pièce symbolique qui me représentait. Un endroit où peu de gens osent rentrer sans permission. Dans cette pièce, je laissais mes pensées devenir vivantes, je chantais la musique à fond, j'écrivais plongée dans le silence, je dansais en inventant des chorégraphies. Je m'exprimais. Depuis toute petite, j'ai toujours été férue de lecture. Je dévorais les livres à une vitesse folle. Quand d'autres regardaient des dessins animés à la télé, moi je préférais les lire. À douze ans, je composais mes propres textes, assise sur mon lit. J'avais déjà créé mon univers pour m'isoler de cette réalité parfois trop dure pour moi et dans laquelle je peinais à m'identifier. Je me revois écrire des chansons et inventer un air qui s'accorderait à l'émotion que je souhaitais exprimer. Je m'en suis rappelée en plein road trip, face à cette toute première feuille que j'allais noircir de jolies phrases. Face à ces paysages tous plus magiques, un souvenir m'est apparu. Je me suis revue, toute jeune, dans ma chambre, agenouillée sur mon lit, écrivant des paroles souvent pleines de rimes que je fredonnais avec l'immense fierté d'avoir créé quelque chose avec mes émotions. Tout ceci a rejailli en moi d'une manière si soudaine. J'avais totalement enfoui cette partie de moi. Sur la route, j'avais retrouvé ce pour quoi j'étais faite. Écrire et composer avec mes émotions. Laisser mes pensées m'enivrer et me guider. Là-bas, sur cette route, à des milliers de kilomètres, j'ai retrouvé la petite fille que j'étais.

A mon retour, on m'a dit que j'avais changé. J'ai sentie que dans leurs yeux, ce changement ne représentait pas une fierté comme cela pouvait représenter pour moi. Ce paradoxe a été également une partie de ma souffrance en revenant, le regard de l'autre reprenant à ce moment là sa place dans ma vie. Expliquer à ceux qui m'avaient connue différemment, qu'une partie de moi n'était plus. Leur faire comprendre ce qui s'était passé en moi durant cette année m'a paru relativement dur à vivre. Je sentais l'incompréhension. J'étais si reconnaissante d'avoir pu m'individuer à ce point, me libérer de toutes ces fausses croyances que j'avais sur moi. Ce sont d'ailleurs ces mêmes personnes qui m'ont rapidement fait sentir que nos chemins commençaient à diverger. Il y a des relations qui ne résistent pas aux changements, des complicités qui s'effacent, un lien qui se distend. Il y a des relations qui doivent s'arrêter, quand elles ne peuvent se transformer.

\*\*\*

Samedi 08 décembre 2018. Je viens de rentrer chez mes parents. Mon père m'a enlacée content de me voir après un an d'absence, tu te souviens ? J'ai une fâcheuse tendance à m'éparpiller, mon cerveau tourne à plein régime et les idées s'enchaînent parfois plus vite que mes doigts ne peuvent écrire, alors il me semble bon de rappeler le contexte.
Après les retrouvailles, je me dirige vers ma chambre. Celle qui m'a vue grandir. Celle où j'ai tous mes souvenirs. Il y a un an de ça, j'étais une véritable accro du shopping, prisonnière de ce besoin constant de changements vestimentaires. Le regard hagard, je me revois ouvrir mon dressing plein à craquer, les yeux vides de cette étincelle jadis présente à la simple vue de cette montagne vestimentaire. Je me revois contempler mes trente et une paires de chaussures dont la moitié ne me sert qu'à des occasions bien trop rares pour être finalement utiles. J'observe la pile de tee-shirts semblable à la tour de Pise après tant d'années d'accumulations, les vestes et pulls qui débordent de toutes parts, cet amoncellement de sous-vêtements que je regarde désormais sans intérêt aucun, alors que je pouvais dépenser une fortune pour avoir la dernière tendance lingerie de la saison et de toutes les couleurs bien évidemment, histoire de coordonner chacune de mes tenues avec le bon ensemble. J'avais sous les yeux, la preuve que j'assouvissais mes pulsions à travers

des achats matériels au lieu d'essayer de me combler par un autre biais - une activité, un instant de partage, un moment avec moi-même - ou de comprendre tout simplement d'où venaient ces manques. Jusqu'à ce jour, je n'avais jamais pris conscience de cela. Je me souviens si bien de ce moment. Ce face à face avec cette chambre, qui me représentait jadis. Jamais je n'ai pu ressentir pareil désarroi. Jamais je ne me suis sentie aussi coupée de moi-même et de la personne que j'étais avant. Je me suis assise sur ma chaise de bureau, au milieu de la chambre. Et j'ai attendu. J'ai observé ma chambre. J'ai attendu, observé, attendu. Une heure s'est écoulée. Une heure de vide. D'incompréhension.

Entre-temps, j'ai bien évidemment croisé du regard mes centaines de produits de beauté et maquillage qui me promettaient beauté éternelle et teint parfait avec leurs composants douteux et ces bijoux qui n'ont pas été l'objet d'un quelconque manque pour affirmer ma féminité. Tous ces objets dont je n'ai pas eu besoin pendant une année entière me sont apparus en pleine figure comme un reflet de notre société de consommation qui nous pousse à valoriser l'apparence au lieu de prioriser l'intériorité. Une société qui nous crée des besoins parfois jusqu'à la dépendance, à un tel point qu'on ne cherche plus à trouver la solution du problème à l'intérieur de soi, mais à l'extérieur, en consommant de manière excessive autant le matériel que les relations humaines. Cette consommation qui va bien au-delà du besoin réel, je l'avais quittée sans connaître aucun manque malgré mes trois shorts, mes deux jeans et mes quatre pulls qui m'ont permis de me vêtir pour une année entière et qui même, parfois, me semblaient être de trop tellement nous nous habillions toujours de la même façon sans que cela soit un souci. Cette consommation n'est donc finalement pas si essentielle que ça à notre bonheur.

Je me revois dans ce tramway, en plein centre de Bordeaux, quelques jours plus tard, en pleine période de fêtes de fin d'années… Si je n'avais pas bridé mes émotions par pudeur ou par honte peut-être, j'aurais pu éclater en sanglots au milieu de tous ces gens qui s'affairaient à préparer les fêtes, à dévaliser les magasins et à s'encombrer de biens matériels dans l'espoir de faire plaisir ou par obligation sociale. À ce moment précis, et dans le mois qui a suivi, je me suis demandé chaque jour, chaque heure, ce que je foutais là. Chez ma famille, je me demandais ce que je foutais là. Chez ma belle-famille, je me le demandais. En pleine conversation avec un proche sur notre voyage, je me le demandais. Avec ma meilleure amie, je me le demandais. Face à ce futur employeur, je me le demandais. Dans ma voiture, je me le demandais. Seule, je me le demandais. Devant mon miroir, je me suis demandé ce qu'il m'arrivait. Je ne me sentais à ma place nulle part. Même plus dans la maison familiale, même plus dans ma ville, ni dans les endroits que j'adorais fréquenter. Pour la première fois de ma vie, j'étais un peu l'ombre de moi-même. J'ai souvent été l'ombre des autres. Cette fois, l'ombre, c'était moi. Qui étais-je finalement ? Cette personne que j'étais là-bas, ou celle que j'étais en revenant ? Je ne savais plus.

Le pire c'est que je n'avais pas arrêté de défendre des discours centrés sur le bien-être, la joie intérieure et l'écoute de soi tout au long de ce voyage, et que désormais, je ne me reconnaissais plus. J'étais clairement en contradiction totale avec les valeurs que je défendais. Je ne me sentais même plus légitime de relire mes textes écrits en plein voyage. J'avais l'impression de lire quelqu'un d'autre. Les sensations que je décrivais n'étaient plus celles que je ressentais. Là-bas, j'avais trouvé une liberté émotionnelle et le mode d'emploi de ma personnalité. Ici, j'ai retrouvé toutes mes peurs et une partie de mes souffrances. C'est bien vrai que partir loin ne résout rien. On retrouve toujours d'une manière ou d'une autre nos failles, nos peurs et nos problèmes si ces derniers n'ont pas été conscientisés et soignés.

À l'autre bout du monde, j'avais fait ma connaissance. Loin des conditionnements, j'avais réussi à me déployer, à ressentir cette sensation de plénitude et à m'aimer. Maintenant il me fallait franchir la deuxième étape du processus d'évolution : m'accepter. Accepter d'être différente de celle que j'aurais aimé être petite et que mes proches auraient aimé que je sois. Accepter mon fonctionnement, mes limites sociales, accepter d'être qui je suis sans le regard des autres.

Le voyageur a passé de longs mois loin de cette vie réglée à la minute près et loin d'un futur déjà planifié. Il a vécu au présent tous les jours, il s'est levé au rythme du lever de soleil, sans réveil. Il a lu et relu des centaines de cartes, de livres, de pages internet pour trouver son chemin, il a gribouillé des centaines de feuilles pour créer son périple, celui qui lui en fera voir de toutes les couleurs. Il s'est étonné à cuisiner dehors en pleine nuit à la seule lumière de sa lampe frontale. Le voyageur s'est déconnecté de ce monde parfois trop lisse, il a marché des heures sans être certain de l'issue, vécu des rencontres inoubliables, frappé à des centaines de portes et vu s'essuyer des dizaines de refus. Le voyageur a eu mille vies, mille courages, mille émotions, mille rires ne serait-ce qu'en une journée. Il a traversé l'Himalaya dans sa tête, il est allé au-delà de lui-même. Le voyageur ne voit plus l'heure passer, ne sait plus quel jour on est, car sur la route, le temps ne compte plus.
Quand tu rentres, rien n'a changé, tes proches ont tous la même vie, les mêmes goûts, les mêmes rancœurs, les mêmes problèmes, le même travail, la même routine, les mêmes fréquentations, ta ville n'a pas bougé d'un poil, ta chambre t'attend, tes objets personnels sont toujours là, tes proches te parlent comme ils te parlaient avant ton départ, ton chien te reconnaît encore, tes poissons rouges ne sont toujours pas morts et la poussière continue de se balader sur tes étagères. Tout est toujours à sa place. Rien de plus normal. Entre-temps, tu as parcouru des milliers de kilomètres, tu t'es créé une nouvelle routine hebdomadaire, tu as fait évoluer ton cercle social, tu as appris à vivre sans toutes ces choses matérielles qui facilitent le quotidien sans même t'en rendre compte, sans tous tes loisirs favoris et tu t'y es finalement habitué. Tu te rends compte que tes loisirs avaient pour principal but de te détendre après une longue journée ou semaine de travail et te faire penser à autre chose. Là-bas,

nous avions moins besoin de libérer un quelconque stress ou de nous changer les idées. Les loisirs et passe-temps n'avaient pas pour vocation d'évacuer les tensions ou nous détendre, mais de nous apprendre de nouvelles choses et de ressortir grandis après chaque nouvelle expérience. C'est ce qui m'a le plus frappée. Férue de musculation depuis mes dix- huit ans, je n'ai pas ressenti pendant de longs mois le besoin de reprendre mes séances de sports. Nous faisions du sport non pas pour nous décharger ou s'octroyer un temps pour soi que l'on n'a pas eu le temps de prendre, mais pour découvrir de nouveaux chemins et se challenger sur chaque randonnée. Et finalement nous en faisions tout le temps car nous étions constamment dehors à vadrouiller. Le but de l'activité physique avait une autre finalité. Notre rythme de vie impactait positivement notre bien-être intérieur et notre corps. Nous étions forcément moins soumis aux tensions, à la fatigue, à la charge mentale et à la fatigue psychologique et cela se ressentait.

**Tenter une expérience, un moment de vie en dehors de toutes nos habitudes, c'est se découvrir à une vitesse folle.**

## Immersion & Réflexions

Les premiers jours à l'autre bout du monde sont étranges. Un peu comme si tu vivais dans un film sans prendre conscience que le personnage principal c'est toi. Tu débarques dans un pays que tu as déjà visité dans un rêve ensoleillé sauf que cette fois, c'est la réalité. Ta propre réalité. Tu nages en plein rêve tout en étant conscient des enjeux, conscient que la durée de ton voyage va dépendre en partie de l'argent que tu arriveras à gagner sur place, à économiser et à gérer pour parvenir à réaliser tes envies. Tu vas vite prendre conscience que la moindre erreur peut te ramener en France. Nous avons rencontré beaucoup de backpackers au cours de notre voyage. Un backpacker, c'est une personne qui voyage à moindres frais en sac à dos. Je ne sais pas si le terme correspond bien aux voyageurs que nous avons été, étant donné que nous voyagions en van, mais c'est ainsi qu'on nous appelait là-bas. C'était comme une communauté. Partout où nous allions, nous croisions toujours des backpackers, français ou étrangers. La plupart avaient également acheté leur van, travaillaient quelques mois dans les fermes et vivaient la majorité de leur temps dehors au rythme de la nature et du temps. D'autres vivaient dans leur voiture ou se logeaient dans des auberges de jeunesse. Notre frayeur absolue du manque d'argent et d'un voyage raccourci nous a permis de réaliser la plupart de nos envies. Dès notre arrivée sur le territoire, nous avons d'abord commencé à travailler histoire de rembourser le van que nous avions acheté à un couple de français, malgré nos économies conséquentes faites en France qui nous permettaient pourtant d'entamer notre périple. Je me souviens qu'à chaque fois que nos comptes bancaires respectifs passaient sous la barre des 2000 dollars, ce qui était déjà un bon budget pour prendre la route et tenir quelques semaines, nous commencions déjà à nous renseigner sur les jobs que l'on trouverait sur la route en fonction de l'itinéraire que l'on s'était fixé. On en faisait rire des backpackers sur le chemin, qui, avec un zéro en moins sur leur compte, commençaient tout juste à s'inquiéter ! La gestion de l'argent reste assez personnelle et propre à chacun, mais déterminera beaucoup ton voyage, sa durée et la quantité des choses que tu souhaites découvrir. La plupart des backpackers que l'on a rencontrés sur le chemin n'ont pas eu la possibilité de découvrir l'entièreté du territoire Australien. Cependant, ils ont peut-être vécu un tout aussi beau voyage que nous, en termes d'émotions, de partage, de rencontres et de souvenirs. Beaucoup ne savaient pas combien de temps ils resteraient en Australie, se laissaient porter par la vie et étaient vraiment en pleine acceptation de ce qui pourrait arriver. C'est une très belle manière d'appréhender et de vivre le voyage. Peut-être une des plus belles, mais qui demande un grand lâcher prise. De notre côté, on avait prévu de partir une année entière, pas un mois de moins ou de plus, pour pouvoir rentrer lors des prochaines fêtes de fin d'année. On tenait vraiment à faire le tour de l'Australie, mais on était plus souples dans les activités et les choses à faire. Le lâcher-prise était présent mais l'organisation aussi. Nous savions que même en une année, en prenant en compte les mois d'immobilisation pour le travail, nous ne pourrions pas visiter tous les parcs nationaux, toutes les villes et faire toutes les incroyables activités dont regorge ce territoire. On avait une idée assez claire de notre parcours mais on laissait place à la surprise en matière de découvertes.

Notre premier soir en Australie dans notre van tout juste acheté, nous a directement mis dans l'ambiance. Dans une banlieue proche de Sydney, la nuit commençait déjà à tomber. Nous roulions en plein quartier résidentiel et après de longues minutes de recherches vaines, nous nous sommes arrêtés sur un parking face à la mer, faute de trouver un endroit autorisé pour dormir dans notre van. En Australie, il est interdit de dormir dans sa voiture dans les zones urbaines. Le voyage fait partie intégrante de la philosophie de vie des Australiens et de nombreux endroits en dehors des grandes villes, sont disponibles gratuitement pour accueillir les vans ou camping- cars qui souhaitent y passer la nuit. Ce sont souvent des aires de repos aménagées en bord de route mais certains spots sont incroyables et plus on s'éloigne des villes, plus on côtoie le calme et la plénitude de l'Australie sauvage. Face à la mer, en bord de falaise, au fin fond d'une forêt, en plein milieu du désert, nous avons passé autant de nuits sur le bord d'une route que devant de magnifiques paysages. Cependant quand nous nous rapprochions des villes, les aires de repos devenaient de plus en plus rares voir inexistantes et nous étions souvent obligés de payer une ou plusieurs nuits dans un camping pour éviter de se faire repérer par un ranger. Après avoir estimé le meilleur emplacement possible pour ne pas nous faire repérer immédiatement, nous avons commencé à préparer le lit (une banquette à déplier tous les soirs) et à ranger les affaires à l'intérieur du van, quand on aperçut l'immense panneau qui se trouvait pourtant devant nous sur lequel était bien stipulé en lettres capitales, « stationnement interdit », ainsi que le montant de l'amende en rouge pétant, histoire que personne ne rate la ligne ; 1500$. Nos regards se sont croisés à ce moment-là. Nous n'étions pourtant pas bilingues, mais ce soir-là, nous avions su parfaitement lire le panneau. Ne sachant pas où aller et voyant la nuit tomber, nous avons choisi de rester ici et de partir très tôt le lendemain matin pour éviter les Rangers. Les Rangers ? C'est un peu l'équivalent de l'ASVP sauf qu'avec eux, tu n'as pas trop envie de rigoler. Cette première nuit ne fut clairement pas de tout repos. Il n'y avait apparemment pas suffisamment de contraintes autour de nous pour nous mettre en condition, qu'un orage nous a violemment réveillés à deux heures du matin pour ne se terminer qu'au lever du jour. Je vous laisse imaginer le vacarme assourdissant du bruit de la pluie sur la tôle de notre van et donc la nuit très reposante que nous avons passée, ajouté à ça, le stress que l'on ressentait d'être dans l'illégalité dès le premier soir sur ce nouveau territoire. Ah, j'oubliais ! Ce fameux moment où nous nous sommes aperçus en plein milieu de la nuit que les vitres de devant étaient restées ouvertes et qu'il nous fallut sortir du van pour les fermer… en faisant tomber toute notre valise sur le bitume trempé et en trempant également par la même occasion, le drap sur lequel nous étions censés dormir. Quelle jolie tête nous avions au moment de quitter cet endroit à cinq heures du matin.

Je me souviens également de ce soir, huit mois plus tard. Nous avions roulé une journée entière sur la côte est et prévu de passer la nuit dans un camping, repéré sur une de nos applications mobiles, car cette partie de l'Australie beaucoup plus touristique rend la tâche difficile pour trouver un coin caché où dormir. Ma mère et mon frère venaient de nous rejoindre après avoir loué leur van pour passer trois semaines de road trip avec nous. Arrivés devant ce fameux camping qui nous promettait douche et confort à volonté, nous nous sommes rendus compte qu'il venait de fermer. Nous étions en basse saison et nous n'avions pas pensé à appeler pour informer de notre venue tardive ou simplement consulter les horaires d'accueil. Il commençait à faire nuit, nous étions dans un quartier résidentiel en pleine ville, avec de ce fait peu de possibilités de dormir au bord de la route sans se faire remarquer par le voisinage – qui peut se faire un malin plaisir à vous dénoncer. Selon les régions, les backpackers ne sont pas forcément les bienvenus.

Nous voyant dans l'incapacité de trouver une solution immédiate et étant beaucoup trop loin de l'aire de repos la plus proche - qui nous obligeait à rouler de nuit, en prenant le risque de se prendre un kangourou et donc de ne pas être remboursé par l'assurance - vint toujours ce moment, où, à force d'accumuler, le ton monte entre nous deux. On se met à parler un peu vigoureusement à son ou sa partenaire, et puis ça part en cacahuète. Des noms d'oiseaux s'envolent, l'un rend responsable l'autre de sa passivité, l'autre lui en veut de devoir tout gérer, de vieilles broutilles reviennent sur le tapis, le ton devient très accusateur, la colère est noire dans les yeux, et puis une porte finit par claquer. Sauf que l'on se sent vite un peu bête et démuni parce que la situation n'est pas réglée et vue l'ambiance actuelle, la solution ne risque pas d'arriver plus facilement. Lui, refusait de reprendre la route avec les risques élevés d'accident et moi, de rester là alors qu'il nous restait quelques minutes avant que le soleil ne se couche. La communication se faisait de plus en plus chaotique. Je pris le volant, énervée comme pas possible, ma famille me suivant toujours derrière, ne sachant que dire face à cette tension palpable et mon cher et tendre amoureux sur le siège passager, tirant la tronche et me fusillant du regard.

Notre couple, à ce moment du voyage, était en train de traverser une période compliquée et clairement, à cet instant-là, nous ne nagions pas en plein bonheur. Après avoir tourné dans les rues aux alentours à la recherche d'un coin tranquille, nous sommes arrivés au bout d'une impasse. Je m'aperçus vite qu'il n'y avait aucune possibilité de dormir dans ce quartier bien trop fréquenté. Je me suis sentis dans une impasse totale et dans un désarroi profond de faire ressentir à ma famille l'ambiance glaciale dans laquelle nous étions. Nous avions tellement imaginé une soirée calme au camping pour profiter de leur arrivée. Je lui en voulais d'avoir été aussi impulsif et, en même temps, avec la longue journée de route que nous avions eue, nous étions tellement tous fatigués et impatients d'arriver, que cet imprévu de dernière minute nous a totalement rendus fous.

Sur le point de péter un deuxième câble, je m'arrête au fond de l'impasse avec une petite forêt attenante et je me résous à rester dormir là, malgré les panneaux d'interdictions de stationnement qui nous promettaient une jolie amende de 300dollars. Au point où nous en étions, j'étais prête à payer l'amende pourvu que tout s'apaise et qu'on puisse enfin se poser. C'est à ce moment-là que je vis un homme revenir de la forêt et malgré mon énervement grandissant, je me suis vue courir vers lui et lui demander en le suppliant presque, s'il ne connaissait pas un endroit ou bien quelqu'un qui pourrait nous accueillir à cette heure tardive. J'étais tellement en colère contre moi et contre nous, que j'aurais été capable d'accomplir des choses impensables ou contre ma nature pour sortir de cette crise et que l'atmosphère redevienne à nouveau apaisante. Le simple fait de courir pour aller aborder un inconnu ne me ressemblait clairement pas, encore moins de le supplier pour m'aider ! Nous étions clairement dans une situation inconfortable, et quand on quitte cette zone de confort, qu'on le veuille ou non, cela nous pousse à faire toujours plus et à nous surpasser. J'avais comme une sorte de voix en moi qui me disait de ne rien lâcher. Je voulais vraiment réussir à trouver une belle solution. Je me refusais à passer la soirée dans cette ambiance. Je m'en voulais de faire subir à ma famille des émotions négatives alors qu'ils avaient fait tout ce trajet pour passer de belles vacances avec nous. Mais sans le vouloir, je leur faisais aussi vivre la véritable aventure, faite de joies, mais aussi de nombreuses péripéties et de coups durs.

L'espoir, malgré la colère, était toujours présent. Et je ne sais pas si avoir une bonne étoile existe vraiment, mais encore une fois, je me suis retrouvée la plus chanceuse du monde sans le vouloir. Ce monsieur qui promenait son chien et s'apprêtait justement à rentrer chez lui, me présenta son voisin, qui avait fait de son immense jardin un petit paradis. Nous étions sans le savoir, arrivés devant une sorte de maison d'hôtes sauvages, où le propriétaire avait construit dans son jardin d'immenses cabanes en bois chauffées et toutes équipées, reliées les unes par les autres par des passerelles en bois. Il y avait une immense cabane centrale transformée en un salon et une cuisine partagée pour tous les hôtes, accolées à une grande terrasse qui nous donnait une vue d'ensemble merveilleuse sur la forêt. On se serait cru dans une immense cabane en bois en forme de château. Les passerelles, faites de cordes et de lattes de bois, nous ramenaient en enfance à chaque fois que l'on changeait de pièces. Le tout entouré d'une forêt de palmiers. C'était sublime. J'étais subjuguée par tant de beauté et de surprise. Je n'en revenais pas. Je venais de passer d'un état de colère et de panique à un état d'étonnement et de gratitude totale pour ce qui était en train de nous arriver. J'ai remercié et me suis excusée je ne sais combien de fois auprès du propriétaire de nous accueillir aussi tard. Cela ne l'a pas dérangé d'un poil, bien au contraire, sa maison jouxtait les cabanes d'hôtes et il n'y avait qu'un client ce soir-là, alors c'était plus que bénéfique pour lui. La colère a mis du temps à se dégonfler entre nous, mais j'ai pu m'apaiser et passer un agréable moment avec ma famille, profiter de douches bien chaudes, apercevoir pour la première fois un opossum au-dessus de nos têtes et me réveiller en apercevant les kangourous dans le jardin. N'est-ce pas un joli signe que la vie m'envoie à ce moment précis ?

Aujourd'hui encore je remercie gracieusement ce monsieur qui a sûrement évité un potentiel meurtre. Blague à part, cet évènement m'aura permis de tirer plusieurs leçons. La première, c'est que, même au bout du bout, même dans le plus profond des désespoirs, il y a toujours de l'espoir. Et dans toutes situations « désespérées » que j'ai pu connaître dans ma vie, quand j'y réfléchis, j'aperçois toujours un retournement de situation ou un signe qui nous évite l'abattement total et nous maintient dans cette espérance de jours meilleurs.

La deuxième leçon que cette situation m'a apporté, c'est d'avoir pris conscience de la capacité que nous avons tous à évoluer et à grandir, main dans la main, avec nos failles respectives. En partie grâce à cette aventure, je me suis rendue compte du magnifique parcours de transformation personnelle que nous avons commencé tous les deux, pour nous libérer de toutes nos vieilles souffrances encore présentes, nos peurs et comportements malsains que l'on peut avoir envers soi et les autres. Quand je compare notre couple lors de cette dispute et le couple que nous faisons aujourd'hui, cinq ans après, on ne peut pas dire que nous étions les rois de la communication et de l'écoute. Campés sur nos positions, on manquait de discernement, de prises de recul et nous avions tous les deux besoin d'un véritable travail à faire sur nous-mêmes.

Je crois fermement que le but de notre vie, c'est de constamment rechercher cette sensation d'alignement, de ressentir cette sérénité, de sentir que l'on est à notre place. Or, pour ressentir cet alignement, il me semble indispensable de prendre conscience de nos blessures pour ne plus qu'elles entravent notre capacité à ressentir la joie. Ce travail, qui s'apparente parfois à un combat, c'est le travail de toute une vie mais il est nécessaire. Encore aujourd'hui, je traverse de grandes périodes de doutes, je pleure, je remets tout en question, je me tape des crises existentielles mais au moins je ressens, et si je ressens, c'est que je vis, j'évolue, j'apprends et que je me rapproche année après année de qui je suis vraiment.

## La dépendance affective : mon combat, ma victoire

Jusqu'à mes 23 ans, je me suis très longtemps aimée à travers le regard de l'autre. Paradoxalement, j'aimais parfois être seule tout en me sentant accompagnée. J'aimais être tranquille chez moi tout en envoyant des messages à quelqu'un par exemple, ou ne parler à personne mais avoir la présence rassurante de quelqu'un à mes côtés. Si le samedi soir je n'avais pas une soirée de prévue avec mes copines ou un rendez-vous galant, je me sentais terriblement angoissée à en avoir mal au ventre. Passer mon week-end seule du vendredi soir au dimanche m'était inconcevable. Si cela devait m'arriver, j'engageais la conversation sur les réseaux sociaux à de vieilles connaissances ou des amis indisponibles pour leur échanger des banalités, tant que cela puisse me faire oublier le vide que je ressentais en moi.

J'évitais de me retrouver seule avec mes pensées. Mon insécurité était présente de manière permanente. Je n'avais pas encore découvert mon introversion, bien cachée sous ce gros manque d'estime de moi. Les seules étiquettes que je percevais à ce moment de moi-même étaient « dépendance affective » et « vide ». J'avais l'impression de prendre du plaisir à côtoyer de nombreuses personnes alors que je les utilisais sans vraiment le vouloir comme un pansement. Un pansement qui recouvrait mes plaies et endormait la douleur le temps d'une soirée, une nuit, une journée. Avec les autres, je me sentais exister, je me sentais être quelqu'un. Mais aussitôt seule, la souffrance revenait et me piquait droit au cœur, surtout quand la pénombre commençait à tomber. Ces fins de journées me rappelaient tous les soirs à quel point je me sentais seule. Pour ne plus la ressentir, je me noyais dans le désespoir des rencontres, j'étais parfois prête à sortir avec n'importe qui ou continuer à voir des personnes qui ne m'apportaient rien de bon, pourvu que je ne me retrouve pas face à mes démons intérieurs. C'était finalement un cercle vicieux. Je me nourrissais des autres alors que je continuais à me vider intérieurement. Tant que je n'arriverais pas à m'accorder de la valeur, je ne pourrais aimer réellement sans être sûre que la dépendance ne prendra pas le dessus sur mes véritables sentiments.

La dépendance nous donne l'impression d'aimer les gens que l'on côtoie. En vérité, c'est souvent plus de l'attachement qu'un véritable amour. J'étais profondément attachée à ces gens que je rencontrais et qui m'apportaient le temps de quelques heures, l'agréable sensation de me sentir aimée et entendue. Mais souvent, je m'étonnais à renouveler mes relations avec une facilité désolante, voir même à oublier les gens qui prenaient leur distance avec moi pour les remplacer par d'autres sans vraiment ressentir un réel manque. J'aimais les gens pour ce qu'ils m'apportaient, mais je n'aimais pas les gens pour ce qu'ils étaient. Beaucoup de mes choix étaient donc dictés par les autres. Ces autres qui n'étaient pas moi. Et quand on fait des choix qui ne sont pas les nôtres, cela mène à des situations inconfortables, où l'on se sent mal, pas à sa place, des rencontres qui ne nous élèvent pas, des choix de carrière qui ne nous correspondent pas, des relations toxiques ou l'on se rabaisse par peur de perdre l'autre ou au contraire des relations dans lesquelles on donne tout et on s'épuise.

Attendre de notre conjoint/e qu'il ou elle devine ce que l'on ressent, prononcer des mots malveillants à celui ou celle que l'on accuse d'être responsable de nos émotions, ne pas arriver à vivre ou faire les choses sans la présence de l'autre ou sans son avis, se sentir dépendant émotionnellement de quelqu'un, s'approprier les émotions de l'autre, tout donner pour montrer que l'on aime, tout accepter par peur de la séparation, provoquer des crises de jalousie, laisser le chantage affectif s'immiscer dans la relation, passer son temps à faire des efforts pour l'autre au détriment de soi, se sentir incapable de prendre sa vie en main sans l'aval de l'autre, ressentir une difficulté à passer une bonne journée quand l'autre n'a pas répondu à notre message, un non-sens à l'idée de faire ses activités seul, un ennui abyssal quand on se retrouve face à soi-même pendant des heures, des journées entières... ; nous sommes beaucoup à avoir déjà eu des comportements semblables, dans nos relations sentimentales ou mêmes familiales et amicales, sans peut-être nous en rendre compte sur le moment. J'ai pour ma part, longtemps été dépendante de certaines personnes, anciens partenaires et même amis. Incapable de vivre seule, de faire les choses pour moi, à la recherche de la moindre parole réconfortante, ma vie n'avait de sens qu'à travers les autres.

J'ai passé mon adolescence en couple, incapable de me retrouver célibataire, sans quelqu'un pour « m'aimer » et incapable d'être seule une soirée sans quelqu'un à mes côtés. Autant je prenais déjà du plaisir à passer du temps seule, le temps d'une activité ou de quelques heures, autant il ne fallait pas que cela dure plus d'une journée sinon la dépendance revenait me frapper en plein cœur. Mon besoin d'amour était tellement intense qu'il en devenait année après année, incontrôlable. Je jouais d'ailleurs souvent au jeu du chantage et je savais parfaitement user de mon charme pour séduire et obtenir toute la reconnaissance dont j'avais besoin. J'étais capable d'énumérer tout ce que j'avais fait pour quelqu'un et lui reprocher tout ce qu'elle ne faisait pas pour moi. Quand je sentais la personne devenir plus distante, ne supportant pas cela, je me rendais tout à coup indispensable à ses yeux et j'étais prête à tout faire pour qu'elle se rende compte qu'elle avait besoin de moi. Je rendais des services, je disais oui à tout, j'étais la nana parfaite. Tordu, hein ? On est d'accord. J'avais si peur de perdre la connexion avec l'autre que j'ai déjà eu des comportements à la limite du harcèlement. Cela se retournait toujours contre moi à la longue, car l'autre finissait toujours par prendre ses distances, ce qui était la meilleure chose à faire pour son bien-être. J'étais aussi tellement noyée dans des relations d'échanges à échanges, que j'ai longtemps cru que c'était ça de vraies relations et que c'était de cette manière qu'il fallait les entretenir. J'ai longtemps cru que plus les relations devenaient proches, plus il fallait que je donne de ma personne et que je me rende constamment disponible pour montrer à l'autre la mesure de « l'amour » que je lui porte. C'était devenu quelque chose de normal. Mettre mon amoureux sur un piédestal, faire passer mon couple avant moi, avant ma famille, avant mes amis. J'avais tellement besoin des autres pour me sentir exister, que je me pliais à leurs attentes pour gagner leur amour et entendre prononcer à mes oreilles des mots doux, des remerciements et de jolis compliments déguisés. Des compliments déguisés, car ils n'étaient au final pas destinés à la personne que j'étais réellement, mais à cette personne dépendante, toujours présente pour les autres, que je savais mettre en avant pour que tout le monde se souvienne de moi. Une personne qui portait le masque de la souffrance en elle et d'un manque profond d'amour propre. J'attendais que les autres, à qui je me dévouais entièrement, fassent de même avec moi. Et gare à eux si ce n'était pas le cas ! Sans parler des symptômes physiques que je ressentais à chaque situation d'isolement (tremblements, accélération du rythme cardiaque, boule au ventre, anxiété), je me transformais en reine de la victimisation. Je m'énervais quand la personne ne répondait pas à mes messages, je montrais ma déception quand je n'avais pas le soutien que je projetais avoir et je montrais mes plus beaux talents de comédienne pour faire culpabiliser la personne. Cela marchait quasiment tout le temps, sauf sur le long terme, où je perdais finalement plus que je ne gagnais. On ne peut pas se nourrir éternellement des gens autour de nous. On peut juste s'y perdre.

À l'heure d'aujourd'hui pour être honnête, la dépendance affective soignée et cicatrisée, j'ai cette fâcheuse tendance à me méfier des personnes trop généreuses. En prenant conscience de ce mal-être qui m'encourageait à baigner dans cet océan de générosité, j'ai du mal à supporter quand quelqu'un me donne beaucoup ou se montre trop présent pour moi alors même que je n'en ressens pas le besoin et que je n'ai rien demandé. Quand le présentéisme tombe dans l'excès, les attentes en retour se font souvent trop nombreuses pour que la relation soit équilibrée. Les personnes qui donnent sans compter manquent souvent d'amour-propre qu'elles viennent chercher auprès de chaque personne, dont elles se nourrissent petit à petit. Elles ne savent parfois plus comment se combler seule, sans ce regard extérieur qui les rassure. Tout est finalement une question de dosage, d'équilibre et surtout d'amour de soi. La générosité, oui, mais seulement pour les bonnes raisons, celles qui viennent du cœur, pures, simples et désintéressées.

## Le regard des autres

Nous sommes tous relativement sensibles aux regards que les autres peuvent porter sur nous. Personne n'apprécie le rejet, la critique et nous sommes nombreux à s'être déjà senti différent des autres une fois dans notre vie. Nous nous construisons pendant notre enfance à travers le regard de nos parents. Ce qu'ils pensent de nous est indéniablement ce que nous pensons de nous-mêmes. Arrivés à l'adolescence, nous commençons à nous détacher un peu de ce regard parental pour accorder cette fois plus d'importance à la relation amicale, au groupe d'amis qui nous ressemble et qui finalement nous donne une sensation d'appartenance. Nous nous identifions à ces amis et sommes sensibles au regard qu'ils portent sur nous. Nous nous sentons plus forts, plus confiants car acceptés, valorisés et aimés à travers l'image du groupe. On construit donc notre image, d'abord à travers nos figures parentales et à travers notre cercle social. Selon la qualité de nos relations, l'image que l'on a de nous est donc plus ou moins bonne et plus ou moins liée aux autres. Nous avons tous en nous, ce besoin d'être socialement acceptés. L'importance du groupe dans notre société est très grande. Il est gratifiant de se sentir entouré, il est bien vu d'avoir plein de connaissances, de s'entendre avec plein de personnes différentes. Le simple fait d'apprécier que les gens aient une bonne image de nous est à mon avis très ancré dans notre cerveau.

Je crois donc que nous ne pouvons pas nous détacher complètement du regard des autres. En revanche, nous pouvons aisément le mettre à distance et apprendre à ne pas être conditionné par ce dernier. Cela est parfois difficile car nous n'avons jamais 100 % confiance en nous. Il suffit que nous soyons dans un jour de grande vulnérabilité, un de ces jours où nous nous sentons fragiles émotionnellement pour que la moindre petite remarque vienne nous atteindre de plein fouet et s'imprègne en nous. La même remarque n'aurait sûrement pas eu autant d'impact si elle avait été prononcée dans un de ces jours de pleine confiance. Il y a des jours avec, et des jours sans, mais notre valeur ne devrait jamais être liée à l'approbation générale.

Je considère aujourd'hui le regard des autres, non plus comme une vérité à suivre par peur de me différencier, mais comme un indicateur. À partir de ce que les gens pensent de moi, je vais savoir vers quelle personne me diriger pour me sentir bien et avec lesquelles je dois prendre de la distance et m'éloigner car l'image qu'ils ont de moi et les attentes qu'ils projettent sur moi, ne reflète pas la personne que je suis. Ce regard extérieur nous aide finalement à construire notre vie et à nous entourer des bonnes personnes, à partir du moment où on apprend à se connaître personnellement. Il est bon d'écouter les autres mais toujours prendre de la distance avec ce qu'ils peuvent percevoir, penser ou donner comme conseil. Parce qu'en fin de compte, la personne avec qui on doit se sentir complet, serein et le mieux possible, c'est avec nous-mêmes. L'avis général ne doit jamais faire changer l'opinion que l'on a de soi, à partir du moment où l'autre n'a pas la pleine connaissance de notre passé et de qui nous sommes intérieurement.

Les autres ne sont qu'un projecteur et une mise en lumière de ce qu'on laisse paraître car ils ne se basent que sur ce qu'ils peuvent voir de nous et ce qu'on choisit nous-mêmes de leur montrer.

Mais tout ce qu'il se passe à l'intérieur de nous et qu'on n'extériorise pas, tout ce que l'on pense vraiment sans verbaliser, tout ce que l'on ressent au fond de nous sans que cela se voit, il n'y a que nous qui pouvons y accéder. Nous sommes donc les seuls à pouvoir parler de nous-mêmes et les seuls à détenir la vérité sur qui nous sommes. Nous n'avons pas à culpabiliser ou à nous justifier d'être la personne que l'on est. Si tel est le cas, changeons plutôt nos relations au lieu d'essayer de se changer ou de s'adapter à un environnement qui n'est pas le nôtre. Un individu ne peut pas changer, seulement évoluer. Il doit évoluer dans le milieu où il se sent le plus à l'aise, en compagnie des personnes avec qui il se sent bien et accepté pour pouvoir déployer ses talents et sa personnalité.

Mais malgré cette facilité d'introspection qui me permet de comprendre facilement mes émotions et mes réactions, il m'arrive de ressentir encore, dans mes moments de fragilité, cette sensation d'avoir été touchée par les mots d'un autre à mon sujet. Ce nœud au cœur, cette émotivité, j'ai fini par l'apprivoiser avec le temps. Cela me rappelle d'où je viens. Cela me rappelle toutes ces années de harcèlement scolaire, toutes ces petites phrases anodines que les adultes se permettent de prononcer face à un enfant introverti, rêveur et bien plus dans la réflexion que dans la démonstration de soi. Cela me rappelle ce que j'ai vécu et tout ce qui fera partie de moi à jamais, cette sensibilité qui me caractérise depuis toute jeune. Nos fragilités peuvent s'atténuer, mais ne s'envoleront jamais vraiment. Elles sont l'empreinte même de notre passé. Plutôt que de les refouler ou les feindre, nous pouvons les emmener vers plus d'apaisement afin qu'elles ne prennent plus la forme de la souffrance, mais d'un simple signal nous permettant d'instaurer nos limites et de mieux gérer nos relations.

Comme disait Descartes « Pour atteindre la vérité, il faut une fois dans la vie se défaire de toutes les opinions qu'on a reçues et reconstruire de nouveau tout le système de ses connaissances ».

À l'heure où je t'écris, j'ai 26 ans, deux années se sont écoulées après notre retour en France et je viens tout juste de terminer un suivi avec une sophrologue. Je m'applique à adopter ses conseils en prenant toujours un temps pour écouter mes ressentis et besoins avant d'envisager une situation avec autrui et demander un avis. Je n'ai pas honte de dire que je suis désormais ma priorité et que mes envies passent avant le reste. Si je ne me sens pas disponible pour moi et à l'écoute de mes émotions, comment pourrais-je donner à autrui ce que je n'arrive pas à me donner moi-même sans que mes actes ne soient pas intéressés ? On ne peut pas donner quelque chose de qualitatif à autrui si on ne s'apporte pas déjà des moments de qualité à soi. On ne peut pas se sentir bien avec autrui si on ne se sent pas bien avec soi-même. On ne peut pas faire des efforts pour quelqu'un si on en fait pas déjà pour soi. On ne peut pas aider quelqu'un quand on est déjà soi-même fatigué émotionnellement. On ne peut pas aimer réellement autrui si on ne s'aime pas soi-même.

Ces phrases, nous ne les aimons pas beaucoup en général et pourtant nous les avons toutes lues quelque part. J'ai moi-même mis très longtemps avant de me les approprier et de reconnaître qu'elles me caractérisaient. Je ne comprenais pas en quoi le fait que je me sente mal dans ma peau allait conditionner mes relations amicales et amoureuses. Je ne m'aimais pas certes, mais à travers l'autre, j'aimais pourtant la personne que j'étais. J'étais donc capable d'aimer vraiment non ? Car c'est bien ce que nous ressentons vraiment quand nous aimons et que nous sommes aimés ; du bien-être. Mais qu'en est-il quand nous sommes seuls ? Qu'en est-il quand l'autre n'est pas là pour nous

guider, pour nous apporter sa présence, son soutien ? Qui sommes-nous sans cet autre qui nous aime ? Ressentons-nous ce même bien-être avec notre propre personne ?

Contrairement à l'idée que l'on se fait de l'amour, ce dernier ne doit pas obligatoirement être dirigé vers un autre. Quand on pense « amour », on pense immédiatement à une autre personne. Un amoureux, un ami, un parent, un enfant, un frère, une sœur. Aimer quelqu'un c'est faire don de soi. Or, le don de soi ne doit jamais nous faire aimer un autre plus que nous-mêmes. C'est cette notion que l'on oublie dans la définition de l'amour et dont personne ne parle, car elle renvoie malheureusement à un égoïsme certain. On apprend dès notre plus jeune âge à faire passer les autres avant soi alors qu'apprendre à s'aimer soi d'abord (se comprendre et s'accepter), c'est le socle vertueux qui nous permettra d'étendre cet amour aux autres. « Fais plaisir à ton papa », « Souris quand on te dit bonjour », « Sois gentil avec le monsieur », « Va aider tonton », « Dis oui pour faire plaisir à la dame » ... Mais où sommes nous dans l'histoire ? Est-ce qu'on nous demande si on en a envie avant de nous demander de faire telle chose ? Est-ce qu'on nous apprend à s'occuper seul, à s'ennuyer, à faire les choses sans attendre que quelqu'un soit disponible, à nous aimer sans les compliments des autres, sans avoir besoin de prouver quelque chose pour se faire bien voir ? Non. Parce qu'il est bien vu d'être bien vu par ceux qui pourront parler de nous en bien. L'éducation collective nous rend bien élevé, conforme à l'image d'un enfant modèle et plus tard d'un adulte bien rangé. On est fier quand on nous dit que notre enfant est sage, bien élevé, poli, qu'il ne déborde pas. Et plus tard, on sera fier quand notre grand enfant aura coché toutes les cases de la réussite et qu'on pourra parler de lui sur le banc des potins. On vantera notre éducation, on parlera de lui comme une troisième merveille du monde, on est fier, c'est mon fils, c'est ma fille, regardez. Ça renforce cruellement notre égo et l'image que l'on renvoie. Moi j'appelle cela du formatage. La politesse, le respect bien sûr, mais à trop chercher à rendre un enfant lisse et conforme, c'est sa personnalité, son atypicité qui s'éteint. Où est l'authenticité de l'enfant ? Que deviendra cet adulte qui cherchera à satisfaire les autres avant soi plus tard pour ne jamais faire de vagues parce qu'on ne lui a pas appris à faire autrement ? Où sera sa place ?

Si chacun s'occupait d'abord de lui avant de s'occuper d'autrui, moins de gens seraient malheureux et les relations seraient peut- être plus équilibrées et moins axées vers la dépendance. Parce que la vérité est là. Nous tombons très facilement dans une dépendance dans nos rapports amoureux, dans le rapport que nous avons avec nos parents ou dans l'espoir que nous ne décevrons jamais nos amis. La dépendance est le principal fléau d'un manque de considération de soi.

**Sans travail introspectif, impliquant le fait d'être seul face à soi-même, d'expérimenter seul et sur une longue période, on ne peut jamais vraiment savoir qui on est réellement.**

Le « penser à soi », si négativement connoté dans notre société a pourtant d'énormes bénéfices. En étant apaisé avec nous- mêmes, en apprenant à bien vivre et à apprécier la solitude, c'est ainsi que l'on peut mieux donner de son temps aux autres, se montrer plus disponible et apporter à une relation, une grande part de sincérité et d'équilibre. À ne pas confondre avec l'égocentrisme qui se préoccupe uniquement de sa personne et se croit le centre du monde sans aucune compassion pour le reste.

Dans notre société, « l'amour de soi », « le penser à soi », « le temps pour soi » ou « le soi » tout court est évocateur d'un trait de personnalité peu reluisant. Il suffit que nous fassions tout simplement passer notre bien-être avant ou que nous préférions être seul qu'accompagné, pour être catalogués d'égoïste, d'individualiste, de sauvage etc. C'est en lisant de nombreux livres à ce sujet et en évoquant ce fait à ma sophrologue que ma définition de l'égoïsme a évolué. Ce trait de caractère, s'il ne nous isole pas, peut-être tout à fait sain et constructif tant que l'on ne perturbe pas le bien-être des autres autour de nous. Car c'est en passant d'abord par soi, que l'on apporte vérité, accueil et sérénité dans nos relations et que l'on s'ouvre au monde. Penser à soi avant les autres, c'est ne plus projeter sur eux, nos peurs, nos doutes et croyances. C'est rentrer dans un profond équilibre de vie. C'est, je le pense fermement, la meilleure recette pour devenir un adulte sain et serein.

*Nos interprétations sont le fruit de notre individualité, mais aussi le reflet de notre état psychique.*

À travers cette réflexion personnelle dans laquelle je me suis lancée suite à ce retour difficile, j'ai beaucoup observé. Après avoir pris conscience de mes propres blocages/peurs, réveillé mes zones d'ombres et m'être grandement intéressée à la psychologie, c'est comme si cela avait mis en lumière ce que je ne voyais pas chez les autres avant. Car autour de moi, je m'aperçois que nous sommes tout aussi nombreux à prendre des décisions et agir en fonction de l'avis ou de la peur de la réaction de notre entourage, sans même que nous n'en soyons pleinement conscients. La prise de conscience s'éclaire en nous souvent au moment où le problème a déjà pris une place trop importante dans notre vie ou que l'accumulation a été trop présente. Tant que la tasse n'est pas assez pleine, il nous est difficile d'entendre la vérité et de voir l'évidence. Il nous est encore plus difficile d'avouer qu'un membre de notre entourage peut parfois faire barrage à notre liberté individuelle.

Il est bien évidemment très agréable de connaître une personne qui dit oui à tout, propose constamment son aide et ses conseils, prend des nouvelles de tout le monde, se fait passer après les autres, se dévoue corps et âme et en fait toujours plus que ce qu'elle devrait faire quand bien même cela vient d'une bonne intention. À lire comme ça, cette personne nous parait posséder toutes les qualités et les traits de caractère qui représentent aux yeux du collectif et de la société un modèle d'altruisme, de dévouement, de solidarité et de sympathie. C'est typiquement le type de personne dont on se souvient longtemps et dont on se méfie le moins. Pour autant, nous pouvons aussi nous poser d'autres questions à son sujet. Pourquoi a-t-elle besoin de se montrer autant disponible ? Comment réagit-elle lorsque nous refusons son aide et son avis ? Pourquoi a-t-elle besoin d'être informée de tout ? Si nous prenions nos distances, quelle serait sa réaction ?

La culpabilisation est une arme verbale très souvent utilisée dans beaucoup de relations et malheureusement cela peut détruire complètement l'estime et l'image d'une personne. C'est aussi la manière la plus facile pour obtenir ce que l'on veut d'une personne surtout si cette dernière n'a pas encore appris à instaurer ses propres limites avec les autres et à utiliser avec aisance et sans peur du rejet, le fameux mot magique « non ». La culpabilité est destructrice car souvent, à force d'être répétée, l'opinion de celui qui nous culpabilise pèse plus lourd que le nôtre, alors on se met à douter de nous et on finit par lui donner raison même si cela nous déplaît ou nous rend triste.

« Si tu ne viens pas, je serais déçue », « Si tu ne l'appelles pas, maman sera triste », « Si tu y vas sans moi, ça ne se fait pas », « Tu devrais aller le voir sinon il va-t'en vouloir », « A ta place, j'aurais fait ça autrement, ça aurait mieux fonctionné », « Je ne t'ai pas élevé comme ça », « C'est pour ton bien », « Tu ne m'aimes pas sinon tu n'aurais jamais... ». Ces phrases sont extrêmement fréquentes dans beaucoup de couples et de familles. Or, il est une vérité difficile à entendre, mais ce n'est pas parce qu'une personne fait partie de notre cercle social proche, qu'il faut tout pardonner et tout accepter. N'oublions pas qu'après la communication, il peut-être parfois bon de prendre de la distance avec quelqu'un pour se préserver. Au plutôt je deviens conscient de l'existence des jeux psychologiques dans les relations humaines, au plus tôt, je peux sortir du rôle dans lequel je suis enfermé et casser le jeu de pouvoir de mon interlocuteur. La connaissance de soi et de nos besoins devient nécessaire pour instaurer des limites au sein de chacune de nos relations et donc forcément au risque d'en froisser certaines. Mais lorsque j'accepte le fait que je ne peux plaire qu'à une infime partie de personnes, c'est ainsi que ma confiance gagnera du terrain et que ma liberté individuelle s'exprimera.

J'ai encore aujourd'hui parfois du mal à prendre du recul quand quelqu'un me fait culpabiliser, intentionnellement ou non. Ce n'est pas évident car nos liens affectifs peuvent très vite renforcer cette culpabilité. Il y a des moments où je n'arrive à rien répondre, tellement je suis surprise par l'intervention, rien ne sort de ma bouche et c'est quelques heures après que je me refais la scène dans ma tête du style « tu aurais dû lui répondre ça », et à accorder trop d'importance à cette remarque qui n'en valait pas la peine. Mais heureusement, la répartie toque parfois à la porte de mon cerveau. Depuis ce retour, j'ai appris à sortir le NON de ma bouche, à poser mes limites, à penser à moi avant de dire oui, à arrêter d'avoir peur de décevoir. Petit à petit, j'ai consolidé mon identité. J'ai mis du temps à comprendre que la déception de l'autre ne vient pas de moi, mais de ses attentes trop importantes et en totale incohérence avec qui je suis.

En parlant d'attentes, j'en décèle souvent dans les conversations. Des attentes parfois trop grandes vis-à-vis de proches que nous portons dans nos cœurs, des rancœurs que nous accumulons, nourries par les différences familiales, un manque de transparence dans nos paroles et une peur de blesser. La redevabilité est très présente dans les comportements. « Avec tout ce que j'ai fait pour toi, c'est ainsi que tu me remercies », « Tous ces efforts que j'ai fournis pour que ça se termine ainsi... », « Si j'avais su, je ne me serais pas autant investi dans cette relation, dans ce projet, dans ce travail... ». Ces phrases sont souvent le reflet d'une accumulation d'investissements que l'on s'est empressé de fournir pour contrer un ego ou un cœur mis à mal. Donner, s'oublier, au risque d'être déçu et de se perdre...

C'est ainsi que le déséquilibre se crée dans les relations. Les besoins contradictoires des deux personnes sont souvent la cause des conflits. Trop d'attentes de l'un et trop de distances de l'autre. Et comme dans de nombreuses situations, nous communiquons quand le problème est devenu trop grave et que la relation s'essouffle. Un conflit ne disparaît jamais seul, car il soulève des malentendus qui ont justement besoin d'être entendus pour disparaître. Si notre réel désir est de contenter autrui, nous ne devrions rien attendre en retour. Ou dans ce cas, l'action se base sur un intérêt et non un simple geste d'amour. À partir du moment où nous attendons que l'autre nous rende ce que nous lui avons donné (du temps, de l'argent, de l'amour, des biens matériels...), la relation devient à mon sens vite étouffante et peu enclin à la liberté de chacun.

Le bien-être dans une relation, tient essentiellement à cela : la liberté d'être, d'être heureux que l'autre le soit à sa manière, sans lui imposer de correspondre à la nôtre. Sans pression, culpabilisation ou règles implicites. Voilà ce qu'on devrait attendre de quelqu'un quand on se sent bien avec soi ; rien, si ce n'est l'amour, le vrai, celui qui rend libre et qui laisse à l'autre, la liberté de donner ce dont il a envie. Accepter le fait que l'autre ne ressent peut-être pas le besoin ou l'envie de donner les mêmes choses que nous et se contenter de ce qu'il est capable de nous donner.

Alors oui, il est bien évidemment désagréable d'être face à cette situation où nous avons beaucoup donné pour une personne que nous aimons et de sentir qu'en retour, elle n'aurait pas fait le quart de tout ce que nous avons entrepris pour elle. Dans ce cas il est temps de se poser les bonnes questions sur la qualité de notre relation et nos besoins respectifs à chacun. Si le déséquilibre reste constamment en latence, et les tensions récurrentes malgré la joie que nous procure la relation, il est bon parfois de prendre un peu de distance pour la rééquilibrer et limiter les attentes. En me positionnant également à la place de celui qui, malgré sa reconnaissance, n'a en toute logique rien demandé et ne ressent aucune obligation de « remboursement », je peux aussi me questionner sur les raisons qui font que je ressens ce besoin de donner sans cesse, même quand l'autre ne semble pas réceptif.

Mais il est aussi vrai que d'un autre point de vue, notre empathie et notre amour pour nos proches, nous conduisent parfois à vouloir « rembourser » ces cadeaux que l'on nous a donnés. Si cela nous fait plaisir de rendre, sans obligation d'endosser le rôle du bon samaritain, la relation peut perdurer dans l'équilibre et les besoins de chacun. Mais si nous sommes envahis par cette redevabilité, il est important de se rappeler que ce ne sont pas nos propres choix, mais ceux d'un autre. Si nous ne ressentons pas l'envie de redonner, nous avons le droit de garder cette position. Je trouve d'ailleurs que les relations peuvent-être très vite biaisées quand les « cadeaux » sont bien plus grands que ce que l'on est en mesure de donner.

Se sentir obligé d'être redevable de quoi que ce soit est à mes yeux la pire façon d'aborder une relation saine avec qui que ce soit. Ne pas se sentir redevable n'est pas incompatible avec l'amour que nous ressentons.

**La culpabilité est l'émotion la plus destructrice. Apprendre à s'en défaire, c'est aussi savoir se redonner de l'importance.**

## Le voyage, une mise en lumière de soi ?

*Je suis convaincu que s'il y avait de la méditation et de la philosophie dans toutes les écoles, le monde serait changé en une génération.*
Frédéric Lenoir

D'année en année, j'ai compris que oui.
Fin 2018, nous sommes rentrés. De notre retour s'est suivi quelques mois plus tard, un déménagement qui m'a finalement permis de me libérer d'une ancienne vie agréable, mais que je n'avais peut-être plus envie de retrouver, du moins dans l'immédiat. Il fallait qu'une nouvelle vie m'ouvre ses bras, une vie à la campagne, laissant place au silence et à l'introspection à foison. Une vie plus douce, qui me ressemble. Ici, j'ai comme l'impression de pouvoir recréer mon tableau. J'aime cette

distance que j'ai instaurée avec mon passé à une petite heure de chez moi ce qui me laisse la liberté de le retrouver de temps en temps, mais aussi suffisamment de distance pour me concentrer sur ma nouvelle vie. J'ai aimé mon passé, tous les gens qui y ont pris place, mais j'ai eu aussi ce besoin de m'émanciper de toutes ces habitudes, ces relations parfois trop lourdes et partir. J'ai eu peur, au début, de quitter une grande ville, mes copines, mes parents et mes endroits favoris pour partir vivre dans la campagne que je qualifiais de « profonde » avant que j'y sois mais qui n'a finalement rien de profond. La peur de l'isolement sans doute, de ne rien avoir autour de soi, de m'encroûter, de m'ennuyer et de quitter une ville dynamique pour atterrir dans un petit village de 2500 habitants. Que vais-je faire là-bas ? Vais-je arriver à trouver un emploi qui m'intéresse ? Vais-je arriver à me faire de nouvelles relations ?

La première fois que j'ai visité notre nouveau toit, je m'en souviens très bien. En plein hiver, tout était gris, pas un chat dans les rues, des vignes à perte de vue, deux trois pâtés de maison aux alentours et quelques entreprises viticoles ne m'ont clairement pas convaincue. Je me suis demandée pourquoi nous allions nous perdre ici après avoir vécu une si belle expérience tous les deux. J'ai mis du temps avant de m'y faire. Il m'a fallu plusieurs années avant que la nostalgie de ma vie bordelaise (du moins en périphérie bordelaise) cesse de se faire ressentir, alors qu'aujourd'hui, même si je ne me fermerai jamais à l'idée de revenir si l'occasion se présentait, mon bonheur est désormais aussi dans ma campagne charentaise. Malgré la densité de population plus faible, j'ai cette sensation de me sentir moins isolée que je pourrais l'être dans une plus grande ville et comme ici, on ne perd pas de temps dans les bouchons, j'ai également la sensation d'avoir ajouté du temps à mes journées. Il y a quelque chose de plus lent dans l'atmosphère, de moins lourd. Ici, je me découvre. Ce trait créatif qui ne cesse de me surprendre à mes heures perdues, dans ce bruit de silence environnant, ce vent tournoyant entre les feuilles et ces chants d'oiseaux me porte vers de nouveaux loisirs et projets personnels. Je suis une amoureuse. Une amoureuse des mots, de l'écriture, des émotions, du silence, de la nature, des animaux et de ce sentiment de liberté intérieure qui me pousse à créer. Je virevolte au gré de mes envies et de mes inspirations. Je goutte à la vie dans les moindres petits plaisirs qu'elle m'offre.

Mais avant de goûter à ces douces saveurs, c'est aussi ici, en pleine campagne que j'ai dû apprendre à dire non. Parvenir à m'accepter, à trouver l'équilibre entre les autres et moi, et à aimer mes particularités alors que les gens les pointent justement du doigt, c'est dur à vivre et difficile à mettre en place. J'avais évolué, mais ceux qui me connaissaient ne me semblaient pas prêts à découvrir cette nouvelle personne. Toute la complexité des relations humaines. **On évolue, on perd des gens en route pendant que les gens évoluent et nous perdent en cours de route.**

À cette période de ma vie, je suis devenue à nouveau très sensible et perméable aux avis des autres. J'essayais de mettre en application les actions qui étaient bonnes pour moi mais derrière, je me confrontais à des jugements car j'exprimais aussi de manière très cash et sans filtres mes intentions et mes limites. Après des années sans vraiment exprimer mon authenticité ou à demi-mesure pour toujours m'assurer d'être bien-vue de tous, on peut clairement le dire, je me suis rattrapée. Il est vrai que passer par quatre chemins pour dire les choses n'est pas mon fort. Je n'ai jamais compris pourquoi on cherchait à dissimuler une partie de la vérité par peur de blesser les gens. On tourne autour du pot, on arrondit les angles. On les arrondit tellement bien que le message ne se transmet pas. Quel est l'intérêt ? On peut y mettre des formes, car le but premier n'est pas de blesser l'autre mais de transmettre un message, or je vois tellement de gens qui ont du mal à exprimer leurs déceptions, leurs frustrations, leurs colères face à leurs proches que finalement, à force d'envelopper son discours de rose poudrée et de paillettes le tout complété par un ou deux compliments, ils finissent par ne rien dire de leurs émotions. Et la relation continue dans le plus grand des calmes et la plus grande des tensions jusqu'à ce qu'on ne puisse plus se taire et qu'on finisse par déverser toutes nos colères et nos non-dits accumulés face à une personne médusée qui n'a rien vu venir. On a peur de parler, peur d'ouvrir notre bouche car on a peur de voir les gens s'éloigner, de finir seul. Toujours cette dépendance qui nous relie aux autres et ce manque de sécurité à l'intérieur de soi. Pourtant c'est en ouvrant sa bouche, en mettant les pieds dans le plat que l'on se positionne, qu'on s'éloigne de ceux qui ne nous font pas du bien, qu'on se fait critiquer certes, qu'on reste un temps seul mais qu'on finit par retrouver de nouvelles personnes, plus compatibles avec nos valeurs et notre énergie vitale. La vie sait mettre sur notre chemin les bonnes personnes si on sait s'écouter et se faire entendre.

Mes émotions étaient en pagailles, j'avais le plus grand mal à poser mes limites sans être anéantie par les critiques et plus le temps passait, plus l'anxiété prenait place sans que je ne puisse la freiner. J'ai d'abord essayé de comprendre toute seule, en me retraçant mon histoire, mon enfance, n'importe quelles situations qui m'apporteraient des réponses. J'en ai trouvé quelques-unes à force de creuser. Mais il y a des blessures et des situations dont on ne peut pas se sortir tout seul. Non pas qu'elles sont forcément trop grandes ou trop douloureuses, mais parce qu'elles sont bloquées dans notre inconscient et ressurgissent à travers des actions et paroles qui nous paraissent normales, car pleinement intégrées à notre quotidien depuis notre tendre enfance. Des mécanismes qu'il nous faut parfois réparer. Souvent, il suffit de débloquer un petit quelque chose pour que tout se libère en nous. Il n'y a pas besoin d'avoir de grandes souffrances pour pouvoir aller mieux ensuite. Même de petites difficultés, tenaces et persistantes peuvent nous empoisonner la vie et nous freiner dans notre évolution personnelle.

Voyant ma santé mentale se dégrader, j'ai commencé à vite comprendre qu'il me faudrait de l'aide et du soutien si je voulais parvenir à m'affranchir du regard extérieur sans souffrances. Nous venions, en plus de ce déménagement, de nous lancer dans un projet de rénovation immobilière. Me plonger dans ce projet alors que je n'avais pas terminé mon travail personnel me fit ressurgir toutes mes angoisses. Ce n'était clairement pas le bon moment. Trop tôt, trop vite. Je me sentais incapable de tout gérer. Je ne parvenais pas à retrouver l'équilibre. La sérénité et toutes ces émotions positives que j'avais ressenties en voyage, s'étaient à nouveau envolées. Mes angoisses additionnées avec le travail, la rénovation de la maison, les charges du quotidien, le changement de vie et mes relations sociales, je me sentais tiraillée de tous les côtés. J'ai attendu quelques mois afin de me décider à consulter. Ce n'est jamais une étape facile. Il faut accepter nos difficultés, oser montrer notre vulnérabilité et déballer notre vie et nos soucis à un inconnu et surtout, ravaler notre fierté et accepter de se remettre en question pour pouvoir espérer évoluer et grandir de cette mauvaise passe. Louis avait déjà entamé une thérapie depuis quelques mois avec la même sophrologue et coach mental et à la vue de son regard apaisé et de sa fierté immense de retrouver son chemin à chaque fin de séance, je pris ce fameux premier rendez-vous qui annonçait déjà un nouveau changement dans ma vie.

Je n'aurais jamais fait la démarche de demander l'aide d'une professionnelle si je n'avais pas auparavant, appris à écouter mon corps et tous les petits signaux d'alerte qu'il m'envoyait. Il est encore tabou dans notre société d'avouer que l'on a choisi d'entamer un suivi thérapeutique, pour nous aider à être plus heureux, à comprendre des choses sur nous ou simplement pour avoir quelques conseils et faire un diagnostic sur notre personnalité. C'est un outil de découverte de soi incroyable. Un outil qui ne nous déshumanise pas, nous soutient, nous comprend, ne nous juge pas, et nous aide à trouver des solutions. Nous avons tous des peurs et difficultés. Certaines peuvent se résoudre facilement. D'autres, en revanche, demandent de prendre une telle hauteur pour les conscientiser, qu'il nous faut parfois demander à une personne qualifiée, extérieure à nous et donc sans attaches émotionnelles, pour les déceler. Ne pensons pas que seuls ceux qui ont vraiment de gros problèmes de vie, qui ont vécu des traumatismes ou ceux qui sont totalement déséquilibrés ont besoin d'aller consulter. En réalité, la seule

raison valable qui ne m'aurait pas entraînée à pousser la porte d'un professionnel aurait été une peur d'être face à mes propres vérités ou une méconnaissance totale de mon être.
Au fond, quand on ne se connaît pas, quand on n'a jamais appris à écouter nos émotions, on vit peut-être si loin de notre réalité que l'on ne se rend pas compte de l'illusion dont on se nourrit jour après jour.

Après plusieurs mois de thérapie, j'ai compris que la peur du regard de l'autre était revenue encore plus forte lors de ce retour. Une peur qui, malgré que je sache désormais penser pour moi, m'empêchait de m'affirmer sans crainte. J'aimerais profiter de ce moment d'écriture, pour vous remercier Patricia. Qui sait, peut-être tomberez-vous sur mon livre un jour. Merci de faire de ce métier un accélérateur de paix. Merci pour tout le bien que vous avez pu m'apporter et la confiance en moi que vous m'avez permis d'avoir. C'est une drôle d'expérience que d'être assise face à un professionnel et de livrer nos problèmes. Il y a des séances où vos paroles me confortaient dans la direction que je prenais, d'autres où je devais me remettre en question par rapport à certaines situations vécues. C'est un véritable retour sur soi, en terrain neutre, mais à chaque séance terminée, sur le trajet du retour, je me sentais si bien. J'avais l'impression de planer et que rien ne pouvait m'atteindre. Je me sentais soutenue, entendue, épaulée, et c'est ce sentiment de me sentir accompagnée dans mes réflexions, qui m'a donné des ailes et l'assurance que j'avais perdue. Quelques mois ont suffi à me redonner une force incroyable à l'intérieur de moi. Je réussissais enfin à accepter mes émotions en osant mettre des limites. Enfin ! J'eus l'impression d'éclore à nouveau.
Des souffrances, des difficultés émotionnelles, il y en aura sûrement d'autres, mais tant qu'on peut en libérer certaines, c'est là tout l'intérêt d'entamer un travail dès l'entrée à l'âge adulte, quand la déconstruction est plus facile à mettre en place. Il n'est jamais trop tard pour se prendre en main ou apprendre sur soi, mais je trouve que passé un certain âge, on

peut bien évidemment toujours s'améliorer, mais déconstruire des idées ou des schémas qu'on a répété de nombreuses années, me semble plus difficile à accepter que lorsque nous avons tout à construire en face de nous.
Il y a cette phrase de Boris Cyrulnik que j'aime beaucoup, accompagnée d'une illustration. On y voit une maman défaire ses blessures d'antan accrochées dans son dos et dessinées sous la forme de longues plumes flétries et fatiguées, les réparer et les redonner à son fils, sous la forme de jolies ailes d'anges, bien blanches, lumineuses et robustes. En donnant seulement ce qu'elle a de bon, pour ne pas conditionner son enfant à réitérer ses propres erreurs, elle lui dit « Je ne suis pas responsable de ce qu'on m'a fait, mais je suis responsable de ce que j'en fais... ». C'est tout à fait le chemin que nous devons tous être amenés à faire avant d'envisager un prolongement de notre être.

## *Le pouvoir de la mélancolie & la notion de changement*

Il y a des matins où je me lève et je sens que ce bonheur qui perdurait en moi vient de me quitter. Parfois même alors que rien n'a changé dans ma vie. Ce qui me rendait heureuse avant, ne me rend plus heureuse aujourd'hui. Je traverse des périodes de grande nostalgie et de déprime qui m'emmènent toujours à réfléchir à ce que je dois changer dans ma vie. C'est grâce à ces périodes plus ou moins sombres émotionnellement que je sais qu'il est temps d'apporter de la nouveauté dans ma routine hebdomadaire. Parfois il me suffit simplement de me rendre dans un nouvel endroit, de faire une nouvelle activité, de revoir une amie ou de rencontrer de nouvelles personnes. Il n'est souvent pas nécessaire de tout changer pour se sentir mieux dans notre vie. Je sais désormais que lorsque je sens la déprime arriver, c'est que je dois sortir de mes habitudes dans lesquelles j'ai tendance à m'enfermer. Je me suis toujours vite lassée des choses, même ce qui me passionne ne pourra combler mon emploi du temps intégralement, j'ai besoin de stimulations, de découvertes et de coups de folie mais d'un autre côté j'aime aussi beaucoup ma routine qui me rassure et m'apaise. La vie est faite ainsi et il n'y a rien de plus normal que de connaître des fluctuations d'humeur. Ce voyage m'a appris cela. Savoir que rien n'est toujours tout blanc ou tout noir. Car même devant tous ces magnifiques paysages et incroyables rencontres, entre tous ces moments de joie intense, il y avait aussi ces instants où je n'étais pas heureuse. Je ne comprenais pas pourquoi et je m'en voulais presque. J'estimais que je devais être heureuse et reconnaissante tous les jours car tant de personnes auraient souhaité être à ma place. Comment ne pas être heureux alors qu'on a soi-disant tout pour l'être ? Cette injonction au bonheur quand on vit des moments dit de « rêve », quand on a soi-disant la vie « idéale » - boulot, maison, mariage, bébé, chien - est parfois difficile à avaler car on ne se sent pas légitime de ressentir des émotions contraires à ce qui devrait être. C'est bien pour cela qu'il n'existe aucune voie à suivre, parce que ce qui rend heureux certaines personnes ne rend pas heureux d'autres personnes. Cette illusion de bonheur dans cette recherche de stabilité à tout prix ne devrait pas être un modèle à suivre. Il ne devrait pas y avoir de modèle de vie idéal. Vivre ce n'est pas répéter ce que d'autres ont fait, c'est suivre son instinct. Peut-être que pour connaître la paix, chacun devrait créer son chemin.

C'est à l'âge de 24 ans que j'ai ressenti pour la première fois la sensation du bonheur. Le véritable bonheur. Celui qui ne fait pas de bruit mais inonde le corps de sa pleine sérénité. À ce moment de ma vie, je ressens une joie incommensurable à l'intérieur de moi et je découvre qu'il est possible de pleurer de bonheur. Je me mets à pleurer de joie face à ce feu de camp qui réchauffe nos corps, face à cette petite plage isolée et si puissante à la fois, face à ces sourires australiens, je pleure quand une connexion se fait avec un autre voyageur, face à l'intensité de nos échanges, face à la simplicité de notre vie, je pleures quand je ris, et je ris quand je pleure, je pleure d'amour sans arrêt, je déverse des larmes de joie partout où l'énergie du lieu me transcende, partout où je me sens reliée à la vie et aux gens. Et avec ces larmes, vient souvent cette gratitude. Je n'avais jamais ressenti une telle émotion avant de partir faire cette aventure.

Cette sensation m'est difficile à ressentir aujourd'hui dans une vie sédentaire où l'émerveillement est moins présent, mais elle revient toujours de plus belle lorsque je m'évade. J'ai compris depuis ces dernières années où les voyages ont été moins présents dans ma vie qu'il me fallait prendre l'air pour être en cohérence avec qui je suis. J'ai besoin de me barrer pour ressentir et mieux revenir. J'ai un besoin vital de mouvement, de voir autre chose.

Le bonheur, ce mot qu'on entend partout, ce n'est pas juste un mot. C'est un sentiment, une sensation intérieure qui nous indique que nous sommes à la bonne place. C'est ça l'essence même de la vie : se sentir pleinement heureux et aligné dans tous les domaines de notre vie. Mais il m'est aussi arrivé de ne pas parvenir à profiter pleinement de cette sérénité car j'avais peur que le pire arrive demain. On m'a tellement répété que la vie était dure et que je vivais dans un monde de bisounours que me sentir pleinement épanouie et sereine face à tant de problématiques autour de moi me rendait encore une fois en décalage avec les autres. Je me suis déjà sentie mal d'être heureuse alors qu'autour de moi personne ne me semblait l'être. Ou comment invalider l'essence même de la vie, ce doux bonheur, cet état d'apaisement intérieur qui devrait finalement être une normalité.

Dans ce voyage tout n'a pas été génial, grandiose et plein de joie. J'ai connu toutes les émotions. La perdition, les remises en question, le chagrin, le stress, la colère, le doute, l'envie, la déprime, les pleurs. Il y a un temps pour tout. Un temps pour le bonheur et un temps pour le malheur. Chaque émotion signifie quelque chose. Je les considère comme des signaux qui nous guident et nous mettent en garde, un peu comme un bateau qui se repère à la lumière d'un phare. Sans tristesse, sans nostalgie, sans frustration, on ne remettrait jamais en question nos choix de vies, nos expériences et notre comportement. La tristesse n'est pas quelque chose de négatif en soi. Dans le ressenti que nous en avons, oui, et pourtant elle représente l'essence même d'un changement à venir. C'est le signe qu'il faut améliorer ou rompre quelque chose.

Pourquoi passons-nous notre temps à apprendre des tonnes d'informations extérieures, alors qu'il y a en nous une multitude de choses à apprendre et à découvrir ? C'est un enseignement qui me semble prioritaire sur les autres. Avoir une excellente culture générale, c'est bien, mais si l'on ne connaît rien sur soi, quel est le but de toutes ces connaissances ? Pourquoi réagissons-nous ainsi face à telle situation, pourquoi ressentons- nous de telles émotions face à cet évènement, qu'aimons-nous vraiment dans la vie... ? Apprendre de soi, cela demande parfois le temps d'une vie. Surtout si on passe le plus clair de notre temps à ne pas écouter ce qui se passe en nous. Ce n'est pas parce que nous nous sentons vivre et respirer que nous sommes forcément conscients de nos choix et pensées et que notre vie est forcément la nôtre. J'ai entendu des individus qui s'aperçoivent après des années de vie qu'ils ne se sont jamais vraiment écoutés, mais se sont construits à travers un modèle de vie qu'il pensait convenir à leurs attentes. Je trouve cela dommage de passer à côté de son véritable potentiel par méconnaissance de soi ou par peur de se marginaliser d'une vie idéalisée. Cela s'apprend mais demande du temps et de l'implication. Voilà ce que nous avons du mal à trouver. Alors souvent, pour ne pas « perdre » de temps, nous fonçons tête baissée dans la direction la plus rapide, la plus commune et celle qui demande le moins d'efforts au détriment de ce qui vibre réellement en nous, mais que nous tendons à éteindre.
Moi, la première. Encore dans les études, toute jeune adulte que j'étais, vous m'auriez dit que quelques années plus tard je parlerais de gratitude, de solitude nécessaire et d'écoute de soi, je vous aurais ri au nez. Je

n'avais pas la moindre idée de la signification de ces termes et je m'en fichais d'ailleurs royalement. M'écouter n'était pas vraiment une fin en soi, je ne maîtrisais déjà pas le terme et encore moins mes émotions. J'étais persuadée que toutes mes actions et tout ce qui était lié directement ou indirectement à mon existence me représentaient et donc me correspondaient forcément. L'influence des autres était pourtant très présente dans ma vie, mais je mettais des œillères sur tout ça. Je ne sais même plus si je me posais la question. Je ne parvenais pas à savoir si mes choix étaient inconsciemment dictés par les autres et leur regard ou s'ils relevaient vraiment de mon envie profonde. Et il faut dire aussi qu'être spectateur de sa vie est bien plus confortable et rassurant que de plonger au cœur de soi. Parce que plonger au cœur de soi c'est être dans l'acceptation d'un changement permanent. Je n'ai pas les mêmes goûts que quand j'avais 20 ans, je n'ai plus la même vision de la vie, les mêmes avis, mes valeurs ont évolué et mes objectifs ont changé. Être en lien avec soi c'est finalement ne jamais avoir une idée précise et fixe de qui nous sommes réellement, c'est être ouvert à toute modification et c'est donc contraire à l'image même que l'on se fait de notre vie : stable, fixe, et toute tracée.

Notre société est assez frileuse sur cette notion de changement. Qui n'a pas reproché à quelqu'un d'avoir changé ? L'humain a tendance à juger ce qu'il ne maîtrise pas ou ce qui lui renvoie à lui-même ce qu'il n'ose pas faire. Le changement entraîne très souvent une différenciation, ce qui provoque chez beaucoup de gens une réaction de rejet. Quand on ne se reconnaît plus en l'autre, quand le regard miroir qui consolidait notre relation n'est plus, c'est très déstabilisant. Nos valeurs divergent, nos points communs le deviennent un peu moins et nous éloignent petit à petit. Parce que nous ne connaissons plus l'univers de l'autre, parce que nous n'arrivons pas à mettre du sens sur tel comportement ou telle pratique, notre première réaction sera de nous rassurer en connotant de « bizarre » la situation ou la personne concernée. Il est vrai que cela peut être très frustrant de voir une personne que l'on a aimée, changer à tel point que la relation perd en connexion et donc souvent en complicité. Nous ne la comprenons plus, nous ne maîtrisons plus la personne qu'elle est, elle n'est plus en phase avec l'image que l'on se faisait d'elle, elle est donc devenue étrange à nos yeux et nous la cataloguons désormais avec des étiquettes bien précises histoire d'être persuadé d'avoir cerné la personne. Et comme nous aimons beaucoup les raccourcis, si elle nous semble bizarre, si elle a tant changé, c'est qu'elle ne va pas bien.

**Et pourtant, le changement est le moteur de nos vies.** Il est signe de vitalité et de force, à condition qu'il soit instauré par la personne en elle-même et non conditionné par des causes extérieures. Une personne qui change d'opinions au cours de sa vie, qui évolue pour s'aligner de plus en plus avec elle-même, ose se séparer de certaines relations et situations devenues moins compatibles pour s'en créer de nouvelles plus en concordance avec sa sensibilité actuelle est une personne qui vit sa vie. Bien sûr que nous pouvons changer de bord dix fois en une vie, bien sûr que nous pouvons passer d'un extrême à un autre sans avoir besoin d'une raison suffisamment acceptable, bien sûr que nous pouvons dire oui aujourd'hui et dire le contraire demain. Il n'y a aucun mal à cela et personne n'est en droit de nous donner son avis. Nous ne sommes pas des êtres immuables. Nous sommes en perpétuelle évolution. Rien n'est jamais figé. La personne que nous sommes aujourd'hui ne sera peut-être plus la même dans cinq ans. Nous pourrions détester quelqu'un et l'aimer par la suite. Tant que l'on se sent bien et en phase avec notre évolution personnelle, personne n'est en droit de juger ce qui peut être bon pour nous ou de nous reprocher ce que nous ne sommes plus.

Je comprends cette incompréhension que l'on peut ressentir lorsqu'on a l'impression de perdre un proche et de ne plus se sentir en phase avec lui, je l'ai moi-même vécu et c'est un deuil difficile à accepter, mais il me semble bon de laisser parfois partir les gens, les laisser vivre leur vie, en acceptant ce changement et en remerciant l'autre d'avoir partagé un bout de notre vie. Laissons-nous libres. Nous, comme les autres.

*22/07/2018*
*__Jour 203__*

*Sur cette route si longue où tu peux compter les virages sur les doigts d'une main, les paysages défilent sous tes yeux, des plaines, des collines, des arbres perdus, une vache desséchée, cette odeur, des dromadaires, un wallaby que tu dois éviter, un énorme aigle se régalant, déployant ses larges ailes à la vue de notre bolide, des chèvres sauvages, ces fameux panneaux jaunes qui font tout le charme de cette route, des émeus en bord de route, à ce moment-là tu freines parce qu'un émeu c'est vraiment con, rien pendant des kilomètres, la musique en sourdine, ta moitié à tes côtés, tes pensées deviennent des histoires à rallonge, ton imagination déborde, tes 1000 musiques sont bien trop courtes et puis l'envie te prend, tu arrêtes le bolide où tu veux, tu es seul, la nature t'offre des hectares de verdures pour pisser, tu deviens une pro du cache-cache quand t'entends une voiture arriver, en deux temps trois mouvements, tu en profites pour prendre de quoi te remplir le gosier et t'occuper, tu dis coucou aux vans qui te croisent et traversent eux aussi la route du bonheur, à plusieurs ou en couple, tu deviens un expert en salutations, tu fais des variantes avec ta main, tu rattrapes la caravane de papi, tu imagines les petits vieux dedans qui profitent de leur vie jusqu'au bout sur la route du bonheur, tu hésites à les doubler, tu attends, de toute façon t'es pas pressé, tu te fais doubler par un road train à 4 remorques qui t'envoie presque un caillou dans le pare-brise, tu regardes si tout va bien, tout va bien, on continue, cette terre orange à perte de vue, cette piste d'atterrissage d'urgence qui vient s'incruster, tu t'imagines voir un avion à tes côtés, n'importe quoi, tu doubles un cycliste, tu te demandes à partir de quel moment tu choisis de faire la route du bonheur en vélo, tu es bien mieux dans ton van, ah c'est Lady Gaga, il faut chanter, mais même après l'avoir écoutée 80 fois, tu connais toujours pas les paroles, alors tu t'arrêtes pour aujourd'hui, tu penses à demain, à cette route du bonheur, interminable, qui t'attend encore et encore. Chère plaine de Nullarbor, tu nous rend fous mais tu étais si belle.*

## Je t'emmène avec moi

*Une fois par an, allez dans un endroit où vous n'êtes jamais allés auparavant.*
Dalaï-lama

Les premières semaines dans un nouveau pays sont un peu déroutantes, déstabilisantes. Tu as parfois l'impression que tu n'y arriveras pas et tu peux même te demander pourquoi tu es partie, tellement rien ne ressemble à ta vie en France. L'humain a besoin de temps pour s'adapter à un nouvel environnement, mais surtout pour arriver à sortir de sa routine. On trouve bien plus vite du confort dans les habitudes et les rituels que dans l'imprévu et les changements. Comme dans toute étape de vie, il faut laisser du temps au temps. Les débuts sont à la fois excitants, mais tout aussi anxiogènes surtout quand tu n'as aucun repère, que tu peines à te faire comprendre dans une autre langue et que tu ne connais ni les coutumes et habitudes de ce nouveau pays.
Au bout d'un mois, tu commences à bien prendre tes marques, tes repères se créent, tu t'organises mieux dans ton quotidien. Passer d'un logement de trente mètres carrés à cinq mètres carrés, ça demande forcément quelques ajustements, tant au niveau de l'organisation que de l'intimité. Dans nos vies quotidiennes, le confort tient une place prépondérante. Un confort trop normalisé qui ne nous prépare pas à la débrouillardise. Quitter, même temporairement son confort ou devoir vivre avec moins effraie la plupart des gens. On est d'ailleurs dans cette quête perpétuelle d'avoir de plus en plus de conforts au fil des années, d'améliorer notre habitation pour s'y sentir encore mieux. On s'adapte bien plus difficilement à un environnement moins confortable que ce auquel on a été habitué. Alors que, inversement, on s'habitue très vite au confort

même si on n'y a pas été habitué. Or, c'est en ayant le moins de confort que l'on se confronte vraiment à soi-même. Imaginons la facilité avec laquelle nous sommes habitués à nous procurer le moindre outil dans notre quotidien. Là-bas, tout prenait beaucoup plus de temps. Il nous fallait penser à tout, dans un environnement qui n'était pas habituel et où nous avions tout à apprendre.

Au bout de deux mois, nous sommes arrivés à nous recréer notre petit cocon et à façonner notre van baptisé Mireille, à notre goût. Nous avions déjà commencé à goûter aux joies de ce voyage en partant de Sydney pour descendre sur Melbourne et nous arrêter à Adélaïde où nous avions prévu de travailler un peu. Nous savions je pense, qu'une fois le virus du voyage en nous, il serait difficile de s'arrêter, alors autant commencer par goûter au labeur pour garder le meilleur pour la fin.

Je nous revois, voyageurs débutants et bien formatés, préparer nos CV et lettre de motivation. Je nous revois en train de chercher une imprimerie en plein centre-ville de Sydney. Quel bazar déjà pour se garer dans une ville aussi grande. Je m'y sentais totalement perdue. Une fois notre place trouvée, il nous fallut localiser la rue de l'imprimerie avec un GPS qui nous guidait selon son humeur. Après des allers-retours incessants et un brin de nervosité, nous arrivons enfin. Je rigole en me revoyant devant l'imprimeur, qui nous demanda bien gentiment la raison de notre venue. Je revois mes yeux s'écarquiller et mon regard interloqué. Je ne comprenais pas un seul mot de ce qu'il me disait. Heureusement que mes 17 de moyennes en cours d'anglais me persuadaient d'être quasiment bilingue sinon je serais rentrée illico presto en France. Je crois n'avoir rien compris de tout ce que l'imprimeur nous a raconté. Je lui répondais « yes yes » alors que dans ma tête c'était le bordel. Mon regard, qui se dirigeait sans cesse vers Louis, trahissait mon incompréhension. Rien que pour imprimer un document à l'autre bout du monde, dans une ville qui faisait dix fois la taille de celle où j'ai grandi, j'ai vraiment eu l'impression de sortir de ma zone de confort. Ce n'était clairement que le début de l'aventure.

Quelques journées plus tard, sitôt arrivés vers Adélaïde, nous avons commencé les démarches pour trouver un job. Nous nous étions au préalable renseignés sur les saisons pour adapter notre road trip en fonction des différents boulots que nous trouverons sur place. La saison des vendanges allait bientôt commencer. Nous étions arrivés même un peu en avance, ce qui nous permettait de chercher tranquillement. Nous avons dans un premier temps décidé d'envoyer nos candidatures par mail, cela nous faisait gagner beaucoup de temps et nous permettait de faire autre chose de notre journée. Nous avons attendu que les réponses viennent à nous. Première erreur étant donné que les codes sociaux ne sont pas les mêmes qu'en France, nous avons eu très peu de réponses en deux semaines. Les Australiens préfèrent cent fois recevoir un appel ou rencontrer la personne en face à face que répondre à des mails quand il s'agit d'une candidature et encore plus pour un travail agricole, qui nécessite souvent bien plus de motivations que de qualifications. Par chance, ou grâce à notre bonne étoile, une des rares entreprises qui nous a répondu, nous invite à venir les rencontrer dans leur propriété familiale. Après deux semaines d'interrogations et de doutes quant à nos chances de trouver un travail, nous avons bien évidemment sauté sur l'occasion et sommes partis rencontrer notre futur patron qui deviendra, sans qu'on le sache, une des personnes les plus importantes de notre aventure.

Nous sommes restés trois mois à effeuiller les vignes et faire les vendanges dans la Barossa Valley, plus précisément à Tanunda et Nuriootpa où nous avons vécu des moments simples, mais encore présents dans nos mémoires, tellement ces lieux dégageaient une énergie paisible et hors du temps. Un environnement calme, peuplé mais pas trop, un regroupement de petites villes, où règne cette atmosphère chaleureuse et typique des villages. Entourée de vignes et de cette pleine nature, cette région était mi-habitée, mi-sauvage. Un très joli souvenir. Louis, grâce à ses études, a également eu une chance inouïe de pouvoir faire les vinifications avec le maître de chai. Dès le début, ils nous ont fait une confiance aveugle. Ils ne connaissaient rien de nous et pourtant, ils nous ont autorisés à camper avec notre van sur le site de production, équipé d'une cuisine, d'un bureau chauffé et d'une petite salle de bain.

Autour de nous, des vignes à perte de vue nous promettaient chaque soir, un magnifique coucher de soleil. De bon matin, nous nous levions vers six heures et nous partions vers la parcelle à vendanger. Des Australiens, Italiens, Allemands et Français travaillaient avec nous. Nous enchaînions sept heures de vendanges et nous rentrions le soir sur le site. Pendant que j'occupais mes fins de journées à lire ou écrire dans le van, Louis entamait sa deuxième journée, en allant donner un coup de main au maître de chai, Adam, le fils de Rob, notre patron. Coup de main qui finissait souvent autour d'une bouteille à déguster, à laquelle je me joignais avec grand plaisir. Nous avons très vite tissé des liens avec cette famille qui nous donnait tellement, alors que nous étions de simples backpackers parmi tant d'autres. Nous nous sentions vraiment privilégiés d'être logés gratuitement, avec tout à notre disposition, alors que nos amis voyageurs devaient se payer un camping ou chercher un endroit discret pour dormir après chaque journée de travail.

Deux fois par semaine, pendant les vendanges, Anne, la femme de Rob, qui s'occupait de l'accueil et des tâches administratives de la société, préparait un repas que nous dégustions directement dans le chai avec tous les employés. On dégustait du vin autour d'un bon repas et nous n'avions plus qu'à faire deux pas pour rentrer dans notre petit chez nous. Nous étions même invités aux repas de famille, où nous avons pu rencontrer Charlotte, la femme d'Adam et ses trois magnifiques filles. Leur maison, typiquement australienne, surplombait une immense vallée où paissaient quelques moutons. On s'y sentait si bien. On partageait vraiment un bout de leur intimité et de leur vie de famille, alors que nous étions une fois de plus de simples inconnus, deux mois auparavant. Cette générosité me mettait sans arrêt les larmes aux yeux.

Les mois se sont écoulés. Les poches bien remplies, il était temps pour nous de plier bagage et de commencer notre road trip. Nous avions prévu de faire l'entretien de notre véhicule avant d'avaler des centaines et des centaines de kilomètres. Nous souhaitions traverser tout le sud de l'Australie, pour aller vers l'Ouest et donc prendre obligatoirement, une route connue sous le nom de « Nullarbor Road», qui signifie, « sans arbres » en passant par Adélaïde. Cette route, fidèle à une ligne droite, traverse le désert Australien et donne l'impression de ne jamais se terminer. C'est typiquement le genre de route qui te permet de prendre conscience de la grandeur du territoire. Pendant 1200 kilomètres, il n'y a pour ainsi dire, rien. Aucun virage, aucune courbe, tout est infiniment plat. Pour seules distractions, quelques buissons, du maquis, quelques rares arbres isolés, mais aussi des animaux égarés, des vaches seules, des kangourous, parfois vivants, parfois écrasés en bord de route. Nous croisions également quelques caravanes, des camping-cars et d'autres vans à qui on s'amusait à dire bonjour, tellement ils étaient peu nombreux. J'adorais ces moments fugaces où nous nous sentions en communion avec l'environnement et ces inconnus, que l'on croisait le temps de quelques secondes sur la route. Comme si le fait d'avoir un bref contact avec d'autres humains sur cette longue route où rien ne se passait nous rappelait que nous n'étions pas seuls. En fait, il y avait tellement peu de gens, que tous les conducteurs prenaient l'habitude de se saluer. Cela mettait un peu de piment dans la traversée. Je me souviens avoir souvent eu les larmes aux yeux après chaque salutation. Souvent on agitait les bras très vite et c'était tellement drôle de les voir faire de même. En fin de journée, après six/sept heures de route, quand la fatigue se faisait sentir, un simple levé de bras répondait.
Dans cette immensité désertique, la sensation de liberté était juste dingue et indescriptible. Nous avons vu un chemin de fer au milieu de nulle part. Nous croisions parfois des « road train », d'immenses camions qui mesurent plus de 25 mètres de long. Quand on devait en doubler un, on avait l'impression de mettre cinq minutes, tellement leur chargement était

long. Et on avait intérêt à bien tenir le volant, avec le vent qui s'engouffrait entre notre véhicule et le camion car le mouvement du van était impressionnant. Mais souvent, c'était eux qui nous doublaient à vive allure, et à chaque fois c'était un spectacle et des rires assurés ! On était comme des gosses, époustouflés de voir un tel molosse nous doubler, en plein milieu de ce paysage presque lunaire. C'était dingue. C'était magique. On avait l'impression d'être comme des enfants, plongés dans l'univers d'un film de Far West à l'australienne. J'entends encore nos rires épris de joie et de gratitude pour ce que nous étions en train de vivre. Tout avait un sens, tout était fort, la moindre odeur, le moindre bruit, la moindre situation nouvelle. Nous étions sensibles à chaque élément qui nous renvoyait à notre condition humaine et à notre âme d'enfant. Deux petits êtres humains, sur une nouvelle terre, immense mais minuscules face à tout ce que nous vivions. Nous avions tout à découvrir, les yeux émerveillés.

Avant de s'engager sur cette longue route, nous avons préféré vérifier que toute la mécanique était apte à supporter un tel parcours. Sur cette route, pendant parfois plus de 200 kilomètres, il n'y a aucune station essence ou garagiste. Sans parler du réseau, qui passe très mal, voire pas du tout. Alors il était très facile de se retrouver bloqué, la voiture en panne. Encore plus quand le véhicule a plus de 300 000 kilomètres ! Oui, oui, vous avez bien lu. Mireille ne faisait pas son âge. Nous avons donc pris rendez-vous quelques jours avant notre départ, chez un garagiste que nous avait recommandé Rob. Quelle ne fut pas notre surprise en apprenant que nous avions bien fait, car nous ne serions jamais arrivés au bout de cette route ! La courroie de distribution était quasiment prête à lâcher et n'avait apparemment jamais été changée. Et qu'elle ne fut pas notre stupéfaction quand Rob, qui nous avait accompagnés chez ce garagiste qu'il connaissait bien, sortit son portefeuille pour régler toutes les réparations, en remerciement des nombreuses heures, où Louis avait apporté son aide pour la vinification. Nous ne savions plus où nous mettre. Leur bonté était-elle sans fin ?

Alors que nous partions le lendemain, Adam a proposé de nous héberger chez lui pour notre dernière nuit dans la Barossa Valley, et d'organiser un dernier repas avec toute la famille. Les invités arrivaient les uns après les autres, pendant que je portais dans mes bras, le bébé de Charlotte. Quel beau moment. Nous dégustions, de bouteille en bouteille et d'assiette en assiette, la joie d'être réunis autour d'une bonne table. À la fin de ce repas, Rob se mit debout et sortit son téléphone d'un air décidé en demandant à tout le monde de se taire. Je ne compris pas tout de suite. Je m'attendais à ce qu'il nous fasse un discours de remerciement ou qu'il nous raconte une blague. Mais il se mit à lire un des textes que j'avais écrit sur la route et que je publiais sur mon compte Facebook. Quand je reconnus mon écriture, je me suis sentie très gênée. Il y avait autour de cette table, quelques employés et toute la famille de Rob. Je me sentais toute petite avec mes histoires. Toujours ce sentiment d'illégitimité qui me colle aux basques. Et puis, quand je vis cet enthousiasme qu'il mettait à lire mon texte et cette émotion qu'il ressentait au fil de la lecture, je me suis sentie bouleversée par tant de bienveillance et d'amour face à cet homme, que j'eus les larmes aux yeux à mon tour. Ce jour, je ressentis une telle vague d'émotion, que je me sentis fière de la personne que j'étais devenue, pour la première fois. Rob me donna à ce moment-là une définition bienveillante et généreuse de moi- même. Avec ses paroles, j'ai commencé à comprendre ma valeur. Dans ses yeux j'y ai lu de la fierté, une émotion si forte qu'il eut à son tour les larmes aux yeux en me regardant. Quand il eut terminé, tout le monde a applaudi. Pour une fois, je n'étais pas définie par mon métier ou par ce que je faisais dans la vie, mais pour la personne que j'étais, au plus profond de moi. Je suis devenue rouge comme une tomate, ne sachant trop quoi dire à part merci. J'étais tellement envahie par mes émotions, je m'en souviens encore, mes yeux resplendissaient et brillaient de larmes de joie. Je me sentais si reconnaissante qu'on ait mis sur ma route de telles personnes. Ce moment m'a profondément touchée, encore aujourd'hui, j'en ai les larmes aux yeux à ma relecture. Je me souviens leur avoir parlé ensuite de cet attrait pour l'écriture que je m'étais découvert durant ce début de voyage et de ce grand questionnement, concernant mon avenir professionnel, soulagée par cette volonté de me laisser porter là où les opportunités se créeraient sans chercher vraiment quelque chose de précis. Je les sentais tellement à l'écoute et prêts à me rassurer sans que je leur demande. Il y avait une aura autour de ces personnes, un champ d'énergie incroyablement fort.

Après ce repas, tout le monde rentra chez soi tandis qu'Adam nous accompagna dans notre chambre. Une chambre avec un lit, un vrai de vrai, et pour la version grand luxe nous avions même un matelas chauffant. Trop excités à l'idée de dormir dans un lit bien chaud et passer une superbe nuit, nous avons mis la température au maximum au moment de nous coucher. Ce fut la pire nuit de ce périple. Je me suis réveillée dix fois tellement j'avais chaud et même en baissant la température, impossible de me rendormir. Au moment du réveil, mes cernes en disaient long sur mon épuisement.

Finalement, je n'ai jamais aussi bien dormi que sur le matelas du van, aussi fin que mon tour de bras. Le fait aussi d'être dans un endroit tout petit et cloisonné me rassurait et me permettait de dormir sereinement, sans avoir peur que des monstres se cachent sous mon lit. Oui, à presque trente ans, j'ai toujours peur du noir comme un enfant. Je me cache encore chaque nuit la tête sous le drap en laissant un petit trou pour respirer, je flippe à chaque bruit suspect et m'invente tout un scénario si jamais je dois me cacher pour échapper à celui qui voudra potentiellement me tuer.

Louis a passé une très bonne nuit. Du moins, à partir du moment où il a éteint le chauffage. Quand on raconta ça à Adam et sa femme, ils se mirent à rire. Ils nous avaient préparé un petit déjeuner avec ce fameux jus de céleri dont je me souviens encore. Merveilleux ! Nous avons passé nos derniers moments avec eux, avant de leur dire au revoir. Nous avions les larmes aux yeux, de joie et de tristesse mélangées. En fait, dans cette aventure j'ai l'impression d'avoir passé la majeure partie de mon temps à verser des larmes, tellement tout était plus intense en émotions. On est immergé dans une nouvelle vie, plus complexe à organiser, mais à la fois tellement plus simple à vivre, riche de sens et d'émotions humaines. **Un véritable bouillon de vie.**

## « Alors, ce voyage » ?

La question que nos oreilles ont le plus entendue au retour. Comment te dire ? Je ne sais résumer ce que j'ai vécu d'immensément riche en termes d'émotions, de sensations, de surprises et d'humanités en une seule phrase. Malgré tout, je vais te répondre que c'était génial. Je vais d'abord raconter les trucs les plus dingues, ces moments qui restent imprégnés en moi profondément. Je vais te dire qu'on a nagé avec les requins- baleines. Masque et tuba en place au bout milieu de l'océan, on sautait dans cette immensité noire bleutée vers la trajectoire que prenait le requin. On attendait quelques secondes dans l'eau puis au signal de l'équipage, on mettait la tête sous l'eau pour voir cette énorme masse noire tachetée sous nos pieds. Avec toutes nos forces on essayait de le suivre, mais c'était sans considérer la facilité désarmante avec laquelle il se déplaçait. Sa queue lui permettait de brasser tellement d'eau pour avancer, alors qu'avec mes deux pieds palmés, je m'essoufflais pour essayer de nager à son rythme. J'ai d'ailleurs dû faire pitié à la monitrice de plongée, qui s'est chargée pendant toute la durée de la sortie, de me tirer accrochée à une bouée, tellement je crachais mes poumons à essayer de suivre le groupe. Je ne te parle pas des nombreuses tasses avalées et du bruit de phoque que j'émettais à chaque respiration hors de l'eau. Avec tout ça, je ne sais pas ce qu'elle a le plus remarqué chez moi. Peut-être aussi cette innovation en matière de nage. Un mélange de brasse couplée de crawl à moitié coulé et de quelques mouvements de pieds à droite, à gauche et en l'air sans réelle coordination. J'ai pourtant fait de la natation pendant des années, plus jeune, mais ce n'est apparemment pas un milieu où je me sens à mon aise, alors si un jour je tombe d'un bateau pour x raisons, lance-moi vite une bouée, s'il te plaît.

Je te raconterai également qu'une baleine se trouvait à moins de vingt mètres de notre bateau. L'équipage a arrêté le moteur, pour que nous puissions vivre ce moment unique et entendre les claquements, que provoquait sa grande nageoire, au contact de l'eau. Nous avions l'impression qu'elle nous disait bonjour. Je revois les cris de joie des membres de l'équipage et les larmes de Louis. Ce moment était d'une extrême rareté. Ce jour-là, nous étions censés nager avec les requins baleines, sans aucune garantie ni certitude, étant donné l'immensité de leur espace naturel. C'est le « risque » de ce type d'activité, le touriste paye, mais n'est pas certain de pouvoir observer, ce pour quoi il a payé. Cependant, cela fait aussi partie de la magie de la nature et pour moi cela représente un joli risque. Nous avions d'ailleurs choisi une compagnie relativement respectueuse de l'environnement et de l'écosystème marin. Je dis « relativement », car évidemment ce type d'activité touristique a toujours un impact sur le milieu, mais les mammifères marins n'étaient pas appâtés ou attirés avec de la nourriture, ou d'autres techniques plus ou moins absurdes comme il en existe malheureusement encore beaucoup trop. Nous avions d'ailleurs hésité à nager avec les requins-baleines ou tenter l'expérience de la cage sous l'eau pour observer les requins. Le prix était quasiment le même, sauf que j'ai eu beaucoup de chance d'avoir été informé sur les réseaux sociaux du manque de réglementation qu'il existait dans cette activité en plein essor. Les requins sont très souvent nourris pour les attirer plus rapidement, ce qui est dérangeant et contre nature, puisque le requin ne prend pas l'initiative de venir de lui-même. Il n'y a plus rien d'authentique. Cela contrecarre totalement la richesse que représentent ces rencontres entre plongeurs et squales. Je pense que si l'animal n'a pas la curiosité de venir autour de la cage, il faut accepter ce côté imprévisible, cela fait partie du jeu. C'est d'ailleurs ce qui était stipulé sur la plaquette d'information pour notre plongée.

Notre équipage était en relation avec un hélicoptère (on est d'accord, en terme d'écologie on repassera mais disons qu'à cette période de ma vie ce n'était pas encore très ancré dans ma tête), qui de là-haut, parvenait à repérer les requins-baleines et leur trajectoire. L'équipage était donc informé en direct de l'endroit où se situait le requin plus proche de nous. Le bateau sur lequel on était, accompagné d'une dizaines d'autres touristes, nous emmenait plonger quelques minutes avant que le requin-baleine n'arrive devant nous. C'était vraiment intense. Il fallait être prêt à sauter dès que le signal était lancé, pour que nous puissions être certains de l'apercevoir passer sous nos pieds, tellement il avançait à une vitesse folle. Dès qu'il commençait à s'enfoncer dans les profondeurs, nous remontions sur le bateau et attendions le prochain signal. Autant vous dire que le cardio était au rendez-vous et que je n'en avais apparemment aucun. Cette journée d'après l'expérience de l'équipage était une des plus incroyables, car nous n'avons pas seulement nagé avec un requin-baleine, mais deux, puis trois, quatre et cinq, tous de tailles différentes. Nous avons vu en plus des baleines à bosse et aperçu des bélugas qui suivaient la trajectoire de ces dernières. Épuisée de cette course effrénée, j'avais préféré rester sur le bateau et regarder le spectacle marin pendant que tous les autres étaient partis nager avec les raies. J'en avais aussi un peu marre d'être constamment à la traîne. Être une tortue parmi dix lièvres, j'ai beau aimer les lièvres, ça va un moment. Alors que mon cœur arrivait difficilement à s'en remettre, je me délectais du paysage marin. Les pieds sur le sol du bateau, je me sentais déjà mieux. Mais si le bateau pouvait ne pas tanguer, cela m'aurait évité quelques désagréments.

Je te dirai également que nous avons vu des koalas. Dans un refuge animalier, certes, beaucoup moins surprenant que dans leur habitat naturel où on peine à les voir, perchés à la cime de ces immenses eucalyptus qui jonchent le territoire australien. Là également, nous n'étions pas vraiment au courant des dérives dont peuvent être victimes les koalas et autres animaux dans ces refuges, pas tous sensibilisés et concernés par la cause animale.

Le personnel animalier nous a rassurés sur le fait que ceux présents dans ce refuge n'étaient pas drogués comme le font beaucoup de centres animaliers, pour permettre à un maximum de personnes de prendre des photos, souvent à la chaîne, durant une journée entière, sans se préoccuper du bien-être de l'animal. Dans ce refuge, il n'y avait qu'une ou deux tranches horaires de trente minutes maximums par jour, ce qui participait au respect de l'animal et de son espace. Il y avait un nombre de personnes limités, on faisait chacun la queue pour pouvoir porter chacun à notre tour un des koalas, une branche d'eucalyptus à la main. C'était incroyable à vivre, j'avais l'impression d'avoir une peluche dans mes mains. Et pourtant aujourd'hui, avec ma conscience animale et écologique qui s'est réveillée, je ne le referai pas. Parce que j'estime qu'un koala, même s'il grandit dans de bonnes conditions et que les soigneurs prennent bien soin d'eux, ce n'est pas un animal que l'on est censé manipuler aussi facilement.

Malheureusement, ce n'est qu'en ayant été confrontés à d'autres refuges peu scrupuleux, que nous avons eu connaissance de ces dérives. Nous en avons visité un deuxième, lorsque ma famille est venue nous voir sur la côte est de l'Australie et cette fois-ci, nous avons été face à des koalas complètement endormis sur leur branche. Du moins, c'est ce que nous a dit le personnel animalier et ce que nous avons cru, avant de faire des recherches sur internet quelques jours après et de nous rendre compte de la réalité que l'on avait cherchée à nous dissimuler. Forcément qu'un animal drogué est beaucoup plus docile, qu'on peut le porter sans qu'il rechigne pour faire les plus belles photos que l'on aurait jamais eu avec des koalas dans la nature. Ça attire les touristes, les touristes sont contents et repartent avec leur trophée. Les touristes, c'était malheureusement nous ce jour. Première et dernière fois, promis je ne me ferai plus avoir, promis je serais beaucoup moins naïve. Comme partout, il y a des dérives, de la maltraitance, un cruel manque de sensibilité chez certains au profit de l'aspect financier. J'aurai toujours une incompréhension la plus totale pour ce genre de comportements, que l'on retrouve malheureusement encore beaucoup trop aujourd'hui. Mais à défaut de pouvoir changer les choses directement, nous pouvons au moins, nous sensibiliser à cette cause et en parler autour de nous, pour éviter justement que d'autres personnes ne fassent les mêmes erreurs, faute d'en avoir été informées avant.

Je vais te dire également que nous avons assisté à l'envol du plus grand aigle d'Australie, l'Uraète, à deux mètres de nos yeux, avec pour seule séparation, la vitre du pare-brise. Nous roulions à faible allure, seuls sur une longue route boisée, observant le paysage, imaginant notre future escapade quand nous avons aperçu une masse, au loin sur la route. Plus nous nous rapprochions, plus cette masse se laissait deviner. Au moment où nous avons commencé à ralentir, nous avons pris conscience de la taille du rapace, quand il déploya ses immenses ailes avec panache et lourdeur, pour prendre son envol, un bout de carcasse d'animal mort en son bec. Nous l'avons suivi des yeux, comme hypnotisés, jusqu'à ce qu'il disparaisse de notre champ de vision. Le van, immobilisé sur la route, nous nous sommes regardés d'un air stupéfait.Pendant quelques secondes, le temps s'est arrêté. Il n'y avait plus que cet immense rapace et nous sur cette Terre. Nous avons été immergés dans cette faune sauvage et si belle. J'en ai eu les larmes aux yeux, une nouvelle fois. C'était un moment très court, mais tellement intense.

Je te dirai aussi que l'on s'est baigné à Whitehaven Beach, une des dix plus belles plages du monde, en plein cœur du parc national des îles Whitsundays. Ma mère nous avait offert comme cadeau une croisière de 3 jours sur un catamaran en plein cœur du parc. L'équipage était restreint, le capitaine, deux employés et 10 touristes dont nous. L'ambiance était très chaleureuse, comme une famille, nous partagions tous nos repas, petits-déjeuner et chaque activité ensemble, dont cette fameuse sortie. Un véritable paradis terrestre, comme je n'avais encore jamais vu de ma vie. Je nous revois descendre du bateau, mettre les pieds dans le sable et marcher dans une forêt, qui mène à un point d'observation de cette célèbre plage. Une forêt comme il en existe partout et qui ne nous donnait pas vraiment un avant-goût de ce que nous allions voir. Passé cette forêt, il nous a fallu monter quelques marches pour prendre de la hauteur et comme on s'y attendait, il y avait déjà beaucoup de monde sur ce belvédère. À ce moment-là on n'avait toujours pas aperçu le paysage incroyable qui s'étendait à perte de vue. J'étais plus agacée de voir tout ce monde, qui rendait de ce fait, cette sortie bien trop touristique à mon goût et d'être en même temps une touriste parmi les autres. Jusqu'au moment où, un groupe décide de partir et laisse suffisamment d'espace pour que je puisse me rendre compte de ce que je vois, là, sous mes yeux. Je m'approche au plus près, sans y croire vraiment. Je sentis mon souffle coupé par tant de beauté naturelle. Une plage gigantesque, un bleu turquoise, traversé par des traînées de sable infiniment blanc et ces voiliers qui donnaient l'impression d'observer une véritable œuvre d'art. Je suis restée de longues minutes, bouche bée, sans bouger, en communion avec ce paradis ensoleillé, cette nature qui offre tant de beauté. Je suis retournée à la réalité quand notre guide nous a proposé de nous prendre en photo. J'aurais pu rester des heures à contempler cette plage, mais il nous fallut redescendre.

Nous avons, par la suite, fait du paddle sur une plage isolée, jonchée de rondins de bois. Le sable y était tellement beau, brillant et si fin, qu'on avait l'impression d'enfoncer notre main dans un nuage. Notre guide nous a d'ailleurs informés des particularités de ce sable, composé à 99% de silice, qui n'emmagasine pas la chaleur du soleil et reste frais même en pleine canicule. Chaque moment de ce voyage était un peu hors de ce monde. On se prenait constamment des claques et pas seulement devant tous ces magnifiques paysages, mais aussi dans chaque moment passé avec d'autres voyageurs.

Je te dirai ensuite que nous avons nagé en pleine barrière de corail, après l'avoir observé du ciel. Si hauts, nous pouvions apercevoir le plus grand récif corallien du monde et prendre vraiment conscience de son immensité. Nous savions à peu près à quoi nous attendre, en ayant vu quelques photos avant de tenter l'expérience, mais une fois en l'air, c'est un spectacle de couleur qui se dessine sous nos yeux et nous laisse, encore une fois, estomaqués. Les nuances de bleus étaient d'une infinie variété. Des bancs de sable se laissaient deviner à travers un blanc écarlate et de nombreuses petites îles végétales, rendaient ce paysage paradisiaque. Nous avons survolé également l'archipel des Whitsundays, dont Whitehaven Beach qui n'a bien évidemment pas manqué de me faire monter la larme à l'œil vu du ciel. Au moment de faire demi-tour, le pilote se rapprocha plus près de l'océan, pour nous faire voir le fameux « Heart Reaf », le célèbre récif en forme de cœur, qui ne mesure que 17 mètres environ, comparé à la Barrière de Corail, qui s'étend sur plus de 2000 kilomètres et se voient depuis l'espace. Tout petit, mais si beau.

Cette barrière de corail, nous l'avons également observée en profondeur. Nous avons passé une journée sur un gros bateau qui nous a emmenés sur trois des plus jolis spots de plongée. Autant la plongée était incroyable, autant en termes de qualité de service et de relations humaines, c'était très décevant. On s'est aperçu, comme on s'en doutait un peu, que cette activité représentait un énorme business. Même en payant le forfait à la journée, comprenant la plongée en tuba et le repas de midi, il fallait payer pour le moindre supplément ; des protections en plus, boire du café, avoir des photos souvenirs... Le personnel de bord n'a d'ailleurs pas arrêté de nous pousser à la consommation et de nous dire de nous dépêcher. Tout était chronométré et préparé. On sautait dans l'eau à la chaîne. Cela nous a beaucoup dérangés, on ne se sentait pas du tout à notre aise. Le bateau était plein à craquer, on se marchait presque dessus. L'authenticité, la chaleur humaine, le lien avec le client n'était pas là. D'ailleurs, on ne nous appelait pas par nos prénoms, mais avec des numéros… À partir de ce moment-là, nous avons très vite compris que, par notre présence, nous contribuions à cette grosse machine à fric. Le tarif étant bien moins élevé - que si nous avions choisi un bateau plus petit et avec un nombre de passagers restreint, sûrement bien plus respectueux de la clientèle et de l'environnement - cela explique notre choix de départ, mais à y réfléchir maintenant, je ne suis pas certaine que nous aurions pris cette décision, si c'était à refaire.

Si on doit comparer cette journée à notre croisière dans les îles Whitsundays, sur un bateau bien plus petit mais cent fois plus convivial, la qualité de la relation entre la compagnie et les passagers, les petites attentions permanentes, les présentations très claires et instructives de chaque endroit à visiter, la sensibilité de l'équipage à l'environnement, la douceur, la gentillesse, les sourires, la disponibilité du personnel passionné à qui on pouvait tout demander, et les repas copieux, c'était vraiment le jour et la nuit. Par contre, en termes de beauté et d'éblouissement, cela valait le détour. **Sous l'eau, je me suis crue dans un rêve tellement c'était beau.**

Je me souviens de cet instant où j'ai posé mon masque sur les yeux, le tuba en bouche et que j'ai plongé la tête sous l'eau. Pourtant, à ce moment-là, je n'en avais pas du tout envie. De base, l'eau n'est pas mon élément naturel et l'équipage du bateau m'avait mis tellement en rogne, que j'ai failli rester sur le bateau, énervée comme pas possible. En apprenant qu'il fallait payer en plus pour mettre une combinaison, ma colère a éclaté. Je me suis levée face à un membre de l'équipage, je lui ai dis à quel point je trouvais cela inadmissible et qu'ils devraient tous avoir honte. À ce moment-là, j'étais étrangement bilingue ! Je crois qu'il ne s'attendait tellement pas à cette réaction de ma part, qu'ils ont offert les combinaisons à toute ma famille. J'ai compris qu'il était parfois nécessaire d'être franc, d'oser ouvrir sa gueule et de dire ce que l'on a sur le cœur. Ni une, ni deux, toujours en colère, je m'enfonce dans l'eau sans penser une seconde à ce qu'il pouvait y avoir sous mes pieds. Quand on est à la surface, en plein milieu de cet océan très sombre, on ne s'attend pas à voir un fond marin digne d'une carte postale. Et pourtant, on passe d'un mur d'eau bleu foncé à une eau limpide, qui laisse passer les rayons du soleil et fait ressortir une diversité impressionnante de couleurs. Les coraux sont tellement tous différents en matière de formes que de tonalités et regorgent de milliers de vies. Il y en avait partout. Il suffisait de tourner la tête pour qu'un nouveau poisson apparaisse. Le relief était incroyable, les coraux immenses, certains pointus, d'autres plus ronds, des rouges, des oranges, des bleus, des roses, mes yeux ne savaient plus où regarder. N'en ayant jamais vu jusqu'à ce jour, j'ai toujours pensé que les fonds marins étaient assez ternes et les coraux tout petits et sans relief. En réalité, nous avons vu d'immenses cavernes alvéolées où se cachaient des milliers de poissons. Plus on s'enfonçait vers le fond, plus les espèces étaient variées et plus les couleurs explosaient. Nous nagions, les yeux émerveillés, frôlant les poissons qui passaient paisiblement à quelques centimètres de nos visages. J'ai rarement vécu une expérience aussi folle. Il y avait une vie foisonnante sous la mer. Une vie dense et pleine de couleurs.

Malheureusement et heureusement - car cela nous a permis d'en prendre conscience – le capitaine de la croisière nous a également emmené plonger dans des endroits où les conséquences du tourisme de masse sur la biodiversité étaient flagrantes. C'est aussi la différence entre choisir une compagnie plus petite avec un équipage limité et monter sur un énorme bateau où vous ne serez qu'un numéro. Le premier saura vous montrer le beau et la réalité des choses alors que le deuxième vous emmènera seulement dans les endroits les plus prisés et touristiques. Nous avons vu des coraux éteints, vides de couleurs, sans vies autour. Les poissons avaient déserté, la vie était partie. Cela est affligeant de voir à quel point l'homme est capable de tant de bonnes actions, mais par ses agissements, est tout aussi capable de détruire ce que la nature a mis des milliers d'années à construire. Cela m'a profondément attristée de voir à quel point ces pauvres animaux disparaissent par notre faute. Et en même temps, j'avais besoin de le voir de mes propres yeux et de le vivre pour en prendre conscience. Nous le savons tous. Mais entre regarder les désastres écologiques à la télé et le voir sous nos yeux, ce n'est pas pareil. Quand on le voit en face de nous, la prise de conscience est immédiate.

**On met des barrières entre ce que l'on voit et ce que l'on vit, on se met à distance de tous les désastres qu'on entend. Jusqu'au jour où on les vit vraiment.** Nous avons tellement l'impression que nos actes n'ont pas de portée directe sur la nature et pourtant, c'est en étant confronté à de telles dérives, qu'on se rend compte de notre impact sur l'environnement. Et si les rôles étaient inversés ? Comment réagirions-nous si les animaux étaient en train de nous détruire ? Qu'aurions-nous à dire ?

Je te dirai également que nous avons vu des paysages et visité des endroits indescriptibles, des espèces végétales que nous n'avions vues nulle part ailleurs, des espèces endémiques que jamais nous n'aurions eu l'occasion de voir si nous étions restés chez nous. Nous avons vu une nature plus intense en couleur que dans les livres, un territoire si dense et riche en matière de diversité, un territoire inégalement peuplé qui laisse à la nature, une place prépondérante sur celle de l'homme.

Je te dirai que nous nous sommes baignés dans des sources chaudes naturelles, dans un décor digne d'un paradis, à Mataranka. Une eau si limpide et étincelante, comme si on y avait ajouté des paillettes pour rendre l'atmosphère plus magique. Une multitude de palmiers, tous à des tailles différentes, donnaient cette impression d'être dans un véritable cocon végétal. Une oasis isolée, coupée du monde, mais qui, de par l'énergie qu'elle procurait, arrivait à rassembler toute cette nature environnante pour n'en former qu'une. Dans ce petit paradis, les sourires sont vite communicatifs, la joie abonde et la surprise se lit sur chaque nouveau visage, sitôt le pied mis à l'eau. La température de l'eau, naturellement chauffée à une trentaine de degrés, rend cette expérience encore plus enivrante.

Je te dirai que j'ai vécu une vie de bohème et que cette vie m'a rendue bien plus libre émotionnellement, que ma vie d'enfant et d'adolescente. J'ai connu ces envolées sur les routes, les cheveux au vent, l'excitation comme destination, la musique exacerbant notre joie intérieure. J'ai connu ce moment où tu ne portes plus rien sur ton dos, mis à part ce sac collé à tes épaules. Ce sac qui t'emmène en plein milieu d'endroits désertiques, qui te guide au pied de vastes étendues et d'immenses montagnes que tu regarderas d'un œil tout petit. Ce sac à dos qui te fera prendre conscience de toute la beauté qu'il existe en ce monde et tout ce qu'elle a à nous offrir comme leçon. Ce sac à dos qui rendra ton souffle coupé à chaque rencontre, qui te criera tous les jours qu'attendre que la vie passe, à la recherche du bon moment, c'est perdre du temps sur sa vie. Ce sac qui te fait prendre conscience de la puissance que l'on peut ressentir lorsque l'on mène une expérience dictée, non pas par les règles, mais par une écoute profonde de soi.

Je te dirai que, vivant au plus près de cette nature, nous avons roulé, roulé, roulé pendant des centaines et des milliers de kilomètres sans savoir vraiment où aller, ni ce qu'on allait y trouver. Nous avons connu la liberté suprême dans l'inattendu.

Je te dirai aussi que cette vie n'était pas si reposante qu'elle en avait l'air. Parce que vadrouiller tous les 2/3 jours dans une nouvelle ville, à la recherche du premier point d'eau pour remplir nos jerricans, de la première douche gratuite, faire la vaisselle dans une bassine à même le sol en faisant attention à la moindre quantité d'eau utilisée, lire la carte à l'envers, se perdre et refaire le chemin inverse, anticiper constamment combien de kilomètres nous séparent de la prochaine pompe à essence, calculer le nombre de jours restants à vivre de nos économies, préparer nos repas en pleine nuit avec pour seule lumière une lampe frontale - parce qu'à part une pauvre guirlande lumineuse et nos lampes de poche, nous n'avions pas de quoi nous éclairer dans le van - essayer d'allumer notre réchaud sous un vent violent et finir par cuire la bouffe sur le lit, vivre au rythme du temps, de la pluie, dormir avec trois pantalons et quatre pulls dans un van à 0° ou à poil et dégoulinant sous 30°, chercher tous les soirs un coin sympa pour dormir, ne rien trouver et dormir en bord de route parce que la nuit vient de tomber, tout ceci fatigue aussi beaucoup, mais cela reste curieusement plus excitant. C'est un des modes de vie qui nous reconnecte le plus à la vraie valeur de la vie.

Contrairement à tous les vans que l'on peut voir à la télé ou sur les réseaux sociaux, magnifiquement bien décorés et agencés, nous avions seulement le strict nécessaire. Pas d'isolation, pas de douche ni de toilettes à l'intérieur, pas de cuisine équipée avec plaques et four, pas de frigo ni de micro-onde, simplement un petit réchaud ou l'on y glissait notre bonbonne de gaz à chaque utilisation, une glacière et une bassine en plastique à la place de l'évier. Et même en termes d'espaces, nous n'avions pas de « coin cuisine », « coin couchage » ou « coin salle de bain ». Dès que le lit était déplié, nous n'avions plus d'espace à l'intérieur du van. On ne pouvait pas se mettre debout à l'intérieur et nous avions juste de quoi mettre une toute petite table basse à nos pieds. La cuisine était seulement accessible de l'extérieure, en ouvrant le coffre, alors quand il pleuvait des cordes, on ne prenait pas trois heures pour cuisiner, on se trempait la gueule et on prenait ce qu'on avait sous la main en vitesse, des boites de conserve, des gâteaux, un fruit et c'était notre repas. Tout ceci paraît très rude et pourtant s'il fallait le refaire, je repartirai pour une année sans hésiter.

Et pour finir, je te dirai aussi que tout n'a pas été facile, ni idyllique. Notre couple a traversé des moments difficiles, nous avons eu à plusieurs reprises des moments de doutes et un manque de nos proches. Notre style de vie n'était pas évident, il fallait constamment se réadapter, anticiper nos besoins avant chaque reprise de route et surtout, apprendre à vivre avec moins et se délester de toutes ces impressions de nécessités.

Voilà ce que je te répondrais. Voilà ce que j'ai vécu et ce que je n'arrive pas à exprimer oralement. Puis, tu me regarderas avec des yeux émerveillés et tu me diras à quel point j'ai eu de la chance de vivre tout ceci à mon âge. Nous en parlerons, le temps d'un verre, tu me poseras quelques questions pratiques auxquelles je répondrai avec plaisir, puis me voyant dans l'incapacité d'établir la connexion entre mes émotions encore toutes fraîches et les tiennes, de t'emmener avec moi indirectement dans cette aventure et de t'immerger dans ce voyage intérieur, nous finirons par parler du quotidien.

J'ai, je dirais, quelque peu aussi mal vécu ce décalage et cette sensation de ne pas me sentir « comprise » dans mes émotions. J'étais partagée entre cette souffrance de ne pas me sentir entendue dans ma douleur du retour, tout en sachant pertinemment que si les rôles étaient inversés, je ne comprendrai pas non plus. Si je n'avais pas voyagé, je n'aurais pas réussi à me mettre à la place de ce voyageur. Il m'aurait parlé de toutes ses péripéties avec l'enthousiasme le plus convainquant du monde, que je n'aurai pas ressenti la moindre pépite dans le ventre, comme il pouvait en ressentir à se replonger dans ses souvenirs.

Comment peut-on ressentir des émotions, suite à une expérience que l'on n'a pas vécue ? Comment quelqu'un pouvait-il comprendre ce que j'avais moi-même du mal à assimiler ? C'est tout simplement impossible.

Avec le recul, j'ai compris que j'avais besoin de me sentir entourée par des voyageurs ou des personnes qui avaient vécu ce que j'avais vécu, pour m'emmener vers une meilleure compréhension de mes émotions. C'était ma seule source de réconfort. Les seuls moments où j'arrivais finalement à trouver une écoute, parce que je savais qu'ils comprenaient ce que je ressentais, ce que j'avais ressenti et ce que j'allais ressentir.

Puis au final, j'ai vite arrêté d'en parler pour me libérer. Finalement, j'ai choisi de me raconter à travers l'écriture. Peut-être, ai-je eu du mal aussi à trouver des oreilles compréhensives et une bouche rassurante.

L'écriture m'est apparue comme un exil. J'ai ressenti le besoin d'en parler à mon journal, dépourvu d'émotions humaines. Je savais qu'en extériorisant, cela me ferait du bien, mais n'étant pas de base quelqu'un de très sociable, j'ai trouvé dans l'écriture le moyen de m'exprimer en toute liberté. Comme si je tenais à garder cette partie de ma vie et ce doux bonheur nostalgique pour moi, au lieu de le partager et de me confronter à cette absence de connexion qui me faisait mal. Un peu comme un journal intime, qui a selon moi, un véritable rôle thérapeutique. Extérioriser et mettre par écrit nos émotions permet d'activer le processus de la guérison. Dans un journal, tu écris sans chercher à convaincre qui que ce soit ni à essayer de déceler si l'autre comprend ce que tu dis. Tu peux gommer une phrase pour la remplacer par une autre, prendre du temps pour bien formuler et donner un sens à tes ressentis. L'écriture a également ce pouvoir de laisser une trace contrairement à la parole qui se dissipe avec le temps. Avoir cette trace m'a aussi permis d'observer l'évolution de mes émotions au fil des mois et d'avoir une meilleure prise de recul de mes sensations intérieures. Mon écriture du retour et celle que j'ai aujourd'hui, ne transpire pas le même état émotionnel. L'incompréhension mélangée à un brin de colère et de nostalgie se ressent dans mes écrits des premiers mois du retour, pour laisser place au fil de la lecture, à plus de sérénité et d'acceptation de ces émotions.

De retour en France, on a beau avoir eu énormément de réponses sur nous-mêmes, obtenu une meilleure vision du monde, changé notre sens de la vie, on se sent complètement perdu. Se réadapter à une vie qu'on connaît pourtant, mais en ayant un esprit différent, passe obligatoirement par une période d'adaptation. C'est un processus qui prend du temps, le temps de l'acceptation. Le temps de retrouver sa place. J'ai pourtant vite essayé de tourner la page du voyage, en plongeant la tête dans de nouveaux projets. Mais quatre ans plus tard, je parle toujours de ce merveilleux voyage et l'émotion se mêle vite aux larmes, quand je revois nos souvenirs à travers une musique ou une émission sur les voyages. Pour les autres, c'est une page qui est tournée, un moment de notre vie. Pour moi c'est un modèle de vie, que je garde en tête, une philosophie humaine qui pénètre au plus profondément de moi, d'années en années et que j'essaye d'instaurer dans mon rythme quotidien, bien souvent plus effréné que mon souhait. Mais ce qu'il y a de beau, c'est ce que je garde en moi. Peu importe les souvenirs en images pixelisées bien gardées dans mes doubles disques durs, que je protège pourtant comme si je gardais un trésor inestimable près de moi. **Le vrai trésor de cette aventure, c'est d'avoir trouvé la personne que j'étais.**

## Introspection

*Voyager vous laisse d'abord sans voix, avant de vous transformer en conteur.*
Ibn Battuta

Je pense sincèrement que quand on revient après avoir vécu une telle aventure, il est important de se poser quelques semaines pour prendre du recul et comprendre ce qu'il s'est passé. Ce que nous avons vécu n'est clairement pas un simple voyage. L'intérêt de se poser est réel. Prendre du temps pour soi avant de se replonger dans cette frénésie quotidienne si éreintante, se révèle parfois indispensable pour ne pas se perdre dans un rythme complètement aliénant. Reprendre directement le chemin du travail est la solution pour certains. Pour d'autres, un temps de réflexion est nécessaire pour ne pas griller toutes les étapes et enterrer trop vite cette parenthèse, qui ne demande justement pas à être fermée. Ce fut mon cas. J'ai dû faire face à cette incapacité à me replonger dans ma vie d'avant. Cette incapacité à me concentrer sur une tâche précise, à déterminer vraiment mes besoins. Cette incapacité à parler de ce voyage, en utilisant un temps du passé, comme si je me sentais toujours en route. Le tout, marqué par une nécessité de m'isoler. Cette pause m'est donc apparue comme un soulagement. Une pause après une année de pause, ai-je entendu. L'insolence à l'état pure, oui. Cette pause, je l'ai plutôt vécue comme une contemplation de mon parcours de vie.

J'ai compris, des mois après, que ma vie c'était ça. Prendre constamment des pauses pour me recharger et me recentrer sur mon énergie intérieure, où que je sois, quoi que je fasse comme activité ou profession, il me faut des pauses, des moments d'inaction. C'est ainsi que je fonctionne. Les pauses font partie intégrante de mon mode de vie. Sans elles, j'étouffe très vite, je surchauffe. Pendant le voyage ou dans ma vie quotidienne, j'ai ressenti et je ressens assez souvent ce besoin de décanter, en m'isolant pendant des heures voire des journées entières, dans un plein silence, loin des stimulations diverses. Parce qu'il y a toujours un moment, au contact des gens, où je suis trop pleine d'émotions, de souvenirs à trier et de fatigue émotionnelle. Et parce que je ne peux plus profiter, ni de l'environnement, ni du moment présent, ni des personnes qui sont présentes, quand il n'y a plus de place en moi pour emmagasiner de nouvelles stimulations. J'absorbe énormément. Le bruit. Les gens. Leurs discours ambiants. Leur état d'esprit. L'atmosphère qui se dégage d'un lieu.

Là-bas, en m'autorisant à être qui j'étais, j'ai enfin pu mettre un mode d'emploi précis sur ma personnalité. J'ai compris que ce besoin de m'isoler, de rêver et me couper du monde n'était pas quelque chose de commun à tout individu, mais que ce n'était pas un handicap, comme je l'ai longtemps pensé et comme on a pu me le faire penser. Aujourd'hui, je considère cela plutôt comme un potentiel. Un potentiel que je dois apprendre à économiser, si je veux pouvoir l'utiliser à bon escient et de la manière la plus qualitative possible, autant pour les autres que pour moi-même. J'ai longtemps cru que mon acuité auditive, à tendre l'oreille constamment, à déceler le moindre bruit, le moindre chuchotement, la moindre conversation, mais aussi cette intensité dans mes émotions et cette capacité à ressentir les énergies compatibles ou non compatibles autour de moi et à l'intérieur de moi, c'était TROP et donc pas normal. Trop pour une seule personne. Trop pour une tête aussi fragile que la mienne. J'ai vraiment longtemps cru que personne n'était comme moi. À se fatiguer aussi vite des gens qui parlent trop et trop fort, à ressentir régulièrement ce besoin de fuir le bruit du monde, à identifier et analyser sans cesse les sonorités, le langage corporel, l'atmosphère d'un environnement et des personnes avec qui je me trouve. Personne ne me semblait être aussi sensible à un environnement. Personne ne me semblait être aussi sensible à la joie et à la tristesse. Je m'émeus bien plus facilement de choses auxquelles on accorde peu d'importance. Peut-être parce que ce sont souvent des instants volés ou éphémères, qui demandent plus d'attention pour pouvoir les capter, que de moments plus généralement évocateurs d'une joie certaine.

Aujourd'hui, cette différence me plaît. J'aime d'ailleurs en jouer, car cela me fait souvent rire d'être à côté de la plaque et de ne pas suivre le mouvement. Je porte ma bague de mariée à droite, j'adore pisser dehors, je préfère aller au cinéma toute seule qu'accompagnée, je n'ai pas ri une seule fois au Blanc Manger Coco, je préfère jouer avec mon chat que débattre sur ce sujet d'actualité où chacun cherche à donner son avis, j'aime ces moments suspendus où je ne fais rien à part observer les gens s'affairer autour de moi, je me revisualise la scène de mon fou rire pendant des heures alors que tout le monde est passé à autre chose, je peux me tordre de rire quand quelqu'un pète alors que tout le monde trouve ça dégueulasse et prononce ce fameux « Oh, voyons ! », je m'ennuie tellement en réunion que je vais regarder chaque collègue et rire intérieurement en les voyant s'emmerder à leur tour ou en les imaginant redevenir enfant, je retiens de ce film poignant seulement le moment où le personnage principal enlace son chien en oubliant tout le reste, je m'émerveille devant ce papillon alors que tout le monde passe devant, quand on me pose une question je ne sais jamais où je dois m'arrêter dans mon explication, j'adore parler toute seule sauf quand je m'aperçois que quelqu'un me regarde, je suis dans mon monde, complètement effacée ou totalement enjouée, j'aime disparaître de la circulation pendant des semaines, je peux décrocher en plein milieu d'une conversation et finir par buguer sur les yeux ou les pieds de mon interlocuteur comme si mon cerveau se mettait en pause, je n'arrive pas à rester focus sans être distraite par mes rêveries, je m'emmerde ouvertement quand les gens parlent trop longtemps de leur maison, de leur nouvelle voiture et des problématiques dans leur boulot alors que tout le monde joue le jeu du « fait semblant d'être intéressé », je peux rester des heures dans ma chambre parce que je n'ai pas envie de saluer les invités ou de sociabiliser et de prononcer ce fameux « salut ça va ? » dont tout le monde en réalité se fout de la réponse, je ne décroche quasiment jamais au téléphone, j'aime rire à gorge déployée en plein milieu du centre-ville, j'adore dire bonsoir au lieu de bonjour.

Je crois que chaque personne porte en elle, une unicité qui la distingue. Certains l'expriment plus que d'autres, à travers une personnalité, une activité ou une philosophie de vie qui tend à s'éloigner de la majorité. Cependant, je peine à croire que tout le monde ressente fort en lui cette impression de décalage. Si le mot atypique a été créé, c'est bien qu'il existe une norme à laquelle on se base plus ou moins. Certaines personnes en ont toutes les caractéristiques alors que d'autres passeront leur vie en dehors. C'est ce que je ressens, très souvent. J'ai beau cultiver ce sentiment d'être un être à part entière et sentir année après année une certaine fierté de la personne que je suis, il y a toujours un moment qui me rappelle que cela peut-être aussi très pesant, dans bien des domaines. Et j'imagine que tous ceux qui s'étiquettent eux-mêmes comme atypiques, comprennent cette curieuse ambivalence d'oser se montrer tel que l'on est, mais sentir parfois cette lourdeur d'être tel que l'on est.
Depuis que je suis gosse finalement, je me suis toujours un peu sentie à part. Dans ma manière de penser, d'observer, de me comporter, de ressentir la vie et les gens. Je passais mon temps à lire et écouter de la musique au lieu de faire les quatre cents coups avec les copains. Je passais mon temps à observer et analyser de telle sorte que j'arrivais à prédire ce que telle personne allait faire ou dire, à force de l'observer. J'avais l'impression de démultiplier mes sens. J'écoutais tout autour de moi. Les adultes qui débattaient lors des repas de famille, les camarades qui chuchotaient au fond de la classe, la prof faire son cours, ceux qui se mettaient à parler sur les autres et le jacassement de la pie dans la cour de

récréation. Mais si une petite fourmi passait sur le rebord de la fenêtre, j'étais incapable d'écouter. Mon attention avait besoin d'être focalisée sur quelque chose de stimulant et comme je ne trouvais jamais de sens à ce qui m'était imposé, je me perdais dans mon imagination. Je n'écoutais jamais les cours plus de 15 minutes tellement je m'ennuyais et j'avais besoin d'être stimulée autrement. Alors je me plongeais dans mon imaginaire, j'inventais des histoires, je me refaisais des scènes de mon quotidien dans ma tête tout en gribouillant et en maintenant une oreille attentive lorsqu'il fallait noter le cours. Je n'étais clairement pas une élève dispersée en termes de comportements - d'ailleurs certains de mes profs me trouvaient transparente, trop calme ou trop timide - mais plutôt en termes de fonctionnement cérébral. Une pensée m'en amenait une autre, puis une autre et je pouvais passer des heures entières à réfléchir et à créer un monde plus intéressant.

En classe, je n'avais juste rien à dire tellement je m'ennuyais et je ne voyais pas l'importance d'écouter toutes ces leçons soporifiques si c'était juste pour avoir de bonnes notes, et même en ayant les bonnes réponses entête, participer juste pour faire plaisir à la prof ou impressionner mes camarades n'était clairement pas un but pour moi. J'avais de très bons résultats, mais je ne me reconnaissais pas dans les codes de l'école déjà à mon âge. Je me demandais tous les jours pourquoi nous étions obligés de nous intéresser à des choses qu'on oubliera plus tard, de faire semblant qu'on adore l'école, de le verbaliser, de demander de l'aide alors qu'il suffit de chercher par soi-même les réponses et de se faire des relations ou un maximum d'amis alors même que je ne garderai pas contact avec la plupart d'entre eux en grandissant. Je me demandais pourquoi il fallait absolument participer en cours pour avoir une bonne note et se faire bien apprécier par le professeur pour redorer son carnet alors même que ça ne reflétait pas mon caractère. J'étais déjà beaucoup accès vers mon intériorité, et dans l'intellectualisation de tout. Je ressentais aussi de manière assez fine, l'état d'esprit et les intentions des autres mais cela ne m'empêchait pas de me faire avoir, ou même d'en être fière, bien au contraire, j'étais terriblement mal dans ma peau et pas du tout confiante.

Ce n'est qu'à 27 ans, que j'ai vraiment réussi à en tirer parti. J'ai appris à bien m'entourer, de sorte que ces « particularités » puissent être acceptées et non freinées. Je suis une âme rêveuse. J'aspire à la légèreté de la vie et tant pis si je ne rêve pas d'une grande vie. J'aime m'asseoir et regarder les gens passer, m'imaginer ce qu'ils font de leur vie, comment ils se sentent, ce qu'ils aiment, où ils vont. Je m'émancipe facilement du collectif, pour percevoir à ma façon tous les jolis signes envoyés de la vie. L'acceptation de notre singularité, de tout ce qui fait de nous une personne authentique, doit se nourrir justement d'un reflet positif, pour devenir une qualité à nos yeux. Si on souffre d'être comme on est ou parce qu'on nous l'a reproché, forcément que notre personnalité ne nous apparaît pas d'abord comme une richesse. Et pourtant, nous avons tous cette richesse en nous !

Le principal objectif que l'on devrait tous avoir dans nos vies, c'est d'aller chercher continuellement ce qui nous procure cette joie intérieure, peu importe qu'il faille sortir du chemin, peu importe que ce soit qualifié d'acceptable ou non, de différent ou non. Tant que nous ressentons le bonheur, la joie, le sentiment d'être à notre place, c'est que nous sommes sur la bonne voie. Si nous sommes heureux alors que tout le monde critique nos choix de vies, nous devons continuer à rechercher cet état de plaisir, en continuant de faire ce qui nous fait du bien malgré les difficultés. Et pourtant, en vérité, cela n'est pas si évident. Il n'y a pas de recette préétablie pour apprendre à s'accepter et s'aimer. Il faudrait réapprendre à se reconnecter à soi, alors que le monde extérieur nous pousse à faire le contraire. Et on voit malheureusement où nous mène ce cruel manque d'écoute de soi. Perte de sens, dévalorisation, manque de confiance en nous, doute permanent et peurs. **Le détachement de soi est pour moi le principal fléau de notre société.** De jeunes adultes pourtant riches de potentiels et de talents en tout genre, qui doivent apprendre à vivre dans une société à l'esprit parfois vieillissant et en mauvaise santé, ne peuvent qu'à leur tour, tomber dans les rouages de la maladie contemporaine : une omission totale de la conscience de notre être intérieur.

Beaucoup d'adultes ne savent pas qui ils sont, en dehors du rôle que leur donnent leur travail et leurs relations familiales. Nos relations sociales nous donnent une identité, une appartenance, un rôle d'ami, de parent, de frère, d'enfant, de conjoint, ou d'employé. Nous sommes cantonnés à certains rôles et nous y prenons plaisir, parce qu'ils nous renvoient ce doux sentiment d'exister. Nous sommes utiles pour quelqu'un, c'est gratifiant. Nous sommes Mr ou Mme Untel, patron, mère, père, employé ou sans emploi, célibataire ou en couple, marié ou divorcé avec toutes les étiquettes que l'on nous attribue. Notre statut professionnel, désiré ou non nous colle même une identité à la peau et pas des plus bienveillantes parfois. Quoi que nous fassions, nous demeurons rangés dans une case avec tous les préjugés derrière que cette case implique et projette sur nous. Comme si nous, êtres humains, avions besoin de coller des étiquettes sur les autres, pour mieux nous comprendre et nous situer. Parce que nous sommes des êtres incomplets, sans cesse en recherche d'adhésion, d'appartenance et d'amour.

Mais que ferions-nous si toutes ces règles sociales et normes collectives n'existaient pas ? Sans toute cette organisation sociale autour de nous, qui serions-nous ? Imaginons un monde où rien ne pourrait nous définir, où plus aucun rôle ne pourrait nous être attribué.

J'aime regarder le monde de l'extérieur, en prenant un recul énorme et en l'imaginant sous un autre angle, comme si tout était à refaire. J'aimerais savoir ce que penserait un géant de son point de vue. Qu'aurait-il à nous dire ? Ce besoin de déconstruire et cette vision que j'ai de la société ne vient pas du fait que je trouve ce monde triste, bien au contraire, je le trouve riche en termes de potentiels et de sens. Seulement nous ne les exploitons justement pas assez. **La pluralité des individus n'est pas assez mise en avant.** Nous suivons tous ce même modèle de vie prédéfini, ces mêmes idéaux parce qu'on nous a appris qu'il n'en existait qu'un. Nous sommes poussés depuis notre plus jeune âge à respecter l'idéal commun et toutes ces règles sociales et donc collectives qui en découlent. Beaucoup s'y perdent d'ailleurs sans comprendre pourquoi ils ne s'y sentent pas bien. Je suis persuadée que l'on ne peut s'épanouir complètement dans ce fonctionnement unilatéral, qui nous donne une image peu encline au libre arbitre.

Nous sommes en vérité, seuls dans notre fonctionnement, dans notre manière d'être et notre façon d'appréhender le monde, ce qui relève d'une richesse énorme et pourtant nous accordons bien plus d'importances, à tout ce qui ne relève pas de la singularité.

## Le piège de la performance

Je me surprends parfois à comparer notre monde à une pièce de théâtre. Nous faisons tous partie d'une même pièce. Chacun à un rôle bien déterminé, une utilité précise, et nous jouons, nous jouons, nous prenons parfois plaisir dans l'espoir que nous avons à nous croire importants et bien situés par rapport aux autres, nous prenons goût à jouer notre personnage, à gravir les échelons, nous donnons toute notre énergie pour parfaire ce rôle et le rendre encore plus attrayant, jusqu'à ce moment où on se rend compte qu'à jouer trop longtemps, c'est nous que nous avons perdus. À trop s'imprégner de nos personnages, on ne distingue plus notre véritable identité et nos véritables besoins. Que ce soit dans le monde professionnel ou la sphère privée, nous laissons notre corps obéir à notre mental, comme on donnerait des coups de cravache à un cheval pour qu'il avance plus vite et soit le plus performant possible. Nous avons l'impression d'être aux commandes de notre vie en étant dans l'action permanente alors que c'est en nous reconnectant à nous-mêmes et donc en prenant le temps que nous prenons vraiment les rênes.

C'est d'ailleurs souvent au moment où nous sommes épuisés physiquement, mentalement ou malades, que nous prenons conscience qu'il serait peut-être temps de ralentir et de revenir à soi. Pourquoi ne sommes-nous pas en mesure de déceler tous ces signes avant-coureurs de mal être, que notre corps nous signale pourtant depuis tant de mois, voire des années, à travers des symptômes que l'on se dépêche d'oublier et une humeur parfois vacillante ? Parce que notre mental est passé prioritaire sur notre cœur, que nous finissons à peine par écouter, paralysés par la peur de l'inconnu et le manque de sécurité. **Et parce que suivre la norme et faire comme tout le monde demande bien moins d'efforts que d'essayer de faire et de vivre différemment.**

Nous sommes constamment dans la performance, dans l'énergie, dans la vitesse et dans le faire au lieu de l'être. C'est bien cela que prône notre société. Et nous le faisons si bien. L'humain est très vite délaissé au profit de l'action permanente et des chiffres.

L'ambition peut-être d'ailleurs terriblement épuisante. J'ai en quelque sorte une aversion pour ce terme. Si elle n'est pas mesurée et consciemment désirée, l'ambition n'est que le reflet d'un désir de gloire, d'honneur et de réussite sociale. Elle nous renvoie directement à notre amour-propre. C'est quelque part, la fierté d'obtenir une ascension qui flattera notre ego. Elle nous pousse parfois à repousser les limites et à mettre ainsi de côté nos émotions pour aller encore plus loin. Quels que soient notre propre vision de la réussite et nos souhaits, nous avons tous besoin de revenir à soi pour ne pas nous perdre dans le superflu. Il y a des gens pour qui la réussite sociale ou professionnelle n'a aucun intérêt par rapport à l'épanouissement personnel ou familial, des personnes qui se contentent de ce qu'ils ont et qui sont peut-être bien plus aptes à ressentir le bonheur dans des choses très simples. Il y en a d'autres qui passent leur temps à vouloir sans cesse aller plus haut et à rechercher les sommets. Et puis il y a ceux qui bossent dur et sacrifient leur temps personnel pour obtenir le métier dont ils ont tant rêvé, la carrière qui les épanouira, ceux qui ont des ambitions pour rendre le monde meilleur, à leur échelle, ceux qui se battent pour des causes collectives et font de leur vie un véritable combat. Il y a ceux qui ont des ambitions démesurées et d'autres plus faciles à réaliser. D'autres plus centrés sur eux- mêmes et d'autres vers le collectif. Qu'importe qui l'on est. Tant que cette ambition vient de notre cœur, que nos projets nous rendent heureux et que cette dernière est le reflet de nos capacités, l'ambition reste un moteur.

Évoluer professionnellement n'est clairement pas la première de mes priorités tant que je prends goût à ce que je fais. La quête de ma vie est de partir à la découverte de tout, ne pas me fermer de porte et d'être la plus alignée possible avec chacune de mes évolutions. Le reste, tout ce qui participe à une vie réussie pour d'autres, n'est que secondaire. Je vis pour ressentir le plaisir de me plonger dans un livre, regarder un film, m'imaginer à la place des personnages, contempler le ciel étoilé, rêver, passer de longues minutes à regarder mes poules, m'occuper des animaux, m'isoler, me perdre dans la nature, découvrir de nouveaux endroits, écrire au sujet des grandes questions de la vie, poser mes émotions sur papier, les peindre, les pieds ancrés dans le sol, passer des heures les mains dans la terre, améliorer d'année en année mon jardin, récolter les fruits et légumes de mon potager, comprendre, apprendre, se tromper, essayer à nouveau, prendre soin de mon cocon, écouter des conférences et ce vers quoi me dicte mon cœur, faire de nouvelles expériences, voyager dans plein d'endroits différents, découvrir les villes près de chez moi, rencontrer de nouvelles personnes, rire beaucoup et ressentir l'incroyable sensation du partage émotionnel avec un autre, ne rien prévoir, saisir les opportunités, vivre à mon rythme, et tester tout un tas de métiers. Dans un rythme de vie plus apaisé, lent et avec moins de responsabilités, je me sens ambitieuse à ma façon, sans avoir besoin d'être constamment dans l'action. J'ai besoin de me questionner, chercher un équilibre entre ma volonté d'aller plus lentement dans une vie où personne n'a le temps de rien. J'ai besoin de partir en quête de sens.

Pourtant, après avoir goûté au rythme du voyage, nous sommes tous les deux tombés dans cette fâcheuse course à la performance, mais pas en même temps. Louis a été l'exemple parfait de l'ambition dans tous les sens du terme. Après avoir choisi de déménager pour intégrer l'entreprise familiale, la détente intérieure a très vite laissé place à plus de stress et de débordements. Autant professionnellement que personnellement, il n'y avait pas une journée où l'action ne prenait pas le dessus sur l'oisiveté, week-end compris. Le cerveau constamment branché, le rythme est devenu plus speed, l'agacement bien plus rapide. Lui a immédiatement souhaité reprendre le travail à fond et se replonger dans le quotidien qu'il avait laissé, avec encore plus de responsabilités et un nouveau poste dans lequel il avait tout à découvrir. La glorification des nombreuses heures de travail à rallonge l'empêchait de se rendre compte qu'elles pouvaient aussi représenter un véritable piège. Quand je ne parvenais pas à remonter la pente, lui se jetait corps et âme dans le boulot. Je me suis dit qu'il avait sûrement moins de difficultés que moi à supporter ce retour. Ce n'est que quand je l'ai vu changer de comportement, devenir moins jovial et serein que j'ai senti que le bonheur n'était plus en lui. Il avait fui, sans le vouloir, les leçons que ce voyage avait eues sur lui. La tête dans le guidon, je ne le reconnaissais plus. Elle était si loin notre liberté.
Alors que je commençais à doucement me remettre de notre périple, six mois plus tard, c'était à son tour de connaître la descente aux enfers. Je le voyais passer son temps au travail, revenir stressé, fatigué et la tête ailleurs. Nos moments à deux se faisaient rares et bien moins qualitatifs. Il n'avait plus de limites. La colère le gagnait et le rendait petit à petit irritable. Il ne supportait plus rien et ne savait paradoxalement pas dire non. Ce n'est que quand il s'est rendu compte qu'il allait tout droit vers un mur, qu'il a décidé de se prendre en main et c'est là que le mot burn-out est arrivé dans la discussion avec sa thérapeute.
Il était en train de rentrer, petit à petit, dans ce cercle vicieux du « toujours plus » et du « jamais satisfait ». Remplir son agenda de choses à faire, jeter sa liste, en refaire une nouvelle, passer d'une activité à une

autre, laisser son travail déborder sur sa vie personnelle, ne plus arriver à poser de limites, organiser sa journée sans prendre en compte que nous ne disposons que de vingt-quatre heures et se rendre compte qu'on a seulement fait la moitié de tout ce que l'on s'était fixé comme objectif, se réveiller chaque matin la tête sous l'eau, incapable de décrocher. La tempête a fini par se calmer un peu, après avoir pris conscience qu'il était finalement peu dans le moment présent et qu'un rééquilibrage était nécessaire, s'il ne voulait pas perdre le sens qu'avait sa vie et se perdre lui-même.

De mon côté, j'ai fini par suivre le mouvement, pour d'autres raisons, quelques mois plus tard, sans anticiper ce cercle vicieux qui nous pousse à ne jamais nous arrêter malgré le mal-être apparent. Cet état de mal-être, je l'ai ressenti à un moment de ma vie où je ne m'autorisais pas à me calmer. Peu après ce déménagement, nous avons acheté une maison dans son jus et donc à rénover entièrement. Une grande dame de presque 200 ans, qui en a connu des familles avant nous et nous a laissés prendre place, à notre tour. Une magnifique demeure en pleine campagne. Les premiers temps, j'ai pris étrangement du plaisir à faire les premiers travaux. Étrangement ? Oui, car malgré des parents et un frère très bricoleur et manuel, cette faculté ne s'est clairement pas transmise dans mes gênes. C'était une nouvelle expérience après ce voyage à l'étranger, un nouveau tournant pour notre couple, j'étais contente de tester quelque chose de nouveau et un peu apeurée aussi par l'ampleur de la tâche. L'excitation ressentie au début m'a permis d'apprécier ces moments de labeur. Jusqu'au jour où j'ai ressenti une certaine fatigue et lassitude à voir que nos semaines se déroulaient toujours de la même manière et ne nous laissaient plus de place à la surprise et à l'émerveillement que nous avons connu lors de ce voyage. Nous travaillions la semaine et le week-end, il nous fallait avancer dans les travaux. Et rebelote et rebelote. Les mois qui ont suivi n'ont pas été de tout repos. Ma tête était quelque peu saturée. En plus de mon travail la semaine et des travaux qui prenaient déjà une grosse partie de mes soirées et week-ends, je voulais pouvoir tout faire de la meilleure manière : avoir toujours le frigo rempli, cuisiner de bons petits plats, être à jour sur le linge, avoir une maison propre et relativement rangée, continuer l'écriture de mon livre, trouver du temps pour mes amis, nos familles, passer des moments de qualité en couple et aussi en tête à tête avec moi-même. C'était très compliqué de tout gérer et comme il fallait s'y attendre, petit à petit, j'ai commencé à être à bout. Attendre de craquer pour prendre conscience du déséquilibre... J'avais beau me dire que tout ce que nous avions fait ce week-end ne serait plus à faire le week-end prochain, je ne voyais plus la fin. Quand on commençait à poncer à un endroit, il fallait le refaire à un autre endroit. La poussière était omniprésente, les imprévus récurrents et les allers-retours dans les magasins de bricolage incessants. Le rythme était trop lourd. Et quand je m'autorisais à prendre du temps pour faire autre chose que les travaux, la culpabilité de ne pas profiter de ce temps de libre pour avancer sur le chantier, m'empêchait totalement de lâcher prise et de ne penser à rien. Quand je lisais pour essayer de me détendre, je pensais aux murs qu'il me fallait poncer. Quand j'écrivais mon livre, je me forçais à être la plus productive possible, pour retourner plus vite à mes travaux. Je n'avais plus aucune créativité et inspiration. Tout était prétexte pour gagner un maximum de temps. Je me suis mis la pression à un tel point que le moment présent n'était plus possible de vivre, tant que nous n'étions pas dans cette maison. C'était ingérable. J'ai donc fini par me forcer les derniers mois, à prendre sur moi, pour que nous puissions enfin emménager un an plus tard. Ce fut une période compliquée, autant personnellement que pour notre couple.

Je ne sais pas prendre sur moi pour « mieux » supporter et endurer une situation. Sûrement parce que le « prendre sur soi » est justement l'ennemi du bien-être. Cela revient quelque part à se nuire en niant nos ressentis. Pourtant on entend à tout bout de champ qu'il faut savoir prendre sur soi dans la vie. **Je suis navrée de casser ce mythe mais on ne peut pas mieux supporter les choses en prenant sur soi.** C'est même tout le contraire qu'il se passe.

En attendant, que je prenne sur moi ou pas, il nous fallait bien avancer dans cette maison. J'ai donc préféré me déconnecter un temps de moi-même et j'ai choisi de ne pas écouter ces émotions négatives qui m'envahissaient, car de toute façon je n'arrivais plus à prendre du temps de qualité pour autre chose. J'ai donc mis mes envies et mes émotions de côté, pour ne penser qu'à cet unique but. Honnêtement, je ne serai pas capable de le refaire une deuxième fois. Une fois très bien, mais pas deux. Ce dont je suis sûre ; le bricolage ne résonne clairement pas en moi comme une passion et j'ai je pense même réussi à m'en dégoûter. J'ai presque même du mal à retourner dans un magasin de bricolage tellement j'ai associé cette activité à une prise de tête constante.

C'est usant de ne pas s'écouter et de vivre dans cette urgence permanente. Usant d'être toujours en train de faire. Ce n'est pas du tout un rythme qui me convient. Quand je suis trop dans l'action, j'ai justement l'impression de ne plus me sentir vivante, d'être coupée de la vraie saveur de la vie et de ne pas profiter de ce que je suis en train de faire. C'est une sensation que j'essaie de ne plus ressentir dans ma vie car elle m'éloigne vraiment de ma nature profonde. J'ai ce réflexe, maintenant, de m'arrêter, quand je ressens cette déconnexion avec moi-même et ce manque d'ancrage avec ma vie. Quand je tombe dans cet état robotique, à enchaîner les tâches quotidiennes tout en pensant à autre chose, il y a toujours un moment où mon cœur m'envoie un signal, un sentiment de frustration, une certaine nervosité ou une impression de ne plus me reconnaître. C'est ce qui permet d'éviter ce « trop-plein », révélateur d'une écoute trop tardive de nous-mêmes.

Aujourd'hui, la fierté d'avoir réussi à surmonter toutes ces étapes m'ont encore plus éclairée sur ce que je souhaite désormais et également sur ce qui n'est pas du tout compatible avec qui je suis. C'est aussi ce que j'aime dans la vie. Comme dans un couple, ou quand on prend de l'âge, il y a des étapes à franchir, des difficultés, de nouvelles expériences à surmonter et à tester. **C'est en essayant qu'on se rend compte de la réalité.** J'aime grandir parce que plus on mûrit, plus on multiplie les expériences, plus on évolue dans notre connaissance du monde et de soi, et plus on fait le tri en se rapprochant de ce qui vibre vraiment en nous. Plus on grandit, plus on a de certitudes, plus on devient soi et j'en suis persuadée, plus apaisé et apte à ressentir le bonheur.

*11/07/2018*
*Jour 194*

*Et si tout ça n'était simplement que de la pure réalité ? Prendre son temps. Sentir la lumière naturelle nous réveiller. Ne pas savoir de quoi sera fait demain, sans même ressentir cette pression constante de savoir si on a bien fait... cette course aux résultats. Dépenser son temps comme on le souhaite sans culpabiliser. Des moments forts. Des rencontres inoubliables. Des expériences. Des paysages à couper le souffle. Des choses tellement simples et naturelles que les petits problèmes du quotidien nous paraissent si dérisoires. C'est donc cela de retourner au stade naturel. Loin de cette société de consommation, des contraintes que nous impose la vie, de ces obligations qu'il faut gravir à tout âge, du travail rébarbatif qui rend les gens mauvais. À trop vivre robotisé, l'humain s'éloigne de son potentiel. C'est en étant dicté par son côté naturel que l'homme développe ses capacité au maximum, se perfectionne, se transforme, devient bon et ouvert d'esprit. Quand il est livré à lui-même dans un environnement inconnu, l'homme n'a plus sa toute-puissance. Il est à nu, sans ces artifices sur lesquels il se rassurait ou s'emprisonnait... Goûter à ce voyage, c'est devenir qui tu es vraiment. C'est faire ressortir tes qualités et en faire jaillir de nouvelles. C'est cerner beaucoup plus tes goûts, tes envies, tes désirs. Te découvrir de nouveaux talents, de nouveaux hobbies qui ne te quitteront plus désormais. Peut-être que c'est ça le véritable sens de la vie ?*
*Tout quitter, se transformer et revenir changé dans un monde qui n'aura pas bougé.*

# **CHAPITRE 3**

Prises de conscience

*Le conformisme est une misérable maladie car elle vous empêche d'exister. Tous les gens qui sont véritablement conformistes n'ont pas vécu.*
Marguerite Yourcenar

C'est un peu le départ et la finalité du voyage.

Partir et se prendre une claque dans la gueule. Rentrer et se reprendre une claque dans la gueule. Se rendre compte de la chance que l'on a d'être né dans un pays européen et d'avoir cette liberté d'action, de mouvement et d'expression, qui reste encore une illusion dans de nombreux pays. Mais voyager c'est aussi se rendre compte que l'herbe peut être plus verte ailleurs. C'est voir qu'il existe une multiplicité de cultures, sur lesquelles nous pouvons et devrions même parfois prendre modèle. C'est aussi avoir un regard critique, ainsi qu'une véritable parole. Parce que celui qui n'a jamais voyagé ne peut vraiment imprégner sa parole de vérité, s'il n'en a jamais connu d'autres. Voyager, c'est trouver un lieu plus adapté à notre philosophie de vie. Il y a toujours un endroit fait pour nous sur cette Terre. Le plus dur est d'oser aller le trouver. J'aime cette idée que nous n'appartenons vraiment à aucune terre et que c'est à nous, de trouver celle où l'on s'y sent bien.

Dans ce dernier chapitre, je vous fais part de toutes mes prises de conscience, souvent liées à la différence culturelle entre mon pays natal et l'Australie. Je vous fais part de mes ressentis à travers mes yeux, mes vérités et ce à quoi je suis sensible. Je détruis de fausses idées pour en apporter de nouvelles. Cela reste ma vision des choses et non le reflet intégral de ces deux pays, ce pour quoi je te laisse à ton tour, te faire ta propre idée.

## Un état d'esprit

Une des premières grandes choses qui m'a étonnée sitôt arrivée, c'est bien cette capacité qu'ont les Australiens à positiver sur tout et n'importe quoi. Un grand chamboulement. Je ne sais pas si la situation géographique et le climat jouent sur cette philosophie de vie, mais je trouve leur vision de la vie pleine d'espoir et très accès sur l'instantané. À quelques exceptions près, nous nous sommes retrouvés des tonnes de fois à découvrir des villes où les rues abondaient de sourires, de chaleurs humaines et d'humilité. Sans parler d'utopie, on se sentait vraiment connectés avec les gens. Il y a quelque chose d'inexplicable que j'ai ressenti là-bas. Leur état d'esprit relativement joyeux reflète énormément la philosophie du pays. Peu importe l'État dans lequel nous étions, ce sentiment ne nous a pas quittés de tout le voyage. Il n'y a pas cette barrière à franchir dès lors que tu rencontres un inconnu, pas de distance personnelle à respecter sans craindre de te sentir trop brusqué. Il n'y a pas d'étapes à franchir pour passer du stade inconnu au stade amical. Les contacts se font facilement. Il n'y a pas tous ces codes sociaux qui déterminent le degré d'une relation. Des codes que je peine à intégrer et à comprendre depuis que je suis gosse. Il y a tellement de choses que je trouve absurdes dans nos rapports avec les autres ou dans notre manière de construire les relations. Tout devient très vite un manque de respect ou un trop plein d'exigences dans notre culture. Il n'y a pas de demi-mesure. On a toujours des choses à reprocher. Les Français adorent la politesse, les courbettes, les protocoles, « ce qui se fait » et « ce qui ne se fait pas », sans que l'on sache vraiment pourquoi. Si tu agis de telle manière, tu es donc telle ou telle personne. Et cette étiquette ne te quittera que difficilement. Si tu tutoies, c'est un manque de respect. Si ta tenue n'est pas appropriée, tu n'es pas assez professionnel. Si tu ne fais pas la bise, tu es impolie. Si tu rigoles trop, tu manques de sérieux. Toutes ces idées toutes faites nous discriminent entre nous et ne renforcent absolument pas nos liens. C'est ainsi que l'on crée des différences. Nous avons également moins ce sentiment de confiance que j'ai ressenti chez beaucoup d'Australiens. Nous sommes bien plus méfiants et sans arrêt sur le qui-vive. Un manque d'ouverture au monde, tant dans notre éducation, que notre culture. L'étranger et la différence, nous effraient un peu il faut le dire. On met beaucoup de temps avant de se dévoiler aux autres et on ne laisse pas n'importe qui entrer dans nos vies. Nous n'aimons pas vraiment sortir de notre zone de confort, à un tel point que nous en sommes parfois amenés à rejeter tout ce qui ne relève pas de notre pays et de ces coutumes.

Cette aisance relationnelle a atteint son paroxysme quand nous nous sommes retrouvés plusieurs fois face à des Australiens - le temps de demander notre route ou d'entamer une brève conversation - à écouter à la fois leurs discours et le son assez rocailleux d'un joli rot, sans que cela ne perturbe la conversation. Je me suis aperçue que ce qui était perçu comme un manque de respect dans notre pays ne l'était pas là-bas. Et cela me fit beaucoup de bien. Roter là-bas, c'est un peu comme respirer. Je peux vous dire qu'en une année, nous en avons aperçu des cavités buccales ! Plus sérieusement, je pense que mes parents ont dû se tromper de pays à ma naissance parce que le rot est une véritable institution chez nous. J'ai été élevé dans une famille où les flatulences et autres bizarreries de notre corps soi-disant « impropres » s'exprimaient tout autant, voire plus que le son de nos voix. Cela m'a donc permis de vite me sentir à l'aise, surtout face à ce premier rot lâché par un Australien à qui l'on demandait des conseils pour se rendre à un endroit.

Il y avait plus exactement une trentaine de centimètres qui séparaient nos visages de cet inconnu. Pas suffisant pour cacher cet immense sourire qui peinait à se faire discret sur mon visage. J'ai failli exploser de rire, mais le voyant totalement serein et à fond dans son discours, j'ai retenu mon fou rire difficilement avant de le relâcher sitôt le monsieur parti. J'avais d'ailleurs tellement de mal à me contenir pendant la conversation, que je me mettais parfois à regarder mes pieds pour décharger un peu mon fou rire, qui n'en finissait plus d'exploser en moi.

Cela dit, nous sommes peut-être tombés uniquement sur des personnes extrêmement libres de s'exprimer, mais nous avons été frappés par cette légèreté que peuvent dégager les Australiens et cette impression de lâcher prise qui les empêchent de croire qu'on pourrait les juger, alors que je nous trouve, à contrario, beaucoup trop dans le contrôle. De nous-mêmes, de notre apparence, de nos émotions, de notre sourire, de ce que l'on va dire ! Tout est prétexte à juger. Tout le monde est susceptible d'être critiqué. Alors chacun se comporte en étant le plus lisse possible, pour ne pas être soumis au regard des gens. Ce manque de légèreté dans notre société me pousse parfois à un brin de provocation, je l'avoue. J'aime être rebelle. J'aime bousculer les gens. Les déranger dans leurs idées. J'aime autant faire ce qui plaît, mais aussi ce qui ne plaît pas. En Australie, je n'ai pas eu besoin de cette provocation pour me différencier. Je me sentais comme eux. Dieu merci de m'avoir fait visiter un si joli pays. En France, je ressens tellement cette homogénéité sociale, que je ressens bien plus ce besoin de m'en extirper et d'assumer cette singularité. Au fil de cette écriture, je prends conscience de tous ces petits détails, aussi infimes soient-ils, qui ont permis l'instauration de ce lien indescriptible que je ressens avec ce pays. Il y a tellement de choses qui nous rapprochent. Bien au-delà de cette histoire de rots.

En douze mois de voyage et je ne sais combien de villes et villages visités, nous avons eu seulement une fois, un vrai sentiment de mal-être quelque part. Il fallait bien que cela arrive ! Nous venions de terminer notre job de vendangeurs dans la Barossa Valley, au sud de l'Australie. Les poches bien remplies, nous étions prêts à entamer notre road trip et commencer l'aventure. Le compte en banque bien lourd et nos adieux faits à la petite famille de Rob et Adam, nous avons repris la route et changé d'État pour rejoindre le Western Australia, le plus grand état du pays et le plus sauvage. Ce fut notre partie préférée du voyage. L'expression seule au monde me renvoie directement à ces moments incroyables et magiques, que nous avons vécus si près de la nature. Le parc national de Cape Le Grand et sa célèbre plage Lucky Bay où les kangourous viennent nous rendre visite sur un sable d'une blancheur bien plus insolente que mes dents, Espérance et ses plages idylliques (Blue Haven et Twilight Beach), Margaret River bien connue pour ses nombreux vignobles (que nous n'avons d'ailleurs pas eu le temps de visiter, mais au moins de bien déguster, dans tous les sens du terme avec une merveilleuse gueule de bois en cadeau), Perth, la fameuse ville dynamique et moderne et aussi capitale du Western Australia, le parc national de Kalbarri mais également toutes ces aires de repos sauvages où nous étions parfois seuls au monde face à cette immensité et ces feux de camp qui rendaient l'atmosphère incroyablement paisible.

Cette partie du continent, bien plus sauvage, nous a véritablement plongés dans l'aventure australienne. Jusqu'ici, notre road trip se passait à merveille et nous enchaînions découverte sur découverte, avec nos yeux émerveillés. Chaque nouvelle journée était synonyme de surprises. De bonnes surprises. Du moins pour l'instant. La roue tourne toujours et cette fois, elle avait décidé de bien tourner ! Nous avions prévu, sitôt arrivé vers Perth, de nous renseigner à nouveau sur les offres d'emploi disponibles dans la région, notamment les travaux agricoles vu que nous étions justement arrivés avant que la saison commence. Après s'être informés, nous avons entendu parler d'une ville à 900 kilomètres au nord de Perth, où les jobs saisonniers étaient nombreux et que la récolte des premiers fruits allait débuter dans deux semaines. Nous avions donc une dizaine de jours pour rejoindre cette ville. La distance est énorme quand je compare mes petits trajets effectués en France, et pourtant nous avalions les kilomètres, les cheveux au vent bercés par la musique et l'air chaud si facilement. Nous en avons donc profité pour continuer notre périple tranquillement et cela m'arrangeait bien, car j'avoue que, le travail et moi, on n'est pas de grands amis !

Quelques jours plus tard, nous arrivons dans cette fameuse ville qui nous promettait travail, argent et donc la continuité du voyage. Carnarvon, nous voilà. Ce nom, nous ne l'oublierons jamais. J'y repense encore parfois aujourd'hui, en toute amitié, mais de loin. Cette ville nous l'avons détestée, comme jamais nous avons détesté une ville. Pourtant, notre arrivée fut plutôt agréable. Nous avons commencé par visiter la ville, ou du moins la rue principale qui nous emmena sur le bord de mer. Plutôt sympa. Nous avions vu cent fois plus jolis, mais pour une ville où nous avions prévu de rester un ou deux mois, cela suffisait amplement. Il y avait tout types de commerces à proximité, l'accès à la mer, des coins pique niques en bord de plage, tout le nécessaire pour passer de bons moments. La communauté aborigène était très présente. Ce fut d'ailleurs une des premières villes où nous avons vraiment été en contact avec eux. Cela a immédiatement réveillé notre curiosité et nous a donné envie de nous plonger encore plus dans l'histoire et la culture de ce pays. Être au plus près des populations locales, c'est ce que l'on vient chercher dans cette vie de nomade. C'est ce qui fait toute la richesse du voyage.

Le premier soir, après avoir cherché en vain un endroit caché pour pouvoir dormir, nous apercevons d'autres vans, garés sur une bretelle d'autoroute assez bien dégagée et éloignée de la voie principale. Première nuit reposante, malgré les klaxons des camions en pleine nuit pour nous réveiller. Des klaxons qui se répétaient toutes les nuits, dont nous avons mis plusieurs jours avant de comprendre la signification. Le lendemain, nous avons commencé à démarcher les producteurs de fruits et légumes. De refus en refus, nous décidons d'arrêter nos recherches pour la journée. La saison n'avait apparemment pas encore commencé. Nos premières courses au supermarché nous ont rapidement mis dans

l'ambiance. Sitôt sortis du van, ce ne sont pas un, mais deux, trois, six, huit, dix paires d'yeux qui nous dévisageaient. Des regards insistants. Cela nous a surpris, mais sans trop nous déranger plus que cela. Peut-être qu'ils ne sont pas habitués à voir des étrangers, dans cette petite ville où tout le monde doit se connaître. Ayant l'habitude des petits villages où les ragots et les qu'en-dira-t-on sont nombreux, cela ne nous a pas décontenancés. En rentrant dans le supermarché, nous avons senti la même gêne. Des regards braqués sur nous et un dialecte que l'on ne comprenait pas. Sitôt nos courses réglées, nous nous apprêtions à sortir du supermarché, quand un petit garçon cria quelque chose à ses parents et se positionna devant moi, avec sa jambe en travers pour me faire un croche-pied. En évitant son pied de justesse, je le regardais, médusée et lui fis un signe de la main pour lui demander ce qui lui passait par la tête. Il me regarda fixement et d'un aplomb insolent, imita mon geste et se mit à rire avec ses parents. Dès ce jour, nous avons compris que nous n'étions pas les bienvenus dans cette ville. Les jours sont passés et malgré nos recherches de boulot, nous n'essuyions que des refus ou des « la saison n'a pas commencé, revenez dans deux semaines ». À croire que personne ne voulait nous embaucher. Sauf que nous ne pouvions pas nous permettre de stagner dans une ville où nous ne gagnions rien, ne visitions rien et où nous dépensions de l'argent pour nous nourrir, faire nos machines à laver, et subvenir à tous nos besoins. Notre découragement commençait à se faire de plus en plus présent, le tout miné par l'ambiance morose et la réalité très triste de cette ville.
Une ville, qui compte 4900 habitants à son actif et vit principalement du tourisme et de l'agriculture. Les aborigènes, qui représentent aujourd'hui 2% du territoire australien, sont les premiers humains à avoir peuplé la partie continentale de l'Australie. Les principales communautés se trouvent en plein cœur de l'Outback, au centre du désert australien et également vers le Nord. Certaines communautés sont plus intégrées que d'autres. Il est vrai qu'à ce stade du voyage, nous n'avons pas ressenti une très bonne impression, mais c'est en comprenant leur histoire et

quotidien que l'on se met à leur place. Avant de quitter la Barossa Valley, nous avions demandé à Adam ce que les Australiens pensaient des Aborigènes. Nous nous sommes aperçus que ce sujet était un peu sensible et qu'ils se sentaient complètement extérieurs à cette communauté. L'isolement, le manque d'aide à leur égard et de nombreux comportements racistes ont longtemps été le quotidien de ces derniers. Le gène aborigène a longtemps été considéré comme récessif. Au début du XXe siècle, des milliers d'enfants, dont un des parents était blanc et l'autre aborigène, ont été envoyés de force dans des familles d'accueil de blancs pour y recevoir la « bonne éducation » et faire partie de la société dite « civilisée ». Encore aujourd'hui, ils font l'objet de discrimination en tout genre. L'accès à l'éducation et à la santé reste très inégalitaire et leur espérance de vie réduite. Bien que certains réussissent à s'intégrer dans la société moderne, beaucoup errent dans les rues, passent leur journée à boire et à festoyer sous les arbres, dorment à même le sol et vivent dans des maisons relativement sommaires, voire même à la limite du bidonville pour certains. Le taux d'alcoolisme notamment chez les jeunes atteint un seuil affolant. Les bouteilles d'alcools, laissées à même le sol, reflètent la réalité de cette minorité défavorisée. Une journée, nous nous promenions le long de la jetée et avons décidé de nous asseoir sous un arbre pour regarder la mer en face de nous. Les regards toujours persistants, ne nous étonnaient plus. Nous n'allions pas nous éterniser dans cette ville, alors il nous fallait faire avec. Un groupe d'enfants étaient en train de jouer sur le bord de la jetée. Ils hurlaient et riaient en même temps. Nous les regardions, tout en continuant notre discussion, quand je reçus un petit caillou sur ma jambe. Mon regard se dirigea vers les enfants, qui se mirent à rigoler à gorge déployée. Une bouteille atterrit à quelques mètres de nous, quelques secondes plus tard… Ne désirant pas nous soumettre à leur petit jeu, nous sommes restés allongés sous la cime de cet arbre. Jusqu'au moment où je vis qu'un des garçons, qui devait être âgé de 8 ou 10 ans tout au plus, avait un couteau à la main. Ce n'était peut- être que de l'intimidation ou un simple jeu pour eux, mais voir ces enfants livrés à eux-mêmes, sans adultes autour, nous a à la fois fait de la peine et malheureusement pas permis de nous sentir en confiance.

Au fil de notre voyage, nous avons vu des dizaines de fois, des gamins et adultes, seuls avec leur boisson, à parler dans le vide ou auprès de passants, sur un ton parfois agressif. Une journée, alors que nous visitions les alentours, nous avons aperçu sur notre application mobile qu'il existait un camp d'aborigènes que l'on pouvait visiter, du moins c'est ce qui était écrit sur le site. Nous sommes arrivés sur place, au bout d'un long chemin de terre. À vrai dire, nous n'étions pas vraiment rassurés, mais je pense que cela nous embêtait de ressentir une appréhension vis-à-vis de cette communauté qui nous paraissait si marginalisée. Au bout de ce chemin, un petit village avec des maisons toutes mignonnes, construites en bois sur pilotis. Le silence régnait. Pas un bruit. Personne. Des vaches et des buffles monstrueusement gros comme on n'en avait jamais vus, se promenaient sur la route. Ils se tenaient à deux mètres de notre van. C'était impressionnant et tellement beau à la fois. Autour de nous, il n'y avait personne, du moins pas en apparence. Subjugués par le bétail, nous n'avions pas vu ces trois gros chiens venir sur nous et se mettre à aboyer si fort que l'on prit peur, même à l'intérieur du van fermé à double tour, ne sait-on jamais. Les chiens nous paraissaient presque enragés. Nous avons attendu, espérant que quelqu'un se montre et calme les chiens, pour que nous puissions sortir du van et visiter cet endroit. Mais personne n'est venu et nous n'avons bien évidemment pas osé mettre un pied à terre avec ces trois molosses autour de nous. Nous avons donc fait demi-tour pour sortir de cet endroit étrange et c'est en regardant dans mes rétroviseurs que je vis deux messieurs nous regarder partir de leur fenêtre. L'expérience ne fut pas concluante et nous fit un peu froid dans le dos.

Deux semaines sont passées. Entre-temps nous avons été dénoncés par des habitants au sujet de l'aire d'autoroute sur laquelle nous dormions, en toute illégalité. Un matin, après la tempête qui s'abattit sur nous toute la nuit (décidément, quand ça ne veut pas, ça ne veut pas !), une envie de pisser me fit sortir du van en vitesse et je vis à ce moment-là, au loin, une voiture de Rangers. La dame était en train de noter les plaques d'immatriculation de tous les véhicules qui stationnaient sur cette aire. Ni une, ni deux, je réveillais Louis en trombe et nos amis du van d'en face. « Partez, les Rangers sont là ! ». On se serait cru dans un film d'action. Ce n'est pas mon type de film préféré, mais alors là, je peux te dire que j'étais à fond ! Je sautais du van et atterri les pieds dans une énorme flaque d'eau. Cadeau du matin. Louis se réveilla en trombe et essaya de démarrer le van, malgré l'énorme flaque dans lequel il pataugeait depuis plusieurs heures. Il démarra et au moment où nous étions justement en train de nous féliciter de ce départ, nous calons. En plein milieu de la route principale, devant la Ranger. Impossible de redémarrer. Le van avait dû prendre l'eau. Heureusement que peu de voitures fréquentaient cet axe à cette heure-ci. Ce fut un moment très gênant. On s'est vraiment senti très con. On était tellement content d'avoir réussi à échapper à une potentielle amende. La Ranger, ayant bien évidemment assisté à toute la scène, ne manqua pas de s'approcher de nous pour noter notre plaque d'immatriculation et nous avertir que si cela se reproduit, nous devrions payer une amende de 500 dollars chacun pour stationnement illégal, en nous rappelant qu'il y avait des campings dans la ville. C'était bien là le souci, c'est qu'en étant autonome avec notre van, nous n'avions clairement pas envie de dépenser de l'argent pour dormir quelque part. Quel est l'intérêt d'avoir un van sinon ? Sitôt sa mise en garde terminée, elle nous ordonna de dégager sur-le-champ et vite. Sans proposer son aide, Louis au volant et moi les mains posées sur le cul du véhicule, elle me regarda pousser le van de toutes mes forces pour le redémarrer. Le van démarra et je sautais, la porte déjà ouverte, à l'intérieur du van. On se sentait tellement bêtes, mais au moins, l'amende nous était passée sous le nez et heureusement, car ce n'était pas le moment de plomber notre budget et encore moins notre moral déjà bien entamé !

Entre-temps, nous avions remarqué que certains agriculteurs avaient carrément installé des pancartes devant leur exploitation « No

Backpackers ». Dépités de n'avoir toujours rien trouvé comme boulot, nous tentons le tout pour le tout et décidons quand même d'aller voir ceux qui ne voulaient apparemment pas de nous. Toujours sur nos gardes et peu confiants, nous avançons avec notre van devant la propriété d'un agriculteur, qui sortit de chez lui à ce moment-là. N'y croyant absolument pas, nous nous excusons de notre venue malgré la pancarte bien voyante. Sans un bonjour, il ne manqua pas de nous demander si on savait lire. Un peu penauds, nous lui proposons quand même en main propre nos deux CV, qu'il prit tout de même. Quelle ne fut pas notre surprise lorsqu'il nous rappela le lendemain, pour nous demander de commencer le jour même. Nous avons sauté de joie. Non pas parce que nous aillions ramasser des fruits, mais parce que cet argent gagné signifiait la continuité de notre périple. Plus on travaillerait tôt, plus vite on pourrait quitter cette ville. Je n'avais jamais été aussi contente de travailler (retiens bien cette phrase, car je ne la redirai pas deux fois).

Nous avons donc commencé à ramasser nos premiers fruits. Des melons verts, jaunes, des aubergines et des pastèques qui ne manqueront pas de me provoquer tendinite sur tendinite au poignet. Malgré l'humeur assez taciturne et bipolaire de notre patron, les jours passaient et nos poches se remplissaient petit à petit. C'est au bout de plusieurs jours que son comportement avec nous est devenu anxiogène et très malsain. Quand c'était un de ces mauvais jours, il nous considérait comme du bétail, nous insultait, nous criait dessus et passait son temps à nous traiter de fainéant, de « fucking backpackers » ou d'idiots. Et le lendemain, il nous accueillait avec un sourire, toujours un peu froid, mais échangeait quelques phrases avec nous et nous donnait même des légumes, comme s'il tenait à se faire pardonner. Puis le jour d'après, malgré notre bon travail, nous étions redevenus des moins que rien à ses yeux et les insultes pleuvaient à nouveau. On ne savait jamais dans quelle humeur il allait être en embauchant le matin. Sa femme, beaucoup plus douce, mais très exigeante, nous félicitait au moins pour notre travail intense et notre rythme soutenu mais ne nous défendait pas pour autant. Quand nous ramassions les pastèques, qui pesaient parfois plus de dix kilos, il nous fallait les lancer doucement dans la benne, où un autre employé les attrapait, pour ne pas les exploser, pendant que lui, gentiment assis avec sa radio, conduisait le tracteur et avançait à un rythme insoutenable. Tous les soirs, nous rentrions épuisés physiquement de notre journée et surtout psychologiquement, à force d'avoir essuyé critiques et insultes toute la journée. C'était très dur moralement, surtout que nous étions en plus dans une ville où nous ne nous sentions pas très bien. Heureusement que nous avons rencontré d'autres backpackers français avec qui nous passions de bons moments, ce qui nous permettait de déconnecter un peu et de nous replonger dans notre périple en partageant nos expériences. Jusqu'au jour où nous ne pouvions plus supporter son comportement, à la limite du harcèlement moral.

Un matin, alors que nous étions épuisés de cette fin de semaine, il demanda à Louis de planter des piquets au sol pour ses futures récoltes, pendant que je m'occupais de récolter les aubergines suffisamment grosses pour être vendues. Nous avions la boule au ventre à l'idée qu'il vienne vérifier notre travail, ce qui n'a pas loupé puisqu'une heure plus tard, je l'ai entendu hurler sur Louis. Il n'allait pas assez vite à son goût et s'est permis de se moquer de lui, en touchant ses bras et en lui demandant où étaient ses muscles. Il avait cette façon de nous regarder droit dans les yeux et de nous parler comme de la merde. Puis la phrase de trop est arrivée : « Tu n'as pas baisé ta copine hier soir c'est pour ça que tu es aussi nul ! ». Toujours dans mes aubergines, j'entendis cette phrase et à ce moment-là je me suis dit que ce n'était plus possible. Vient mon tour. Il vérifia également mon travail et là ce fut l'apocalypse dans sa tête. Il se mit à hurler de colère. Je n'avais apparemment pas coupé les bonnes aubergines, alors qu'il m'avait montré le matin même, que c'était bien celles-là que je devais récolter. À ce moment-là, et souvent quand je suis à un stade d'exaspération profonde, je parviens à me foutre totalement de la situation ou de la personne en prenant un recul énorme. En deux secondes, mon cerveau vrille et une bouffée de confiance en moi m'arrive en pleine gueule pour ouvrir ma bouche et réagir.

Quand tu te fais bouffer par quelqu'un et que tu dois supporter ses sautes d'humeur, au début ça t'atteint, tu as presque envie de l'aider, tu essaies de comprendre, tu pardonnes, mais à un moment, quand tu absorbes plus d'ondes négatives que positives, tu n'as pas le choix que de prendre tes distances. Quand l'envie d'aider et de comprendre disparaît, c'est l'indifférence qui me gagne et un je-m'en-foutisme total qui me permet aussi de me protéger. C'est toujours de cette manière que j'ai su me préserver de relations ou de situations trop nocives. En général, quand je prends mes distances c'est que quelque chose s'est cassé, la relation est allée trop loin. Ce mec, au lieu de m'impressionner, me fit instantanément profondément pitié. Je lui répondis un « okeyyyy » et lui lança ce regard qui traduisit à lui seul, une lassitude des plus totale. C'était la goutte d'eau. Celle de trop.

Le soir, totalement déprimés d'être tombés sur un patron aussi nocif, nous nous sommes endormis avec cette volonté d'être forts et de ne penser qu'à l'argent que l'on gagnerait chaque semaine (les salaires tombent toutes les semaines en Australie et non tous les mois comme en France). On a essayé de se faire embaucher ailleurs, mais cette fois tous les postes étaient déjà pris, car beaucoup de backpackers étaient arrivés entre temps. Le lendemain matin, nous nous sommes levés et je sentis autant chez Louis que chez moi, un point de non-retour. Nous nous sommes tout de même mis en tenue, sans parler et avant de partir pour embaucher, nos regards se sont croisés. Notre décision était prise. Nous étions tous les deux face à cette incapacité de retourner là-bas, malgré notre objectif financier pas encore atteint. Vu les difficultés à trouver du travail et l'ambiance affreuse de cette ville, nous avons pris la liberté de quitter Carnarvon.

Je ne vous raconte pas ce bonheur incroyable que nous avons ressenti quand nous avons vu la ville s'éloigner dans nos rétroviseurs. Nous avons versé une larme. C'était ça la vraie liberté, tout quitter du jour au lendemain et changer nos plans. Nous avons été aussi lâches que lui, en le prévenant, au dernier moment, par SMS, que nous ne viendrions plus à cause de son comportement bipolaire et irrespectueux envers nous. Nous nous sommes assis sur notre dernier salaire qu'il ne nous avait pas encore versé, mais tant pis, nous étions enfin libres et heureux. Cette ville, c'était quelque chose ! Nous y avons eu que des problèmes, de mauvaises rencontres, du stress, un van qui ne voulait plus démarrer, une boîte de vitesse qui ne s'enclenchait plus et qui s'est subitement remis à fonctionner le lendemain, un patron tyrannique… Tous les soucis que nous avons rencontrés en une année se sont quasiment tous déroulés dans cette ville. Les ondes ne devaient pas être très bonnes. Sur ce, je te dis adieu et à jamais Carnarvon.

Notre voyage a donc redémarré plus tôt que prévu (pour mon plus grand bonheur) et nous nous sommes donc dirigés en direction du Nord. Les premières journées, sorties de notre calvaire, avaient un goût incroyablement puissant. Nous savourions chaque petit moment tous les deux, en bonne compagnie. Nous avons énormément marché et visité les nombreux parcs nationaux dont regorge ce territoire. À chaque nouvelle randonnée, nos yeux s'émerveillaient face à cette nature sauvage, immense et si préservée. Les paysages étaient insolites, notamment dans un des plus beaux parcs d'Australie ; le parc national de Karijini. D'une superficie de plus de 6200km², c'est le second plus grand parc d'Australie- Occidentale. Chutes d'eau spectaculaires, piscines naturelles, eaux turquoises, gorges et gouffres vertigineux, le tout dans une végétation abondante contrastée avec le sable rouge vif et les roches. Une merveille à l'état pur.

Dans ce parc, nous ne faisions pas que marcher. Je me souviens avoir débuté la randonnée de Weano Gorge à travers les broussailles et les quelques petites rivières qui nous mettaient justement dans l'ambiance, histoire de nous préparer à tout ce que l'on allait devoir traverser. Vingt minutes après, nous nous sommes retrouvés face à un petit, tout petit lac, dans lequel se jetait la rivière qui se situait face à nous. Le temps que je comprenne qu'il allait falloir nous déchausser et presque nous déshabiller, pour pouvoir franchir le lac, Louis, excité comme une puce à l'idée de traverser tel un aventurier, atteignit la rive en deux temps, trois mouvements. Ce fut une autre histoire pour la frileuse et peureuse que j'étais. Entre quelques cris d'effroi et le souffle coupé à la sensation de cette eau glacée sur mon corps, j'ai manqué à deux reprises de tomber la tête la première dans l'eau, faute d'avoir anticipé les cailloux glissants sous mes pieds. Me croyant débarrassée de cette première étape fastidieuse, telle ne fut pas ma surprise d'observer au bout du chemin des gorges au rouge profond qui s'enfonçaient à travers les roches gigantesques qui nous entouraient. Le panorama était exceptionnel. Par endroit, il n'y avait pas de chemin. Nous avons dû grimper sur les parois des roches glissantes du bout de nos pieds ; je vous laisse imaginer ma lenteur extrême, mes petits cris et les bouchons monstrueux que j'étais en train de créer derrière moi. Je ne voulais tellement pas me retrouver une seconde fois dans cette eau gelée qui se trouvait à quelques centimètres de nos pieds (l'eau n'est décidément pas mon élément naturel) que même un paresseux serait sûrement allé bien plus vite. De jeunes Allemands derrière moi, sûrement exaspérés par tant de lenteur, préféraient se jeter dans cette eau glacée pour pouvoir passer devant. Respect à eux.

Au fil de nos enjambées et escalades, qui prenaient parfois l'allure d'une sortie en canyoning, nous sommes arrivés devant un paysage incroyable. Devant nous, se tenait une vaste piscine naturelle engoncée dans la roche. Nous nous serions crus dans une grotte. Le ciel était seulement visible à travers un trou béant au-dessus de nous. C'était magnifique et les mots sont encore trop faibles pour décrire la sensation d'émerveillement que nous avons eu. Nous avons passé plusieurs jours dans ce parc national pour y faire un maximum de randonnées, toutes plus époustouflantes les unes que les autres. Je conseille d'ailleurs celle de Dales Gorge, Fortescue Falls et Circular Pool. Nous avons rarement vu des paysages comme cela. Lors de notre dernière randonnée à Hancock Gorge, Spiderman s'est invité en nous. Pour arriver au bout de la randonnée, il fallait que l'on se cramponne aux parois étroites, dans un couloir de roches où coulait l'eau sous nos pieds. Nous avons avancé, les jambes et bras écartés contre la roche en nous mettant dans la peau d'une araignée, le temps de quelques minutes. Un moment inoubliable.

Nous avons repris la route en direction de Darwin où nous avons passé quelques jours pour visiter la capitale du nord de l'Australie. La ville, située à l'extrémité nord du territoire a un climat tropical et est connue pour être le terrain de nombreux cyclones, tempêtes et fortes averses de mousson lors de la saison des pluies entre novembre et avril. Nous sommes arrivés en pleine période sèche, cela tombait bien mais le climat tropical rendait la chaleur étouffante, caniculaire et presque irrespirable. C'est aussi à Darwin qu'il y a la plus forte concentration de crocodiles, jusqu'au parc national de Kakadu où il est fortement déconseillé de se baigner. De novembre à mars les méduses-boîtes apparaissent et là encore je ne vous conseille pas de mettre un pied dans l'eau. Les méduses-boîtes ? Qu'est-ce que c'est ? Une jolie méduse, banale au premier abord dont le venin extrêmement puissant est potentiellement mortel pour l'homme. Tout ceci explique pourquoi beaucoup de plages et de rivières dans le Nord et même sur la côte Ouest en Australie sont interdits à la baignade. Des panneaux informatifs indiquent devant chaque site les périodes de baignades autorisées, les espèces que l'on peut observer et les risques encourus.

Nous avons repris la route en direction de Coober Peddy. Atmosphère tropicale, randonnées et baignades dans les parcs nationaux de Litchfield et de Nitmiluk, visite des sources d'eau chaude à Mataranka, un petit coucou devant le panneau d'entrée de la ville d'Alice Springs, troisième plus grande ville du nord de l'Australie. La ville est d'ailleurs située à peu près au centre géographique de l'Australie, à équidistance d'Adélaïde et de Darwin.

Après 2183 kilomètres, nous voici arrivés à Coober Pedy, une cité minière improbable qui produit 80% des opales du monde entier. Le spectacle était digne d'un décor de film apocalyptique et à la fois lunaire.

C'est d'ailleurs ici que s'est déroulé le tournage de Mad Max 3. La ville, qui ressemble au premier abord à un amas de tôles et de voitures abandonnées, est encerclée par cette immensité de terres rouges. Les rues sont quasi désertes et l'ambiance est assez lourde. Si la ville n'était pas connue pour ces opales, je ne sais pas si nous serions allés la visiter, tellement l'atmosphère nous paraissait lugubre. A Coober Pedy, il n'y a pas grand-chose à faire. Hormis les marchands d'opales, un musée, une station-service et quelques supérettes, nous avons vite fait le tour. Des statues de métal se baladent en plein milieu des rues, des carcasses de voitures auxquelles on a ajouté des pattes d'araignées géantes crament sous le soleil, des maisons à l'allure de bidonvilles abritent quelques habitants, entre des bus abandonnés et toutes sortes d'objets métalliques suspendus dans les airs, l'ambiance est étrange mais ce côté loufoque me plaît beaucoup.

En prenant de la hauteur, sur un point de vue où nous avons manqué de nous faire mordre par un chien sorti de nulle part, nous voyons les mines d'opales qui encerclent la ville. À ce moment-là, nous avons ressenti la tristesse que dégageait cet endroit silencieux, malgré le joyau que représente la ville de par son commerce. Pour endurer des conditions de vie désertiques, les habitants ont construit des maisons souterraines (entre 2,50 et 7 mètres de profondeur) pour se protéger de la chaleur et rester au chaud l'hiver. On peut y trouver des bars souterrains, des hôtels et même une église. Le concept est clairement original mais je me demande comment font tous ces gens pour vivre avec peu de luminosité, parfois sans aucune fenêtre. La ville ne fait vraiment pas rêver mais les mines d'opales rapportent tellement d'argent que les habitants restent vivre ici. Une fois nos opales achetées auprès d'une charmante dame, nous ne nous sommes pas attardés plus longtemps et avons repris notre route. L'ambiance me donne encore des frissons quand j'y repense, mais cela reste un excellent souvenir.

***

Dans ce joli pays des kangourous, il m'est rarement arrivé de ressentir une gêne lors d'une conversation avec un Australien. Chose qui m'arrive assez souvent en France. Je ne me suis jamais demandé si j'avais bien fait de poser telle ou telle question, si mon comportement était approprié ou non. Quelle agréable sensation. Peu importe la personne que tu laisses paraître, les gens t'accepteront tel que tu es, sans chercher à t'inhiber ou à te rendre conforme à leurs attentes. Je n'ai jamais ressenti autant de liberté personnelle, autant de facilité à être moi-même que là-bas. L'Australie figure d'ailleurs parmi les pays les plus orientés vers le « vivre mieux » et le bien-être. Le respect des personnes et de la liberté individuelle de chacun est très présente.

A contrario, une chose qui ne m'avait pas spécialement dérangé jusque-là, ou du moins, peut-être que je n'y faisais pas attention me surprit à mon retour en France. Ce pessimisme et ce manque de gaieté que peut dégager notre société me frappèrent subitement. Cette fâcheuse tendance à s'inquiéter de tout, même du futur dont on ne sait rien encore, à penser au pire même si rien ne le présage, comme si l'image de la vie était nécessairement synonyme d'obstacles et de dureté pour être vécue et réussie. Cette fâcheuse tendance à jalouser la situation d'autrui qui nous renvoie sûrement, ce que nous n'avons pas réussi ou ce que nous aimerions justement avoir. Il y a ce rapport à la vie pleine d'anxiété. La critique et la comparaison sont deux comportements que je trouve très présents. Il suffit d'écouter les conversations au sein de notre environnement privé ou professionnel. Les autres, ceux qui sont absents, sont très souvent un sujet de conversations. Je n'y avais jamais prêté attention avant, sûrement que je faisais moi-même partie de ce processus, qui nous permet de nous unir et de créer des liens en parlant des autres. Parler d'autrui est à mon sens le moyen le plus utilisé pour se décharger de ses émotions. D'une part, cela nous rassure de rendre l'autre responsable de nos émotions et d'une autre part, cela nous empêche de nous concentrer sur nos propres émotions et d'en identifier leurs provenances. J'ai connu des gens qui passaient leur temps à parler de la vie d'autres personnes. Très souvent pour exprimer leur mécontentement et leur frustration intérieure sans qu'ils en prennent conscience. D'ailleurs, quand ils ne se mettaient pas à parler d'autrui, ils n'avaient plus rien à dire. J'eus l'impression, parfois, que ce fut même une manière d'entamer la conversation. C'est à force d'écoute et d'observation, que j'ai pris conscience de ce vide intérieur que l'on peut avoir en nous si on n'a jamais appris à se connaître, seul à seul, en dehors des autres.

Quant à cette comparaison omniprésente que l'on fait entre nous et les autres, l'apparition des réseaux sociaux n'a fait qu'empirer ce phénomène. À une moindre mesure, je pense que nous avons tous ce besoin de nous comparer, ne serait-ce que pour trouver notre position et mieux apprendre de nous-mêmes. En observant notre entourage, nous évaluons ce qui nous semble possible et bon pour nous, nous nous inspirons des idées des autres pour créer les nôtres et en trouver de nouvelles. Cependant, l'inspiration, qui à elle seule favorise une réelle satisfaction, ne doit pas évoluer en comparaison nocive. Se comparer à ceux qui ont plus que nous ou qui ont fait mieux que nous, revient à s'autosaboter. Cela ne nous permet pas de voir tout ce qu'il y a de bon en nous et d'avoir une image positive de notre parcours. N'as-tu jamais suivi cette personne sur les réseaux sociaux qui te donne cette impression déprimante et totalement erronée que ta vie est d'un ennui sidérant ou relève plus d'un chaos intérieur que d'un bel équilibre ?
Cette hyper connexion a quelque peu agrandi nos peurs et angoisses, en nous détachant de nous-mêmes. Elle nous éloigne quelque peu de la réalité de la vie, qui quoique parfois plus facile à vivre pour certains que pour d'autres, n'est absolument pas synonyme de bonheur perpétuel ou de malheur éternel. Elle nous donne l'impression que le monde entier survole la vie à dos de licornes et que nous sommes seuls à prendre les

moindres embûches en pleine tronche. Voir la vie des autres en permanence, nous rend plus fragiles et susceptibles de ressentir de la frustration. Nous ne vivons plus à l'écart du regard extérieur, ce qui agrandit fortement nos insécurités. Au contraire, cet autre prend une place relativement importante dans notre évolution personnelle sans que nous nous en rendions compte.

Qui ne s'est pas déjà levé un matin en prenant son téléphone pour voir les nouvelles actualités et se tenir au courant de ce que tout le monde a fait ou a bien voulu nous montrer de palpitant sur les réseaux ? Qui ne s'est pas déjà ennuyé un jour et a pris son téléphone pour « s'occuper » au lieu d'aller se promener, lire un livre ou faire un jeu ? Qui n'a pas déjà ressenti ce besoin irrépressible de répondre aux messages ou de se mettre à jour sur une discussion groupée, pour ne pas être en retard ou avoir manqué des infos ?

Ces réseaux nous créent parfois même des envies et des besoins, que l'on n'aurait pas ressentis en restant connecté à soi. Honnêtement, cette petite robe que ton influenceuse préférée a gentiment mise sous ton nez avec un code promo à - 20%, tu ne l'aurais jamais achetée si tu ne t'étais pas connectée. C'est de cette manière, que j'ai rempli pendant des années, mon dressing, désormais vendu à 80 %, bien aidée aussi par toutes ces marques qui te proposent des réductions incroyables par mail à tout bout de champ et surtout pour ton anniversaire. Ah ça, ce jour-là, personne n'oubliait la très bonne cliente que j'étais.

L'addiction et la déconnexion avec soi sont les deux fléaux de ces nouvelles technologies. À moins d'avoir une capacité de réflexion et de recul important, il est très facile de se perdre dans ce besoin de connexion permanente, sans pour autant savoir comment y échapper. Répondre à un message, poster sur Instagram, liker des photos, faire des Reels, c'est être vivant sur la toile, c'est montrer que l'on existe et je suis la première à le faire. Mais comme tout, il faut savoir prendre du recul et se regarder agir face à ce téléphone, se rendre compte de ce que l'on fait, de pourquoi on le fait. Cette comparaison détruit aussi notre individualité. Or, sans individualité, la créativité s'endort.

Je fais partie de ces utilisatrices des réseaux sociaux, parfois à outrance et parfois avec modération et j'ai remarqué qu'ils n'avaient pas la même répercussion sur notre mental, en fonction de notre humeur. Après avoir pris conscience de mon utilisation personnelle et échangé avec des amis à ce sujet, je me suis aperçue que lorsque je me sens pleinement comblée dans ma vie, enthousiaste et animée par la joie que me procurent mes activités et mes relations sociales, mon utilisation de ces réseaux reste plus limitée et me sert uniquement à un but de partage et d'échanges positifs. Dans cet état d'esprit, je m'inspire de comptes qui partagent les mêmes passions que j'ai sur le jardinage, la nature, les végétaux, la psychologie et les animaux, des comptes qui m'apprennent des informations utiles et positives et je délaisse, sans même que cela me demande le moindre effort, tout ce en quoi je ne me reconnais pas et tout ce qui ne m'intéresse pas. C'est d'ailleurs dans ces moments que je partage ce que j'ai envie de partager, des photos et vidéos de mon potager, de mes poules, mes écrits et mes réflexions, tout en ne m'éternisant pas dessus. Je crois qu'il est important de s'abonner à des personnes qui nous apportent un contenu intéressant et utile, en phase avec nos valeurs pour rendre utile et bénéfique les réseaux sociaux. En apprenant à bien s'entourer virtuellement, je trouve qu'il est relativement aisé de limiter les émotions négatives de ces réseaux ; poser nos limites, comme on se doit de le faire dans notre vie sociale, se désabonner d'un compte lorsque l'on ne se reconnaît plus dedans, oser quitter un groupe Messenger dans lequel on ne s'y retrouve pas, éviter de suivre des personnes qui n'ont pas les mêmes visions ou buts que nous, se demander pourquoi on suit tel influenceur à la mode, prendre conscience que cela fait 20 min que l'on regarde des vidéos d'animaux à la chaîne…

Parce que forcément si l'on suit une personne qui vit une vie diamétralement opposée à la nôtre et prône des valeurs totalement différentes, à moins d'être attiré par ce même style de vie et de faire en sorte d'y parvenir, il peut y avoir un déséquilibre dans ce rêve virtuel qui ne nous apporte rien de bon. Notre utilisation des réseaux sociaux doit à mon sens refléter notre vie de tous les jours, nos passions, notre manière d'être et tendre vers un but précis, pour que nous puissions en retirer un bénéfice personnel.

J'ai, depuis quelques années fait évoluer mon utilisation. Avant mon départ, je passais mon temps à suivre ces fameux comptes, basés sur la promotion du corps féminin, en maillot de bain devant une multitude de paysages, tous plus incroyables les uns que les autres. Je ne suivais que ça, avec des comptes de fitness là encore, plus portée sur la vision du corps, que l'explication des exercices de musculation. Et je m'y suis mise à mon tour. En maillot de bain, partout où j'allais, il me fallait ma photo à tel endroit pour enrichir mon compte Instagram. Louis, qui faisait déjà partie de ma vie à cette période, était mon photographe attitré. C'était le tout début d'Instagram, les vidéos, storys et Reels n'existaient pas et la plupart des comptes faisaient la promotion des voyages au soleil, des corps bronzés et du fitness. Les abonnés ont commencé à arriver par centaines puis par milliers sur mon compte. J'expliquais à la fin, comment arriver à obtenir ces abdos en montrant bien évidemment la plus belle photo de mon ventre ou cette paire de fesses que j'avais réussi à bien sculpter à la salle. J'avais à cette époque une vingtaine d'années et j'adorais ça. Préparer la nouvelle tenue ou le nouveau maillot pour mon prochain post, prévoir un shooting photo, trier les photos, les retoucher pour bien gommer les petits boutons et cette vilaine cellulite, qui ne caractérisait pas à ce moment dans ma tête la beauté naturelle d'un corps féminin et paf c'était publié. Quelques marques de maillot de bain, de lingerie et de vêtements de sport ont commencé à me contacter pour que je puisse promouvoir leurs articles, à travers mes posts. Certains m'envoyaient des colis gratuitement, d'autres m'offraient des réductions. J'ai vraiment adoré cette période. Mon chéri un peu moins, ce qui nous a d'ailleurs causé de nombreuses disputes. J'étais en pleine construction de moi-même, je m'étais trouvé une vraie passion pour la musculation qui avait pris place autant dans mon rythme de vie que dans mon assiette, je sentais que je plaisais et que je commençais justement à aimer mon image.

J'étais à cet âge, encore très influençable, mais je prenais plaisir à m'émanciper et à créer ma nouvelle identité de femme. Je me sentais pousser des ailes et rajouté à ça, les milliers de « j'aime » et de commentaires positifs que je recevais à chaque post, tout cela ne faisait que me combler et me pousser à continuer. J'en avais besoin et je devais passer par cette phase pour comprendre qui j'étais.

Jusqu'à ce que je parte en Australie, que je n'ai plus eu d'adresse postale fixe pour récupérer mes colis et promouvoir les produits, que les marques ne s'intéressent plus à mon profil et que je décide de photographier tout notre périple en y expliquant nos journées. J'ai fait évoluer mon compte au fil de notre voyage pour le remplacer par plus de sécurité intérieure et de sens, au fur et à mesure de mon évolution personnelle. À ce jour, j'allie toujours ce goût pour les photos, tout en y partageant mes écritures et un bout de ma vie à la campagne et puis parfois je ne partage rien pendant des semaines sans que cela me manque. Naturellement, ma vitrine virtuelle a suivi l'évolution de ma personnalité et j'y ai finalement trouvé une utilité et un sens dans chaque période de vie. Les comptes de fitness ont été remplacés petit à petit par des personnalités plus authentiques, des voyageurs qui nous font partager leurs périples et prise de conscience, des gens qui vivent dans un habitat alternatif et qui expliquent leur mode de vie, des jardiniers qui partagent leur passion du vivant, des philosophes et libraires qui répandent une vision illimitée de la vie et de ses possibilités, des jeunes qui se battent pour l'avenir de notre planète ou déconstruisent des idées et partagent leur vision de la société. Voici ce que je vois tous les jours sur mes réseaux sociaux, un éventail de créativité, d'espoir et d'humanité.

Inversement, et c'est là tout le sens de ma réflexion, quand je me sens dans un état de doute ou de déprime passagère (ces fameux jours où tu sens que tu es facilement à fleur de peau et peu armé pour affronter cette nouvelle journée) bien que je continue à suivre ces comptes qui me font du bien et dans lesquels je m'identifie, je peux facilement être amenée à culpabiliser de rester assise sur mon canapé à regarder la « vie » des gens sans arriver à me bouger et à me persuader que rien n'avance dans ma vie. Dans ces moments-là, je peux regarder les storys à la chaîne pendant de longues minutes, en sachant vainement que cela ne m'apportera rien et me fait, en plus de ça, perdre du temps, sans pouvoir décrocher malgré l'absence de joie que cela me procure. Il est donc vrai qu'en fonction de notre état d'esprit, nous sommes plus amenés à voir les choses de manière plus positives ou négatives.

Mais je pense que les réseaux sociaux sont un excellent moyen pour se faire connaître, partager nos compétences et notre savoir-faire dans n'importe quel domaine, se créer une communauté qui adhère à notre philosophie de vie. C'est également un outil de communication qui nous permet de garder un lien avec nos proches ou nos abonnés, de partager une vision commune, et de se sentir connecté à autrui. Pour ma part, cela prend aussi la forme d'un album photo géant virtuel qui me permet de partager mes photos et mon univers, en y apposant souvent sous chacune d'elle, un texte écrit sous l'impulsion de ma créativité ou quelques citations qui font écho en moi. En les utilisant de la manière la plus personnelle, les réseaux sociaux peuvent nous permettre justement d'exprimer notre authenticité, de mettre notre petite touche et de nous démarquer dans un flot de comptes qui tend malheureusement à s'uniformiser.

Comment faisaient les générations avant nous, sans téléphone portable, sans toutes ces applications de rencontres et de lien social ? Ils vivaient sûrement bien plus le moment présent, et répondaient aux quelques messages vocaux du téléphone fixe, le soir en rentrant chez eux, sans être accaparés toute la journée de messages à gogo. Ils prenaient aussi du temps pour converser, non pas à travers une vitre numérique, mais autour d'un bon repas ou d'un verre. Chose que nous faisons également, mais à force de se parler presque tous les jours virtuellement, qu'avons-nous à nous dire de vraiment intéressant le jour où nous nous verrons ? Cette facilité d'échange nous rend, je trouve aussi, dépendants de ce lien avec autrui et surtout impatients. Nous voulons tout, tout de suite. Il n'y a plus ces moments de vide social, indispensables au développement de notre créativité, mais surtout pour le bien- être de notre esprit et de notre individualité. La pause sociale nous replonge dans nos sensations intérieures, souvent laissées aux oubliettes dans ce trop-plein de contacts. Mais qu'en est-il de nous ?

La moindre question que l'on se pose, Google la solutionne en un rien de temps. Il n'y a plus ce temps de réflexion qui nous amenait à trouver les réponses par nous-mêmes, à réfléchir et à faire marcher notre imagination. Je suis la première à taper sur Google toutes les questions que je me pose, pour avoir une réponse immédiate et calmer mes angoisses ou mettre au repos ma tête qui tourne en boucle. Et si finalement, je n'avais pas besoin de connaître les réponses ?

Il est cependant difficile d'accuser uniquement les réseaux sociaux dans ce mal-être ambiant que j'ai ressenti en remettant un pied dans mon pays et dont bon nombre de voyageurs, après en avoir discuté à de multiples reprises, partagent ce même ressenti. Notre société est remplie de peurs. Ici, quand tu évoques l'idée de créer un projet professionnel ou personnel, on t'avertit, ou du moins on te met directement en garde des risques et des dangers, sans même évoquer le bonheur que ce projet puisse t'apporter. Ou alors on te dit directement que ça ne marchera pas ou que tu pourras difficilement gagner ta vie avec ça. Il est de ce fait, relativement plus difficile de maintenir sa détermination, quand autour de toi, les interrogations et mises en garde se font plus nombreuses que les encouragements.

Le pouvoir de l'entourage représente pourtant quelque chose de précieux. Les encouragements nous donnent une véritable impulsion. Une simple parole encourageante, un appui, un compliment peut véritablement nous faire gravir des montagnes. A contrario, trop d'inquiétudes peuvent nuire à l'aboutissement d'un projet et nous faire complètement passer à côté d'une opportunité. Personne ne se lance dans un projet sans prendre en compte au minimum les enjeux qui en découlent derrière, excepté celui qui n'a rien à perdre, c'est-à-dire très peu de gens. Nous faisons tous face à nos peurs dans chaque début de projet. C'est bien ces peurs, qui vont nous pousser à contrôler au maximum la situation et donc à essayer de déceler tous les obstacles qui pourraient se mettre en travers de notre chemin. N'oublions donc pas d'encourager une personne qui ose se lancer. Peu importe la direction qu'elle prend. Envoyons- lui notre courage et notre admiration plutôt que nos propres peurs et inquiétudes !

La détermination, même immense, ne connotera pas forcément la réussite derrière, mais elle aura au moins pu nous donner le mérite de nous lancer et d'y croire, sans être pollué de tous ces doutes extérieurs. D'ailleurs, l'importance de l'échec pour construire sa propre identité et rebondir n'est plus à prouver. Tous ceux qui ont essayé nous le diront. Crois-y, échoue, relève-toi et continue tes expériences et oh combien tu seras fière plus tard en regardant ta vie passé quand il sera trop tard pour essayer à nouveau.

Je pense malheureusement qu'il faut parfois éviter de trop écouter nos proches, qui, malgré l'amour qu'on leur porte et qu'ils nous portent, ont tendance à cristalliser leurs peurs et frustrations, pour nous éviter de souffrir et de vivre des situations difficiles comme ils ont pu vivre. Mais la réelle souffrance n'est-elle pas de s'abstenir de vivre nos propres expériences ? N'est-ce pas pire que de ne rien essayer ?

Personne n'a envie d'échouer. Personne ne rêve de se retrouver plus bas que terre, écroulé sous une montagne de problèmes. Personne ne souhaite regretter d'avoir fait le mauvais choix. Et pourtant, il faut passer par ces incertitudes et ces moments d'angoisses pour grandir dans nos compétences autant que dans notre développement intérieur. Tu verras qu'à force d'écouter ce qui vibre en toi, tu oseras tenter tes propres expériences, malgré la désapprobation générale. Ce sont d'ailleurs ceux qui t'auront fait douter qui seront les premiers à te féliciter face à ton sourire et cela quelle que soit ta réussite.

## Un rythme de vie

*Personne ne peut découvrir le monde pour quelqu'un d'autre. Ce n'est que lorsque nous le découvrons par nous-mêmes qu'il devient un terrain d'entente et un lien commun et que nous cessons d'être seuls.*
Wendell Berry

Si tu souhaites connaître l'état d'esprit d'un pays, prends ta voiture ou emprunte les transports en commun. En France, il n'y a qu'à observer ces gens prêts à en écraser d'autres, pour monter le premier dans ce tramway qui nous emmènera pourtant tous au même endroit et à la même heure. J'évoque ici la France, tout en sachant que les exemples cités sont également vrais dans d'autres pays. Au pays des kangourous, à peine la limitation à 30km/h franchis, la majorité des conducteurs que nous croisions freinaient de leur bon gré pour s'ajuster à la vitesse réglementée. Nous étions même les premiers à râler et à nous impatienter devant la lenteur de conduite de certains Australiens. Leur discipline exemplaire face au Code de la route, sûrement due en partie au montant bien salé des amendes et au contrôle relativement fréquent, m'a plus d'une fois étonnée. En France, soyons honnêtes, nous roulons à 30km/h seulement si un papi se trouve devant. Nous avons également ce doux plaisir à coller la voiture de devant pour lui faire comprendre que nous sommes très pressés, ou celui d'émettre ce joli son de klaxon. Nous avons aussi la spécialité de klaxonner en plein bouchon. Pensons-nous vraiment que cela puisse avoir une incidence sur la situation ? Les Français aiment s'exprimer. Les Français aiment aller vite. Ils n'aiment pas perdre de temps, surtout dans une situation qu'ils ne contrôlent pas.

Lorsqu'à 18 ans, j'ai obtenu mon permis, je me souviens avoir eu cette facilité à utiliser le klaxon, peu importe qu'il soit interdit en centre-ville où la nuit, je me sentais un peu comme Mario dans son kart. Je doublais facilement, j'envoyais des appels de phares et je klaxonnais si mes tentatives précédentes s'avéraient peu efficaces. La route était un plaisir, mais il fallait que ce soit fluide, efficace et rapide. J'étais la première à râler quand je me retrouvais ralentie par un tracteur ou quand le conducteur devant moi mettait plus de temps à démarrer au feu rouge que je ne l'aurais fait. Mais je râlais aussi quand on me klaxonnait à mon tour, ou quand je mettais trop de temps à démarrer, perdue dans mes pensées. Dans ces moments, je montrais mon plus joli doigt, ce qui énervait encore plus le conducteur derrière moi. Je ne faisais que reproduire une conduite que j'observais autour de moi et cela ne me choquait pas. Ce n'est qu'en observant en Australie, un autre type de conduite, plus relax et moins brusque, que je me suis rendue compte de l'impact que notre rythme de vie avait sur nous. Il y avait bien évidemment parfois quelques impatients qui roulaient plus vite que la moyenne, mais dans la majorité des villes, nous entendions bien plus facilement le bruit des oiseaux et des gens parler, que le bruit des klaxons. Nous avons d'ailleurs tellement peu de fois utilisé le nôtre, que nous nous sommes seulement rendus compte au bout de six mois qu'il ne fonctionnait pas. Il est vrai que depuis mon retour en France, ma conduite s'est clairement adoucie. Mon départ dans la campagne n'a fait qu'accroître cette douceur de vivre et ce lâcher-prise. J'aime la vitesse mais il m'arrive parfois de rouler à 50km/h sur une route à 70 km/h pour observer le paysage sans pression.
Cette impatience et cette course au temps, je les ai ressenties en pleine figure et pas que sur notre manière de conduire. Lors de notre escale à

Dubaï, au retour, nous avons été choqués de voir le comportement des autres passagers après avoir côtoyé et goûté à la gaieté des Australiens pendant toute une année. À peine l'annonce d'embarquement fut annoncée par l'hôtesse, que des centaines de voyageurs se sont agglutinés et ont forcé le passage alors qu'il n'y avait qu'un seul comptoir d'ouvert. L'hôtesse peinait à retenir les passagers pour les faire passer un par un. C'était de la folie. La comparaison va vous paraître un peu rude, mais j'ai vraiment eu l'impression de voir un élevage de porcs agglutinés et prêts à se marcher dessus, à qui on accordait un moment de liberté en plein air. C'était à celui qui arriverait le premier dans l'avion. Les places sont pourtant toutes attribuées, l'espace pour ranger ses valises est largement suffisant pour tout le monde, alors pourquoi ce besoin de se dépêcher ? Nous nous sommes regardés, toujours assis sur notre siège, hagards face à ce comportement humain typiquement révélateur d'un mode de vie que nous n'avions plus.

Nous avons revécu cette situation en attendant un tramway à Bordeaux. Le premier était surchargé, en plein week-end de fêtes de fin d'année, et les gens s'obstinaient à monter et à s'écraser, alors qu'arrivait trois minutes après, le prochain tramway, bien moins rempli que le premier et dans lequel nous avons même pu nous asseoir. Notre perception d'une journée réussie dépend elle de ces trois minutes ? En y réfléchissant, la réponse en deviendrait totalement absurde et pourtant, cette course contre la montre, prouve à quel point notre société nous robotise, en essayant de faire un maximum de choses, à un rythme qui ne nous permet plus d'en apprécier chaque instant. Nous sommes constamment dans cette quête de rapidité et d'efficacité. Par manque de temps. Et c'est ce manque de temps qui nous conduit à ne jamais être pleinement présents dans tout ce que nous vivons. Nous passons nos journées à faire deux choses en même temps, à jongler entre les rendez-vous et les obligations de la vie quotidienne, pour justement essayer d'utiliser chaque minute de notre temps de la manière la plus judicieuse possible. Mais profitons-nous vraiment de notre journée à ce rythme-là ? Nous avons peut-être l'impression d'être plus productifs en allant vite, mais est-ce que nous prenons le temps de bien faire les choses et d'y mettre tout notre cœur ? Pas sûr.

En acceptant de faire moins de choses en une journée et d'en délaisser certaines, je me focalise vraiment sur chacune de mes tâches. Si j'ai plus de temps à accorder à chacune d'entre elles, cela me permet d'être plus efficace et de ce fait, satisfaite de mon travail et donc de meilleure humeur. Absorbés par nos listes et impératifs, on en oublie le monde autour. On oublie de vivre pleinement et surtout de voir qu'il y a plein de jolies choses autour de nous. Prenons conscience de la chance que nous avons d'avoir accès au confort, en toute simplicité et sans le moindre effort. Ce confort nous permet d'aller plus vite, sur des choses qui nous prendraient deux à trois fois plus de temps, si nous n'avions pas tout ce luxe chez nous. Et pourtant, même en ayant un certain confort, nous continuons de courir après le temps.

Essayons vraiment de nous focaliser sur une seule tâche. Quand nous nous promenons, prenons le temps d'observer le paysage au lieu de passer des coups de fil. Regardons la nature autour de nous, soyons présents aux bruits de nos pas, remarquons le sourire de notre boulangère, cette fleur qui a poussé dans le jardin, cet oiseau qui chante du haut de son arbre. Nous avons cruellement besoin de conscientiser la vie qui gravite autour de nous, d'ouvrir nos yeux au monde pour apprendre à admirer toutes les choses les plus infimes, celles que l'on ne regarde plus par habitude. Parce que la joie se cache partout, mais notre mode de vie effréné et stressant nous empêche de la faire rentrer dans nos vies. Nous sommes dans l'action en permanence et le pire c'est qu'on s'en vante. Avoir l'agenda chargé, courir entre les rendez-vous, parler de notre emploi du temps lors d'un repas, se plaindre presque de l'intensité de nos journées mais en rire parce que c'est normal. On est fier, on ne vit pas l'instant présent mais on s'en fout, on rentre dans le monde abrutissant, on perd notre conscience. Papa maman seront fiers. On rapporte de l'argent à notre famille que l'on s'est empressé de fonder parce qu'il le faut. Et on joue. On joue. On joue. Sans prise de conscience, on s'endort. L'action nous permet de créer, de partager et de nous sentir utiles, mais elle ne nous apporte pas le calme, la réflexion, la prise de conscience et les bonnes décisions. Où est passé ce temps où, enfant, nous nous émerveillions de tout ? Où est passé le temps de la contemplation ?

Avant d'avoir pu écrire toutes ses réflexions, j'ai bien évidemment connu ces états de perdition. Cette maladie de l'action permanente comme j'en ai parlé dans les chapitres précédents, je l'ai également connu à notre retour, lorsque nous avons déménagé en Charente et que nous nous sommes retrouvés à habiter dans cette vieille dame. J'ai pris peur de me plonger dans le bain de la stabilité, qui encore à ce jour n'est pas le terme qui me caractérise le plus, et je me suis alors découvert cette vilaine faculté de courir après le temps et de vivre dans l'action permanente. Un rythme de vie que je n'avais jamais connu (étant encore chez mes parents jusqu'à mon départ en Australie) et pourtant comme c'était nouveau, je me suis confortée dans cette illusion d'être finalement quelqu'un de très actif, d'avoir une vie normale, à tout gérer et organiser d'une main de fer, une vie d'adulte quoi. C'était pour moi, l'entrée vers une nouvelle vie, plus intense, plus stressante mais plus responsable et raisonnable. À ce moment-là, la certitude que la vie devait-être synonyme d'intensité et de dureté était une croyance très présente en moi.

Alors qu'auparavant, mes journées étaient dictées par la spontanéité, je suis devenue une pro de l'organisation. Le matin, je préparais mentalement ma journée avant de me rendre au travail. À ma pause déjeuner, je lançais une machine à laver pour pouvoir l'étendre à la débauche. Le soir, soit je m'occupais de ranger la maison et de préparer le repas, soit je partais faire les travaux dans notre future maison pour m'endormir et recommencer le lendemain. Le moindre objet qui traînait, je m'empressais de le ranger. Chaque miette par terre, je m'empressais de la ramasser. Avant de me coucher, je listais dans ma tête tout ce que nous avions besoin d'acheter et les tâches qu'il nous fallait accomplir le week-end. Quand on recevait des amis à la maison, j'anticipais quatre jours avant le repas pour regrouper mes courses de la semaine et m'éviter de revenir au supermarché pour un ou deux ingrédients oubliés. J'étais dans le contrôle permanent de mes journées, dans l'organisation totale, celle qui ne laisse plus de place à la surprise et au moment présent. Je voulais être partout, mais en fin de compte je n'étais nulle part. Mon humeur s'en ressentait et ma personnalité joviale et spontanée commençait à s'effacer. Dans cette routine éreintante, je m'éloignais petit à petit de mon insouciance et de mon naturel. Épuisée, j'ai été dans l'impossibilité de reprendre le travail après mes trois semaines de « vacances » qui n'en étaient pas vraiment, tellement je n'avais pas réussi à me reposer. C'est fou comment la culpabilité pointe vite le bout de son nez. Je m'en voulais de ne pas arriver à tout concilier alors que d'autres me semblaient arriver si bien à gérer leur travail, leurs enfants, la vie quotidienne et la construction de leur maison sans se plaindre alors que j'avais justement cette impression de me perdre et qu'en plus de ça je n'avais pas d'enfants à gérer. Je me suis demandée ce qui clochait chez moi. J'ai tenu à peu près un an dans cette spirale d'hyper productivité. Et clairement, aujourd'hui, je respecte celles et ceux qui arrivent à tout concilier dans leur vie, en ayant coché toutes les cases d'une vie réussie et en étant pleinement heureux. Ce n'est pas du tout un rythme qui me correspond. Je ne peux envier une vie qui ne m'attire pas, mais il y a bien une personne que j'admire, pour avoir réussi à tout concilier pendant des années, c'est ma maman. Je pense qu'en cherchant à tout gérer de la sorte, j'ai sûrement voulu inconsciemment me prouver que je pouvais être à sa hauteur.

Tous les soirs de mon enfance à ma vie de jeune adulte, en revenant de l'école et plus tard du travail, je sentais l'odeur des bons petits plats que j'allais déguster le soir, en mettant les pieds sous la table. Le linge était lavé et repassé toutes les semaines. Le ménage était fait tous les week-ends, la maison toujours propre et rangée, les poubelles toujours vides. J'aimais bien les vendredis, car quand je le pouvais, nous allions toutes les deux faire les courses de la semaine, pour que le frigo soit toujours plein et les placards remplis, de sorte que nous ne manquions jamais de rien. Ce confort tellement agréable est devenu insolemment une habitude. On ne se rend pas compte de toute la charge mentale qu'un quotidien implique tant qu'on n'est pas dans la situation. C'est tout simplement phénoménal. C'est seulement lorsque je quitta le domicile familial que je me rendis compte de tout le travail que ma mère accomplissait tous les jours, tout en continuant de mener de front sa carrière professionnelle. Une deuxième journée de travail l'attendait tous les soirs. Elle ne s'asseyait pas avant 21h sur le canapé, pour recommencer le lendemain, levée à 6h, une énième longue journée sans broncher, alors que quant à moi, à peine je rentre du travail, le canapé a déjà senti le poids de mes fesses et je n'ai souvent pas l'envie de me mettre au fourneau.

J'ai voulu hériter de cette force mentale, de cette organisation et cette détermination à tout vouloir mener de front, sauf qu'en m'apercevant de mon état mental quelques mois après, j'ai compris que je n'étais pas ma mère et que je n'étais pas obligée de lui ressembler pour mener une belle vie. J'ai essayé, j'ai vu, puis je me suis écoutée et j'ai ralenti en laissant mes envies reprendre le dessus sur ma raison. Et je me sens tellement mieux depuis ! Cela m'aura au moins permis de connaître mes limites et de savoir dans quel rythme je me sens le mieux. Je fonctionne désormais beaucoup plus à l'envie et en étant vraiment connectée à mon corps et à ses limites. Si la maison n'est pas rangée ou suffisamment propre, je ne vais pas me forcer à la nettoyer si je n'en ai pas envie juste parce qu'il est bien vu d'avoir une maison bien entretenue. Si la peinture d'une pièce met un mois avant d'être terminée, et bien ça nous prendra un mois si je n'ai pas l'envie et l'énergie d'aller plus vite. Si le frigo est quasiment vide et qu'il nous reste seulement quelques légumes du potager et des œufs de nos cocottes, et bien nous ne mangerons que des légumes et des œufs jusqu'à ce que l'envie m'emmène au marché pour diversifier un peu nos plats. Si de la vaisselle sale traîne depuis deux jours dans l'évier ou que la corbeille à linge déborde, cela ne va pas m'empêcher d'aller profiter de ma soirée ou d'utiliser mon temps libre pour lire un livre en pleine conscience. Notre maison ne brille pas, le frigo n'est pas souvent plein, mais je trouve toujours l'envie, après un moment de pause et de temps pour moi, d'accomplir ces tâches du quotidien en y trouvant un sens et en prenant du plaisir.

Connaître le rythme du voyage m'a été bénéfique pour m'éviter de considérer le « toujours plus » comme quelque chose de normal et de sain. Car on retombe très facilement dans le filet de l'hyperactivité, qui, au contraire d'être problématique, est plutôt valorisé dans notre société. Toujours plus productif, toujours plus actif, toujours plus travailleur, toujours plus vite. Et toujours plus heureux ? Pas sûr. Quand je sens que je retombe dans cet état robotique, je me mets très souvent à penser au rythme de vie que nous avions en plein voyage. Nous avions bien moins de responsabilités qu'aujourd'hui, il est vrai, mais nous étions pleinement ancrés chaque jour, dans ce que nous faisions. Cette légèreté, je la retrouve petit à petit en ralentissant le rythme et en réduisant les responsabilités dans tous les domaines de ma vie. Parce que moins j'ai de responsabilités, plus je me sens mieux, connectée à mon âme d'enfant et apte à ressentir la douceur de la vie. Et étonnamment, les choses prennent plus de temps à se faire, mais je les fais désormais en pleine conscience, avec le sourire et deux fois plus de plaisir qu'auparavant. Je sais pourquoi je fais telle chose. Parce que j'en ai envie et non plus parce qu'« il faut » que je le fasse.

Ma relation amoureuse s'est également améliorée. Elle qui s'était un peu entravée entre la boulimie du travail, les travaux, la fatigue, l'énervement et les reproches, l'incompréhension a parfois pris plus d'une fois le dessus sur notre couple. On s'éloignait finalement plus que l'on se retrouvait dans ce projet.

Redéfinir nos priorités communes, réapprendre à dialoguer et apprendre ce fameux lâcher-prise, nous a finalement permis de passer au-dessus. Ma sophrologue que je consultais à ce moment de ma vie, m'a également permis de prendre conscience que faire en sorte que tout soit « parfait » dans nos vies, ne nous rend pas forcément plus heureux et que ce n'est d'ailleurs pas ce que retiendront les gens de nous. Ses paroles ont eu un effet immédiat. Je me suis sentie libérée de ces injonctions parentales et/ou sociétales que je m'étais obligées seule, à suivre. Désormais, chacun de nous deux, en fonction de nos envies et de l'investissement psychologique que l'on souhaite avoir dans ce projet, avance petit à petit dans la maison du bonheur, qui porte aujourd'hui bien son nom. Personne n'oblige l'autre, à la place on essaie de s'encourager, de se motiver mutuellement. En n'ayant plus sur les épaules la pression de l'autre, on est finalement plus déterminés à avancer avec plaisir. Cela a même relancé notre couple dans une meilleure dynamique. Se laisser respirer et laisser respirer les autres. C'est une notion que j'ai bien assimilée à travers ces multiples expériences. Cela montre toute la complexité de l'être humain, qui, à travers un nouvel évènement dans sa vie, peut voir ressurgir en lui de vieilles croyances ou modes de fonctionnement qui le freinent. Se laisser respirer, c'est aussi accepter nos erreurs et celles de ceux qui nous entourent. Accepter de pouvoir être libre et de pouvoir faire ce que je veux, mais accepter aussi ce même comportement chez autrui. Ne pas se forcer, mais ne rien attendre non plus des autres.

En respectant tout cela, c'est ainsi que l'on respire le mieux.

# Une sociabilité mise à rude épreuve

*De temps en temps, cela frappe vraiment les gens de ne pas avoir à vivre le monde comme on leur a dit.*
Alan Keightley

Les Australiens adorent passer du temps auprès de la nature, dehors, autour d'un bon feu de camp. Partout où nous allions, des barbecues publics étaient mis à la disposition des habitants. Il y a quelque chose de particulièrement agréable quand on s'assoit autour d'un feu. La chaleur, le crépitement des flammes et la douce lumière qui fait danser les ombres appellent à la sérénité et au partage. En famille, entre amis et parfois même avec des gens qu'ils ne connaissent pas, l'hospitalité sincère et spontanée est omniprésente. Nous ne comptions plus le nombre de fois où nous étions invités à partager un repas avec de simples inconnus en plein milieu d'un parc ou sur une aire de repos. Quelques jours seulement après notre arrivée sur le territoire, nous avons fait halte dans un de nos premiers campings vers Sydney. La nuit était tombée, nous étions à l'intérieur du van, quand on entendit frapper sur la porte coulissante arrière. Très surpris d'être « dérangés » à cette heure tardive et un peu inquiets d'ouvrir notre van à un inconnu, tel ne fut pas notre étonnement de voir qu'un restaurateur nous avait emmené de bons petits plats asiatiques, sitôt son service terminé. Il sortait de nulle part, nous ne l'avions jamais vu. Quelqu'un avait sûrement dû l'informer de notre arrivée. Nous n'en revenions pas. Je n'avais pour l'instant, jamais vécu de situations similaires en France et moi la première, cela ne me serait jamais venu à l'idée d'aller frapper à la porte de nouveaux voyageurs en pleine soirée pour leur proposer un repas. Notre culture est moins accès vers l'hospitalité. Nous avons, je le pense, cette peur de déranger, en ne sachant pas comment sera reçue notre présence. Ou peut-être simplement un désintérêt des autres.

Notre individualité est par contre un très bon moyen de respecter l'espace et l'intimité de chacun. Il est vrai qu'en Australie, comme je le disais, il n'y a pas vraiment de « barrières de politesse » ou de distanciation sociale à respecter entre deux inconnus et de ce fait, je me suis plusieurs fois sentie « dérangée » dans cette grande générosité et proximité, que je trouvais parfois trop insistante. Mon caractère solitaire et indépendant m'a quelquefois semblé difficile à exprimer dans ce contexte.

Quelques semaines après notre arrivée sur le territoire, nous venions d'arriver dans la Barossa Valley pour y chercher du travail. Nous nous sommes garés sur un parking, au cœur de la petite ville pour y prendre notre repas. A peine nous avions installé nos chaises à l'extérieur, qu'un Australien qui habitait la rue d'en face s'est mis à nous raconter sa vie, de long en large et à nous poser des tonnes de questions sur notre voyage, qui n'avait d'ailleurs pas encore commencé. Je ne comprenais pas un mot de ce qu'il racontait tellement son accent était prononcé et j'avoue que j'aurai aimé à ce moment-là prendre mon repas tranquillement avec mon chéri sans qu'on vienne nous parler. Louis, bien plus sociable que moi et maîtrisant parfaitement les codes sociaux à ma différence, s'est chargé de la conversation tant bien que mal. Après trente minutes de discussion, impossible de l'arrêter malgré nos tentatives pour lui faire comprendre que nous nous apprêtions à déjeuner. La conversation a duré une heure et nous a tellement fatigués, que nous avons crié victoire quand le silence se fit entendre. Erreur. Ravi de pouvoir rencontrer deux jeunes Français, il nous proposa de venir prendre le déjeuner chez lui et se baigner dans sa piscine. En soi, la proposition était d'une gentillesse folle, mais on n'était pas vraiment d'humeur à parler pendant des heures. On avait en plus à cet âge-là encore beaucoup de mal à dire non à quelqu'un. On avait pourtant essayé de lui expliquer - sûrement pas assez convaincants et directs - que nous souhaitions prendre ce repas tous les deux et nous reposer, mais il insistait tellement qu'on ne savait plus quoi dire. J'ai personnellement trouvé le monsieur lourd. Très lourd.

J'ai du mal avec cette insistance que l'on peut avoir parfois avec les autres. Est-ce que ça t'est déjà arrivé de refuser de sortir dans un bar avec des amis, de ne pas vouloir boire comme tout le monde ou de ne pas vouloir suivre le mouvement et que tout le monde insiste lourdement pour que tu viennes ou suive le groupe ? On est d'accord, au bout d'un moment quand tu répètes trois fois que c'est non, ça ne sert à rien d'insister ! Même si ça part d'une bonne intention, quand on explique que l'on n'a pas envie, la moindre des choses c'est de respecter le souhait de l'autre.

On s'est regardés tous les deux en pensant la même chose : on ne va jamais s'en dépêtrer. Heureusement pour nous, il repartit chez lui pour demander l'autorisation de sa femme et, c'est dans ce court laps de temps, que nous avons démarré le van et pris la poudre d'escampette, non sans une profonde gêne de ne pas avoir été plus francs envers lui par peur de voir disparaître la joie sur son sourire. Toujours cette peur de blesser l'autre ou de le décevoir. C'était au-dessus de nos forces.

Les premiers mois ont été extrêmement fatigants à force d'entendre parler anglais tout le temps. Nous qui ne parlions pas très bien la langue, cela nous demandait beaucoup d'efforts, de concentration et donc d'énergie, pour essayer de bien comprendre et trouver nos mots pour répondre. Le cerveau n'a pas l'habitude et a besoin d'être doublement plus concentré pour apprendre une nouvelle langue. Cet épisode s'est répété des dizaines et des dizaines de fois tout au long de notre périple. Alors non, nous n'avons pas pris la poudre d'escampette à chaque fois qu'un Australien se mettait à nous raconter sa vie. La fois d'après, toujours dans la même ville, après avoir trouvé notre travail chez Rob dans la Barossa Valley, nous avions décidé de nous promener dans le parc municipal histoire de découvrir un peu le coin. La promenade se termine et là, une dame qui venait de se garer, nous accoste au moment où nous

nous apprêtions à remonter dans le van pour partir. Parfois, tout se joue à cinq minutes près.Cinq minutes, c'est important, crois- moi !

Une heure de conversation plus tard, nous connaissions toute l'histoire de la ville, de sa famille, tous les endroits à visiter dans les alentours, mais aussi ses problèmes avec sa belle-fille ou le maire de la ville et son souhait de nous inviter chez elle, pour rencontrer sa fille avec qui, nous nous serions apparemment entendus avec merveille. Et quand je dis une heure, je n'exagère pas !

C'est d'ailleurs grâce à toutes ces conversations imprévues que je me suis vraiment aperçue de ma difficulté à me sociabiliser avec tout un tas d'inconnus. À chaque fois, malgré mes efforts pour essayer de dissimuler mon absence d'envie de parler et même en essayant de me forcer à m'intéresser à la conversation, je finissais par décrocher. C'était toujours Louis qui, au bout de dix minutes, tenait la conversation et moi qui finissais très souvent par attendre dans le van que la conversation se termine.

Les Australiens adorent partager, rendre service, conseiller et c'était génial ! Mais ils adorent aussi raconter leur vie entière à des inconnus, parler de leurs soucis personnels pendant des heures sans se demander si ça t'intéresse et ça c'était un peu moins génial, car je n'arrivais pas à poser mes limites. J'aimais beaucoup échanger quelques mots ou parfois une soirée avec d'autres voyageurs, mais j'ai remarqué que j'avais beaucoup de mal à dialoguer avec les gens, si derrière il n'y a pas de relation qui se crée et une connexion qui nous relie. C'est là-bas que j'ai compris que le lien social n'était pas ce qui primait chez moi, mais plutôt le besoin de solitude et un grand besoin de calme. Grâce à cette aventure dans ce pays diamétralement opposé à mon pays natal, j'ai pu me voir agir et mettre des caractéristiques et des réponses sur ma personnalité. C'est en cela que je trouve le voyage extraordinaire. Le fait d'être immergé dans un autre monde m'a permis de me donner une position. Une certitude. Comparer mes comportements et interactions à travers ces différences culturelles me permet en quelque sorte de dresser un portrait-robot de qui je suis vraiment. C'est ce dont j'avais besoin. Mettre des mots sur moi. Peut-être même des étiquettes. Des étiquettes utiles et bienveillantes pour arriver à mieux me cerner.

À la fin de notre road trip, nous sommes également partis trois semaines à Bali accompagnés de la famille de Louis qui nous rejoignait sur place. Ce deuxième voyage n'a fait que consolider mes certitudes sur mon gros besoin de solitude. Ma belle- famille, que nous n'avions pas vue depuis plusieurs mois, s'est étonnée de me voir m'isoler à de multiples reprises, parfois même pendant des heures et de ne pas avoir envie de les suivre dans chacune des activités prévues. Là-bas, j'ai réalisé que voir des personnes le temps d'une journée ou de quelques heures n'a rien à voir avec le fait de vivre ensemble, et cela, quelles que soient les personnes. Cela ne demande pas la même énergie et la même présence.

Je ne suis clairement pas faite pour vivre en colocation ou entourée sans arrêt d'individus, ou alors avec des gens aussi très indépendants et qui n'ont pas besoin d'être sans cesse accompagnés pour vivre leur vie. Le contact 24h/24 m'oppresse et pourtant, j'aime aussi énormément ces moments de partage. Un repas, une activité, un moment d'échanges ça revigore, ça fait beaucoup de bien, on en revient à l'importance du lien social. Mais quand ça s'étale sur plusieurs jours et mêmes plusieurs semaines et qu'il faut tout faire ensemble pour profiter au maximum, je sens que je me perds à suivre un rythme de vie qui n'est pas le mien, je commence à me renfermer et finalement je ne profite plus. **J'absorbe le bruit des autres.** La moindre parole est une information en plus dans mon cerveau et très rapidement, je sature. Pour qu'une colocation ou des vacances en groupe fonctionne, j'ai besoin d'avoir mon rythme, ma liberté de manger à l'heure que je veux, où je veux et mes moments de rêveries accompagnées de mon ami le silence. J'ai besoin qu'on ne m'attende pas. Or, forcément quand on part en séjour avec des amis ou en famille, on fait un maximum de choses tous ensembles, on prépare les repas ensemble, on mange ensemble, on passe la soirée ensemble, cela permet d'accentuer les liens et de renforcer la complicité. Seulement, pour moi ce n'était pas si simple. Le fait de manger tout le temps ensemble, à la même heure alors même qu'on n'a pas tous le même appétit, de faire des compromis pour que tout le monde soit d'accord sur le programme de la journée, attendre que tout le monde soit prêt pour partir, se donner une heure de départ, prévoir les activités, au lieu de prendre plaisir, finalement je ne supportais plus. Plus les jours passaient, moins j'avais de choses à dire et plus je me fatiguais parce que je ne parvenais pas à retrouver mon énergie. Je venais juste de découvrir mon introversion quelques mois auparavant, et j'avais le plus grand mal à justifier mes besoins de solitude sans blesser les autres.

C'est très dur de faire comprendre à quelqu'un que l'on préfère rester seule un moment, plutôt qu'être en sa présence sans qu'il le prenne mal. C'est encore plus dur quand ce sont des personnes qui nous aiment et qui ne nous ont pas vus depuis des mois. Mais parmi ces moments de surchauffe sociale, j'ai commencé à m'octroyer la liberté de ne pas venir à toutes les sorties, de prendre un goûter seule, de m'isoler une heure ou deux au bord de la piscine avec un livre ou dans ma chambre d'hôtel et c'est ainsi que j'ai remarqué qu'après ce temps de solitude, je reprenais goût à la vie sociale et je profitais à nouveau positivement de ces moments en groupe. Je redevenais plus souriante, solaire, de bonne humeur, je me nourrissais de ces moments que l'on partageait, de ces échanges émotionnels et de ces rires communicatifs. Cette expérience a parfois été difficile à gérer émotionnellement, mais je remercie aujourd'hui ma belle-famille qui a traversé avec moi ces moments, car c'est aussi grâce aux autres que l'on arrive à se trouver soi, à se comprendre et à se positionner.

C'est avec le temps que j'ai vraiment appris à connaître mes limites et à commencer à m'exprimer. Cette ouverture sociale qu'ont certains pays, m'a permis de me rendre compte qu'avoir cette facilité de contact avec les autres et cette entraide collective nous a grandement aidés dans nos choix et plus généralement dans la réussite de notre road trip. Il est vrai qu'en allant vers les autres, nous nous ouvrons plus de portes qu'en restant seul. Grâce à toutes ces personnes que nous avons croisées et qui sont venues à nous, nous avons pu éviter des mésaventures, des galères mécaniques et des pertes de temps innombrables de par leurs conseils, leurs expériences et leur meilleure connaissance du territoire que nous. C'est aussi grâce à cela, que nous avons pu trouver du travail et du confort. Le fait de partager avec autrui permet aussi de se confier, de partager ses joies, ses peines, ce qui laisse forcément moins de places aux émotions négatives qui sont extériorisées par la parole et donc ressenties moins intensément à l'intérieur de nous. Dans une expérience telle que la nôtre, il est indispensable de ne pas se renfermer sur soi, mais au contraire, d'aller chercher à l'extérieur la nouveauté, tout en respectant nos besoins personnels. Tout est question de trouver son propre équilibre et de respecter de nos besoins véritables.

À l'échelle d'une société, l'ouverture sociale facilite bien plus les rencontres et l'intégration dans le pays. Je pense que si l'Australie était un pays plus individualiste, nous aurions été moins facilement vers les locaux et inversement. La qualité ainsi que la diversité de notre voyage en auraient été certainement impactés d'une manière ou d'une autre et sûrement que je n'aurais pas eu le coup de cœur pour ce pays ! Pour autant, quand je parle d'individualisme, cela n'est pas forcément péjoratif en fonction du contexte. Je pense qu'il est tout aussi important de savoir s'entourer et accueillir la différence, comme d'apprendre à vivre aussi pour soi. Cependant, il est vrai qu'à mon sens, une société trop individualiste rejette bien plus de négativité qu'une société plus ouverte sur le monde extérieur. Mais encore une fois, cela n'est qu'une question de dosage !

*18/10/2018*
***Jour 291***

*Quel est le but de ta vie ?*
*On est tous nés pour quelque chose, on a tous ce petit plus à apporter à ce monde, une empreinte à laisser, une manière différente de voir les choses, un sourire à redonner à quelqu'un, une vengeance à prendre sur la vie, un chemin à créer, une vision plus humaine à partager, on a tous cet espoir de changer le monde. Si petits que nous soyons, on est tous quelqu'un. Tout comme il n'existe pas qu'une seule manière de vivre, il n'existe pas qu'un seul but dans la vie. Les vérités universelles auxquelles on a tendance à se baser ne sont plus vraiment des exemples à suivre. Nous entrons dans une ère où la nouvelle génération aspire à un renouveau, des valeurs plus humaines, un mode de vie plus sain pour notre santé, mais également notre bien-être intérieur, une vie où nos émotions ne seraient plus étouffées, mais applaudies. Nous ne sommes plus seuls tous ensemble. Nous avons tellement plus à partager que des bouts de désillusion.*
*Tu n'as pas besoin de souffrir pour construire une vie à ton image. N'attends pas qu'autrui réalise tes rêves à ta place non, mais n'attends pas non plus qu'autrui approuve tes choix pour te lancer. Nous sommes tous différents, ce qui est bon pour un autre n'est pas forcément bon pour toi, ce qui est bon pour la société n'est pas forcément bon pour nous. Ose te montrer authentique, ose contredire ce qui ne te semble pas correct, ose être fou. La folie est toujours vue comme quelque chose de négatif ; or c'est dans la folie que l'on se réalise, que l'on crée, que l'on invente, que l'on devient soi. Sois un grand fou. Sois complètement barré, mais rigole s'il te plaît, ris à t'en couper la respiration, ris si fort que tout le monde puisse t'entendre et se dire à quel point tu es fou, mais à quel point tu t'en fous. Ton seul but c'est ton sourire. Fais en sorte qu'il soit si grand chaque jour. Tu seras un exemple dans les yeux de ceux qui n'ont jamais osé. Un exemple pour quelqu'un et un fou pour un autre.*

# Le travail, une identité ?

*Courir le monde de toutes les façons possibles, ce n'est pas seulement la découverte des autres, mais c'est d'abord l'exploration de soi-même, l'excitation de se voir agir et réagir. C'est le signe que l'homme moderne a pris conscience du gâchis qu'il y aurait à rendre passive une vie déjà bien courte.*
Xavier Maniguet

Ce passage me tient à cœur parce que je ne me suis jamais vraiment sentie concernée par ce lien travail-identité qui nous définit trop. Je n'ai jamais trouvé sain le fait d'associer sa propre identité à un travail, de ne pas dissocier son véritable moi de cette activité, malgré la place qu'elle peut prendre dans notre vie. Comme je ne trouve pas normal que l'on soit une grande majorité à organiser notre vie personnelle en fonction de notre vie professionnelle. Cela ne devrait-il pas être l'inverse ?
« Et toi, qu'est-ce que tu fais dans la vie ? » Cette question, que l'on pose sans arrêt, est révélatrice de la place que prend le travail dans notre rapport à soi, car dans la majorité des bouches, le nom de notre métier est la première réponse que l'on donne. On pourrait pourtant parler de qui nous sommes, de ce que nous aimons, de ce qui nous fait vibrer intérieurement, de notre quête personnelle. Or, souvent quand on ne parle pas de notre travail, on ne sait pas quoi répondre. On évoque toujours notre profession avant pour finir par parler de nos activités en dernier, comme si c'était moins important.
Mon travail n'est pas ma vie, n'est pas mon identité et ne le sera sûrement jamais. Je ne cesse d'en changer et d'alterner avec des moments de pauses où je me recentre sur l'essentiel, sur moi et où je crée des

activités plus personnels. Pourtant, le travail reste présent dans ma vie, sous toutes ses formes, qu'il soit rémunérateur ou non.

Il y a des métiers que j'ai moins aimés exercer, qui ne correspondaient pas à ma personnalité, et d'autres que j'ai adorés et qui m'ont apporté beaucoup d'enrichissement personnel. Mais j'ai beau parfois aimer ce que je fais et y passer du temps, cela ne représente absolument pas toute ma vie et la personne que je suis. Et ce n'est pas ces fameuses fables populaires qui prétendent que « le travail c'est la santé » ou que « travailler rend heureux » qui arriveront à me convaincre. Elles me font beaucoup rire d'ailleurs. Il est bien évidemment possible de s'épanouir dans un travail, et heureusement que nous ne sommes pas tous en train de subir le monde professionnel. Certains ont des ambitions incroyables et un potentiel d'implication phénoménal pour obtenir ce dont ils rêvent, alors que d'autres se contentent de ce qu'ils obtiennent sans trop en demander et se plaisent dans cette suffisance.

Cependant, le travail a selon moi, une place beaucoup trop importante dans notre société. J'ai interrogé de nombreuses personnes pour savoir où se situait la valeur du travail dans la tête des Français. J'ai posé plein de questions en évoquant à la fin l'idée de travailler moins ou plus du tout. J'ai senti, à travers la réaction des personnes interrogées, que cette question était porteuse de débats et même sujette à quelques colères. J'ai également effectué un sondage sur mon compte Instagram « mafoliesauvage » et lu des centaines de forums et conférences en ligne, pour m'informer au maximum des pensées de chacun. Les réponses que j'ai reçues m'ont pour la plupart interrogée sur le sens que l'on donne à notre vie. Beaucoup d'entre nous, même en ayant la liberté financière, ne se verraient pas arrêter de travailler. Le travail représente une occupation, un moyen d'être dans l'action et un élément qui nous maintient dans un rôle « utile » pour la société et même dans notre vie. Certaines personnes, de par leur situation personnelle, ont une vie sociale relativement restreinte. Le travail représente dans ce cas, un accès à plus de lien social, de partage. Il est vrai que le travail a pour qualité de rompre l'isolement et de fédérer un ensemble de personnes à un même but. Certaines personnes ont tout simplement besoin de beaucoup de contacts humains pour se sentir bien et considèrent donc leur travail, comme un prolongement de leur vie sociale quand d'autres encore, perçoivent leur travail comme un révélateur de sens et un accroissement de leur être. Une passion dans laquelle on réussit à gagner sa vie, un métier dans lequel on donne de soi, pour aider les autres, une profession qui nous amène à lutter contre diverses causes ou à promouvoir des valeurs humaines, tout cela donne à l'homme un véritable sens à sa vie.

Puis il y a ceux qui mettent sur un piédestal la valeur travail, parce que c'est comme ça, point et ne se posent pas plus de questions, car il nous faut travailler pour prétendre à une retraite, que la vie est dure, injuste et que nous n'avons pas le choix. Se lever le matin sans réelle envie, attendre impatiemment le soir et le week-end pour se sentir vivre, je l'ai aussi connu à de nombreuses reprises et cela ne devrait pas être banalisé, au risque de rentrer dans une sorte de fatalisme de la vie. Ne pas aimer son travail ne devrait pas devenir quelque chose de banal. Et pourtant, selon des sondages, presque un français sur deux aimerait changer de profession, et plus de la majorité des personnes interrogées s'ennuient à leur poste ou aimeraient ne pas avoir à travailler tous les jours. Quand la lourdeur du travail est là, quand l'aliénation de soi est présente, l'objectif du travail ne devient que pécunier et c'est souvent dans ce contexte là qu'il devient parfois nocif. On ne devrait pas subir une activité qui nous prend une grande partie de notre vie. Je pense que quand on a cette chance de vivre dans un pays où on a le droit de penser pour soi, de s'exprimer librement et d'avoir accès à tout un tas de droits et d'informations gratuitement, le changement, même s'il est minime ou difficile à mettre en place, est toujours possible et indispensable pour ne pas y laisser sa santé mentale et passer à côté de sa vie.

Mais même si nous aimons notre travail, avoir suffisamment de temps pour autre chose me semble aussi être la clé du bien-être et de l'équilibre. La vie a, selon moi, un autre but. Une autre signification. Une dimension bien plus philosophique que raisonnée, qui va au-delà du métro boulot dodo vacances. Une dimension qui ne considère pas le travail comme un socle où notre vie personnelle devrait graviter autour et s'adapter tant bien que mal aux aléas de ce dernier. Il y a un temps pour tout et ce temps doit à mon sens être équilibré entre le monde professionnel et notre quête personnel.

Aujourd'hui, nous vivons dans un monde bien plus moderne et confortable, mais où la pression au travail et la surenchère des heures travaillées explosent. Nous vivons dans une société qui te fait culpabiliser de prendre plus de jours de repos que la normale malgré le fait que tu en ressentes le besoin, une société qui te catalogue de fainéant si tu ne travailles pas déjà 35h par semaine, une société où le présentéisme est malheureusement associé à une meilleure productivité et à une meilleure image du salarié alors que le télétravail, le temps partiel, ou juste le simple fait de faire ses horaires et de quitter son poste une fois le travail effectué sans chercher à faire plus, est synonyme d'un manque d'investissement. La réussite professionnelle ne doit pas être liée à un emploi du temps surchargé. La valeur du travail prime malheureusement aujourd'hui bien au-dessus de la vraie valeur de la vie.

Pour autant, vas-tu me dire, il nous faut bien travailler un minimum. D'un pour que les entreprises fonctionnent et de deux, parce que cela nous apporte aussi, comme je l'ai expliqué précédemment, son lot de bienfaits. Ayant déjà traversé une longue période de chômage, j'ai ressenti au bout de plusieurs mois ce manque de contacts humains, de partage d'expériences et ce besoin de vivre quelque chose de nouveau en me sentant utile. **C'est la valeur du travail qui est à mon sens à redéfinir et non le travail en lui- même.**

Le rythme du travail tel qu'il est idéalisé et normalisé aujourd'hui ne me semble pas compatible avec une vie personnelle et familiale épanouie. Je le vois autant dans mon entourage qu'auprès des dires de mes anciens et nouveaux collègues et pourtant personne n'ose le dire. Cinq soirs par semaine, tu rentres chez toi fatigué, la journée est terminée, tu as passé 7h à faire la même activité et tu rêves désormais de te reposer. Est-ce que tu as accompli, dans cette journée, quelque chose d'important pour toi, quelque chose qui te fait vibrer ?

À la maison, il y a toutes ces tâches que tu pourrais faire avec plaisir, sans les ressentir comme des contraintes si tu avais plus de temps libre ; passer du temps à cuisiner, faire les devoirs à tes enfants, passer du temps de qualité avec eux sans penser à tout ce qu'il te reste à faire, monter ta nouvelle étagère sans énervement, entretenir ton jardin jusqu'à la nuit tombée, prendre le temps pour tout. Sauf que la plupart du temps, nous ne sommes pas pleinement présents dans les tâches que nous faisons après le travail et nous n'avons parfois plus envie de nous activer. Nous les faisons parce qu'il faut et non par envie. Nous ne voulons pas nous coucher trop tard, car nous travaillons le lendemain et qu'il nous faut être en forme pour tenir la journée. Mais sommes- nous en forme en rentrant chez nous pour commencer notre deuxième journée ? Hélas, bien moins que cette première journée, à qui on accorde toute notre énergie, notre patience et notre sang-froid.

Et c'est bien là qu'existe un déséquilibre. On ne profite plus vraiment de la vie et de ces petits plaisirs, à part pendant les week-ends, ou très souvent, on fait ce qu'on a pas le temps de faire la semaine ou pendant les cinq petites semaines par an que nous avons de congés. Ces cinq semaines, qui, après avoir trimé toute l'année, te donnent justement envie de lézarder et de ne rien faire parce que ne rien faire, ça fait aussi beaucoup de bien à notre mental ! Des semaines qui passent étonnamment aussi vite qu'un avion à réaction dans le ciel, pour remettre à nouveau le pied dans cette machine à laver infernale.

Nous l'avons vu lors du premier confinement. L'annonce a été vécue, pour beaucoup d'entre nous, comme une pause dans nos vies effrénées. Cela a apporté également énormément de souffrance, de repli sur soi et de solitude à bon nombre de personnes, mais en terme de ralentissement dans nos vies, les échos ont été très positifs. Je faisais moi-même partie de ceux qui continuaient de travailler, mais le fait de ne plus pouvoir rien faire en dehors du boulot, m'a encouragé à trouver à l'intérieur de moi, de nouvelles occupations et préoccupations. C'était nouveau. Nous avions l'opportunité de baisser le rythme. Nous avions parfois la liberté de dormir une heure de plus, l'heure qu'il nous manque souvent quand le réveil sonne. Nous pouvions organiser nos journées comme bon nous le semblait, sans ces contraintes horaires qui nous obligent à tenir un rythme prédéfini et souvent bien différent de nos propres besoins. Nous prenions étonnamment du plaisir à ranger nos placards, à faire du tri et désencombrer nos espaces de vies. Nous prenions du temps pour des choses que nous n'avions pas le temps, ni l'envie de faire et qui pourtant nous ont procuré de la satisfaction. Nous accordions plus de temps à nos enfants, à notre famille, nos liens s'intensifiaient alors que nous avions l'habitude de nous voir seulement une ou deux heures le soir en rentrant, heures souvent polluées par les charges du quotidien.

À travers ces « généralités » que je tire de mon vécu et de ce que j'observe autour de moi, il y a finalement au fond, une très grande vérité que l'on refuse de dire à voix haute. J'ai de nombreuses fois remis en question ma légitimité à l'idée de publier ce passage extrêmement tabou dans notre société. J'ai à peine 24 ans (le temps que ce livre soit terminé et publié, j'aurai sûrement 29 ans et toujours le même discours), je n'ai pas fait de grandes études par choix et par désintérêt aussi, j'ai une famille présente qui s'est énormément investie pour réussir sa carrière professionnelle et nous donner, avec mon frère, toutes les chances pour réussir à notre tour, alors, qui suis-je pour me permettre de contredire un modèle dans lequel je vis moi- même ? Il est vrai, des solutions magiques, je n'en ai pas. Mais je me sens portée d'un devoir de transmettre mon opinion et ma vision des choses, car je suis intimement persuadée que ce rythme de vie dans lequel nous sommes plongés à l'âge adulte ne nous permet pas de donner le meilleur de nous-mêmes et de profiter pleinement du temps qui passe et de cette vie qui gravite sous nos yeux. Avec ce témoignage, j'aimerais également porter haut la voix, de ceux qui pensent qu'il peut être viable de travailler moins, de gagner moins en vivant plus simplement ou autrement, en apprenant à faire les choses soi-même, à se désencombrer, sans pour autant être vu comme un illuminé ou un mouton noir. On en est encore loin. Ceux qui ne suivent pas le mouvement, ceux qui ne rentrent pas dans la norme, ceux qui ne se reconnaissent pas dans la valeur travail sont constamment jugés, pourtant je suis intimement persuadée que ce sont ces personnes qui détiennent les solutions. Je vois la nouvelle génération se battre pour défendre ses nouvelles idées, refuser de s'engager dans des entreprises où le respect de l'environnement et du bien-être des salariés n'existent pas, rechercher en priorité le sens dans un travail avant le salaire, le plaisir avant la stabilité, remettre le travail à sa juste place, envisager d'autres manières de vivre, je ne peux que croire à une évolution dans les prochaines décennies, un mieux-être et plus d'ouverture et de chemins possibles dans tous les domaines de nos vies. Quand je vois toutes ces personnes qui déconstruisent l'idée que pour réussir et être heureux il faut forcément avoir construit sa maison, avoir suffisamment d'argent de côté pour se sentir sécurisé, se marier, faire des enfants, bosser jusqu'à sa retraite et vivre seulement une fois cabossé par la vie et rempli de regrets, je ne peux que croire en l'émergence d'un nouveau courant de pensée, d'une nouvelle manière d'habiter le monde, et de vivre.

Décrocher du tumulte professionnel lors des derniers confinements et de ce non-sens qui caractérise parfois notre emploi, nous a permis de nous reconnecter à notre présent et de nous rendre compte qu'il y a tant de manières d'être actif et utile dans la vie. Il existe d'autres domaines qui demandent des efforts et qui représentent un véritable travail. Élever des enfants, construire sa maison, aménager un jardin, cultiver ses propres fruits et légumes, bricoler et faire de ses mains, apprendre une nouvelle activité, s'engager dans une association, tout ceci nous demande aussi énormément d'énergie, de capacités intellectuelles, de concentration, de vigilance et tout son lot de bienfaits personnels. Des activités qui mériteraient une tout aussi meilleure appréciation et valeur que celle que l'on accorde aux professions normalement rémunératrices. J'aimerais que l'on respecte celles et ceux qui ont fait un choix de vie différent, qui ne se reconnaissent pas dans cette ascension sociale, mais également celles et ceux qui, en plus de leur carrière, ont choisi aussi de mener de front d'autres combats, d'autres projets de vie. Chacun, quel qu'il soit, mérite sa place dans notre société et du respect. Ce n'est pas parce que notre société met l'accent sur la carrière professionnelle et l'image de soi que ne pas y être adapté fait de nous des personnes anormales.

Lorsque j'ai mis un pied pour la première fois dans le monde professionnel, j'ai pensé pendant des années que le travail rendait beaucoup de gens mauvais. Dans mes premières expériences, d'hôtesse de caisse à agent d'accueil, de secrétaire administrative à manutentionnaire, j'ai dès le début, été confrontée à des situations où je sentais l'impatience, l'intolérance et l'énervement des gens, clients ou même des collègues, qui, lassés de leurs conditions de travail et certainement malheureux, passent leur temps à se plaindre de leur vie et à étendre leur négativité autour d'eux. Au fil du temps et à mesure que j'entrais dans ma vie d'adulte, j'ai compris que ce n'était pas le travail en lui-même qui nous rendait ternes, râleurs et parfois aigris, mais le manque de temps dont nous disposons après nos journées et certainement le manque de sens dans notre vie qui nous remplit de frustrations. Ne t'es-tu jamais surpris en train de râler ou de montrer ouvertement des signes d'impatience après une longue journée au travail, parce que tu as pris la caisse qui n'avançait pas ? N'as-tu jamais entendu une personne faire une mauvaise réflexion à l'hôtesse de caisse ou au vendeur qui essaye pourtant de faire du mieux qu'il peut ? N'as-tu jamais assisté à ce déferlement de colère de ce client à qui le vendeur a refusé ses bons de réduction ? N'as-tu jamais soufflé ou déversé ta colère en rentrant chez toi alors que ton ou ta compagne t'attend tout sourire, à l'idée de te raconter sa superbe journée ? N'as-tu jamais roulé trop vite ou klaxonné pour gagner deux pauvres petites minutes ? N'as-tu jamais raté ta séance de sport ou ton activité favorite qui te fait pourtant un bien fou, par flemme ou trop de fatigue accumulée après ta journée de travail ?

Peut-être qu'avant de foncer tête baissée dans le monde professionnel, nous devrions apprendre à savoir qui on est. Nous n'avons pas besoin d'être transcendé par notre métier ni de l'aimer passionnément pour donner un sens à notre vie, mais il est nécessaire de prendre le temps de réfléchir, de faire un travail sur soi pour trouver le domaine qui correspond le mieux à notre tempérament, à notre rythme et nos besoins humains. Évidemment que si on devait attendre de trouver notre voie pour travailler, nous ne pourrions que difficilement vivre. C'est en grandissant, en accumulant les expériences que l'on apprend à se connaître, à savoir vers quel secteur se diriger ou quel poste privilégier en fonction de notre caractère. Quand d'autres dès le berceau savent déjà quel métier exercer, certains, la trentaine bien entamée peinent toujours à trouver leur voie quand d'autres auront un déclic aux abords de la quarantaine ou passeront leur temps à essayer de nouveaux projets. Il n'y a pas de règle en la matière. Il n'y a pas de courses contre la montre. Il n'y a pas de temps perdu. La réussite n'est pas liée à la stabilité professionnelle. On peut être heureux sans projets professionnels fixes, sans CDI, sans rêve de grande carrière. Trouver sa voie - cette quête terriblement anxiogène - peut parfois prendre une vie entière et ne jamais se terminer. Et finalement c'est aussi ainsi que l'on apprend le mieux et que l'on ne perd jamais sa vie des yeux. En prenant son temps.

## *L'introversion et le monde professionnel*

Aussitôt sortie des études qui ne m'avaient franchement pas emballée et qui relevaient plus d'une obligation que d'une véritable envie, je me suis retrouvée à vingt ans et comme bon nombre d'entre nous à chercher le travail « idéal » tout en essayant de prendre en compte mes envies, mais qu'on se le dise, un peu en dernier plan. De nature assez solitaire avec ce besoin paradoxal de me rendre utile pour autrui, je me suis retrouvée, comme j'ai évoqué dans la partie précédente, à enchaîner les jobs dans la relation clientèle et l'accueil toute la journée. À ce stade-là, je n'avais pas du tout pris conscience d'une grosse partie de ma personnalité. L'école nous apprend tout un tas de choses plus ou moins utiles, mais notre singularité n'est pas au programme. À peine entrée dans le monde du travail, pas peu fière d'entendre qu'on était fière de moi et du travail que je fournissais, je m'étais persuadée d'avoir enfin trouvé ma voie malgré les difficultés émotionnelles que je pouvais traverser, à défaut de vraiment m'écouter. Je m'étais conditionnée à être une personne qui n'était pas totalement moi.

Hôtesse d'accueil et de caisse au cinéma, en grande surface puis en jardinerie, je me retrouve avec une grande joie et toujours cette fierté à l'accueil d'une résidence de seniors à Bordeaux. Aider des personnes âgées, accueillir les nouveaux arrivants, faciliter leur quotidien en étant à leur disposition entière m'a énormément apporté au niveau relationnel. Je me suis découvert des facultés d'écoute, d'empathie et de bienveillance que je ne pensais pas aussi développées chez moi. J'avais réussi à trouver un premier sens au travail. Les quatre premiers mois sont passés comme sur des roulettes. L'excitation d'exercer un métier à vocation humaine m'apportait beaucoup. L'amour des gens remplissait celui dont je manquais. Mais les mois suivants se sont avérés bien plus difficiles psychologiquement. Je me suis rapidement sentie surmenée, fatiguée de ces contacts permanent avec autrui, épuisée de devoir gérer à la fois le téléphone de l'accueil, les personnes qui attendent au comptoir, le résident qui me sollicite de chez lui et le collègue qui vient se plaindre de tous les désagréments de sa journée. Je me donnais corps et âme pour satisfaire tout le monde. C'était mon métier, je l'avais choisi et j'en étais très reconnaissante. Alors pourquoi avais-je à nouveau ce sentiment que quelque chose n'allait pas chez moi ?

Je me suis retrouvée plusieurs fois à quitter le travail en pleurs dans ma voiture, ou de retour à la maison. Trop de contacts, trop de stimulations, trop de bruits, trop d'attente vis-à-vis des clients souvent très exigeants et des résidents qui payent tous les mois une somme conséquente pour vivre une retraite paisible, sans parler de cette pression du chiffre qu'on te met sur les épaules tout en te complimentant dans ton travail histoire de t'encourager mais te faire comprendre que rien n'est jamais assez, ces journées où tu résous cinq problèmes mais que dix autres viennent te plomber le moral le lendemain et ce trop- plein de messages parfois malveillants de ces personnes qui s'attaquent directement au personnel d'accueil.

Juillet 2017, quand la décision de partir à l'étranger est devenue réalité, je me suis sentie libérée. J'avais beau adorer ce métier pour cette relation que j'avais avec les résidents, ce petit coup de main qui égayait la journée de Mme Untel et la mienne par la même occasion, cette présence humaine que je pouvais apporter en leur montant le courrier, toutes ces petites attentions quotidiennes si simples, mais tellement porteuses de sens, malgré tout cela, je me suis vue sourire à l'idée de quitter cette entreprise, qui m'avait pourtant tant apporté humainement et dans laquelle j'avais pu me révéler. En réalité, malgré tous ces moments de partage qui me remplissait, ce trop-plein de contacts chaque jour m'oppressait de plus en plus. Je ne comprenais pas pourquoi être en permanence entourée de gens pouvait autant me fatiguer et me rendre nerveuse. Je ne comprenais pas pourquoi un jour, j'étais heureuse à l'idée d'aller travailler et que le lendemain j'avais la boule au ventre à l'idée de ne pas pouvoir rester seule sans parler de toute la journée. C'est avant de partir pour ce voyage, que j'ai commencé à comprendre qu'un fort besoin de solitude se faisait sentir en moi après une journée passée à côtoyer des gens. J'ai compris que même si j'aimais ça, j'étais souvent très fatiguée après avoir écouté quelqu'un et partagé un moment avec. Mais je ne comprenais pas pourquoi j'étais comme cela, pourquoi j'avais un fonctionnement différent de mes collègues qui me semblaient recharger leur énergie à travers le contact et qui ne me semblaient pas se fatiguer à force de parler. Pourquoi moi j'avais du mal et pas eux ?

C'est parfois long et peu évident d'apprendre à se connaître et à comprendre nos émotions quand elles différent de ce qu'on nous a appris et de ce qu'on voit autour de nous. Mais elles nous indiquent toujours la voie à suivre, c'est pourquoi il est important d'apprendre à les écouter, même si elle ne nous semble pas appropriées. Si je me sentais si fatiguée et parfois en pleurs, c'est qu'il me fallait changer quelque chose. Ce quelque chose qui ne me convenait pas. Mais quoi ?

Quelques mois plus tard, je décolle pour l'Australie et je refais face aux mêmes situations et aux mêmes émotions. Un sentiment d'oppression quand je passe toute la journée à vendanger et parler avec d'autres voyageurs, un ras-le-bol quand ils prévoient d'aller boire un verre à la débauche alors que je rêve juste de me retrouver seule avec un livre et que je passe pour une illuminée ou une sauvage à être la seule à ne pas avoir envie, une humeur irritable et froide quand je ne me sens plus capable de profiter des gens avec qui je suis, un besoin de me renfermer sur moi pour me protéger, une difficulté à lancer la discussion, à parler de choses superflues, à faire ami-ami avec tout le monde et un refus de passer une soirée avec des inconnus qui nous attendent tout sourire à l'idée de nous connaître… Je pensais qu'en partant je réagirais autrement. En fait, j'ai compris que ce n'était pas mon boulot qui me mettait dans ces états, mais que ma personnalité n'était pas faite pour certain domaine professionnel et pour supporter une vie sociale trop riche. J'avais un mode de fonctionnement particulier, il me fallait désormais l'apprivoiser. Mais comment ?

Nous avons traversé une phase compliquée à ce moment-là du voyage dans notre couple. Louis qui m'avait connue dépendante affective et donc très fusionnelle et collée à lui, timide avec les inconnus mais toujours partante pour faire la fête avec ses copains - histoire de me sentir aimée, valorisée et moins seule - et avide de nouvelles rencontres, ne me reconnaissait plus et ne comprenait pas mon comportement. Les trois premières années, nous étions inséparables et nous faisions tout à deux. On passait la plupart de nos week-ends à voir des amis, la famille, à faire la fête, toujours en contact avec les autres. Avoir ma présence à ses côtés et me présenter à de nouvelles personnes lui faisait beaucoup de bien et étant moi- même très dépendante émotionnellement dans toutes mes relations, je bouillonnais de joie à l'idée d'être accompagnée sans arrêt. Mais quand nous sommes partis à l'autre bout du monde, quelque chose a basculé. Étant loin de mes habitudes et de cette vie socialement très remplie, j'ai ressenti au contraire, ce besoin de passer du temps seule, et je commençais justement à vouloir m'extraire de ce duo pour essayer de devenir une personne à part entière. Étonnamment, étant loin de toutes mes relations sociales, ma dépendance affective s'est mise à s'atténuer au fur et à mesure que je me regardais vivre. Je commençais à savoir qui j'étais. Je sentais qu'il me fallait m'isoler pour me redonner vie. Or, comment expliquer à quelqu'un qui nous a connu différemment et qui nous aime justement ainsi, que l'on a besoin de se retrouver soi pour se reconstruire ? À chaque fois que je refusais une sortie avec d'autres voyageurs, je le voyais peiné et parfois en colère contre moi, à l'idée de devoir se contraindre à ne pas y aller. Il ne trouvait pas cela normal que je préfère rester dans le van plutôt que rencontrer des gens et s'empêchait de s'y rendre seul.

La difficulté de faire les choses sans son ou sa compagne est présente dans beaucoup de couples. Être tellement habitué à la présence de l'autre, qu'on ne mesure même plus le sens de faire ses activités et ses sorties seul. On finit par ne prendre plus plaisir si l'autre n'est pas là. L'ennui d'être face à soi. Le besoin de l'autre, constamment. La dépendance s'installe. Parce que maintenant on est deux, et que notre personnalité s'est perdue dans l'autre. Qu'allait penser et dire les autres s'il y allait sans moi ? Quelle excuse allait-il pouvoir trouver ? Pourquoi était-ce toujours à lui de justifier ma non venue ? Et finalement, pourquoi faudrait-il apporter une justification aux autres ? C'était bien la preuve qu'une forme de dépendance mutuelle était présente dans notre couple. Cette période a été difficile à gérer. Je me sentais partagée entre ce besoin de m'écouter et d'essayer de lui faire plaisir, tout en sachant que je n'arriverais pas à y mettre du bon cœur si je me forçais. C'est d'ailleurs ce qu'il s'est passé plusieurs fois avant que je réussisse à m'assumer. Un soir, alors que nous préparions le repas dehors sur notre table de pique-nique, un couple d'Australiens nous proposa de cuisiner ensemble sur le barbecue public et de partager le repas par la même occasion. Louis, hyper enjoué par la proposition, les prévient de notre arrivée avant même de me demander mon avis. Ce n'est qu'au moment de lui dire que je n'avais pas du tout envie de parler à des gens que son visage se décomposa et que sa joie s'éteignit. N'ayant pas envie de me sentir à nouveau responsable de cette engueulade qui se faisait imminente, je me forçais à m'y rendre. Eh bien, ce fut une belle erreur. Mon sourire était crispé, mon attitude fermée et très froide, et ma curiosité inexistante. L'ambiance a vite été très pesante parce que je ne parlais pas. Ils ont pourtant essayé de me poser des questions pour essayer de m'intégrer mais, faire parler quelqu'un qui a envie de tout sauf de parler, ça ne mène à rien. Je répondais par « yes » ou par « no », incapable de faire semblant. La soirée s'est très vite écourtée. J'étais à la fois en colère parce que je m'étais sentie forcée de venir, et que je n'arrivais pas à ressentir ce besoin de m'ouvrir aux autres. Je me mis à culpabiliser quand la soirée fut terminée, parce que j'eus l'impression que personne n'avait passé un bon moment par ma faute. Je rêvais encore une fois de mon van, avec un bon livre ou un face à face avec la nature et je me retrouvais entourée d'inconnus que je n'avais pas envie de connaître plus que ça.

À partir de ce soir, j'ai arrêté de vouloir me forcer parce que finalement faire plaisir à quelqu'un quand on n'en a pas envie, c'est nocif pour tout le monde. Il m'a fallu déconstruire cette croyance que dans un couple ou dans n'importe quelle relation, il est important de parfois se forcer pour faire plaisir à l'autre. Satisfaire l'autre avant de se satisfaire soi, voilà un bon moyen d'emmener les rancœurs, de mettre au second plan ses désirs, de faire jaillir la frustration et de se perdre. J'avais beau aimer ces barbecues, ils avaient tous un véritable problème ; ils amenaient forcément à un moment d'échange. Je les adorais quand j'avais rechargé mes batteries, mais souvent je les fuyais. Petit à petit, à force de dialoguer, au milieu des crises, des voix qui s'élèvent, non sans difficultés, on a commencé à se libérer un peu. C'est indéniablement ce qui a permis de trouver un équilibre à notre couple. Sortir de ce « nous » pour s'autoriser à être « soi » dans le couple, ça passe forcément par des ajustements, une volonté d'écoute et une acceptation que celui ou celle que l'on aime est différent de nous. Au lieu de vouloir arrêter une relation parce que l'on ne se comprend plus, parfois, une volonté commune de trouver des solutions et un réel désir de faire grandir le couple en se remettant soi-même en question, peut être incroyablement bénéfique pour chaque individu et le couple en lui-même. Il est peu évident de voir que, sorti de cet état de fusion amoureuse, l'autre est finalement plus différent de nous que nous le pensions. C'est justement là, la clé de l'évolution. On ne connaît jamais entièrement son partenaire, car il évolue avec le temps, au même titre que nous.

J'avais donc commencé à mettre un premier pied sur un des traits de ma personnalité, mais à force d'être toujours la seule à refuser des activités de groupes, je m'étais persuadée d'avoir un véritable problème social, un trouble voire même un dysfonctionnement cérébral. C'est fou à quel point ne pas être comme tout le monde peut nous emmener à croire que nous avons un problème. Un jour, je me mets à chercher des livres sur Internet pour m'occuper pendant nos temps libres. Au moment de lire le résumé d'un de ces bouquins, quelque chose se passe en moi, je me sens attirée par cette lecture qui me donne l'impression, en quelques lignes, d'avoir mis des mots sur tout ce que je ressentais.

« Introverti & Heureux » de Marti Olsen Laney.

Ce livre, que j'ai dévoré lors de ce voyage, a véritablement changé ma vie. Il m'a donné toutes les réponses aux innombrables questions que je me posais sans arrêt. Il m'a validée.
Tout va bien ! Je suis juste une personne introvertie !
Quand d'autres rechargent leur énergie à travers le contact avec autrui, d'autres la trouvent dans le silence et le calme. Même à des milliers de kilomètres, je me surprends à rechercher constamment cette solitude. J'aime l'idée d'être seule dans mon van ou devant un beau paysage, dévorant mon bouquin, ou me perdant au son de la musique, j'aime m'évader de ce monde souvent trop stimulant à mon goût. Je suis souvent à la recherche de ces moments où je suis seule dans un endroit bondé, je m'y sens tellement bien. Écouter, observer, savourer, sans prononcer la moindre parole, sans être accompagnée, sans rentrer dans le rythme du monde. J'adore être dans ma bulle. Très souvent. Je ne pensais pas aussi souvent ! Je me trouve toujours des excuses pour ne pas aller vers les gens. Je refuse à maintes reprises de rencontrer des inconnus, des voyageurs comme nous. Quand je me retrouve face à quelqu'un sans que ce soit prévu, je ne sais pas engager la conversation, les questions ne viennent pas et le moment devient très vite gênant si l'autre n'en a pas non plus. Au travail, je ne suis pas du genre à faire connaissance avec tous mes collègues pour copiner et sentir que je fais partie du groupe, j'aime rester solo et laisser les gens venir à moi. La pause-café est parfois un petit plaisir, mais souvent un enfer, je déguerpis aussi vite que j'ai bu mon thé alors que d'autres n'attendent que ça toute la journée. La pause déjeuner, quand je peux le faire, c'est à la maison que je la prends et les sorties après le boulot ne me semblent être qu'une prolongation du temps de travail. A chaque nouveau travail, on me prend toujours au début pour une fille timide, puis une anti-sociale, avec le temps on se rend vite compte de de ma légèreté, de ce côté baba-cool, mais le jour où je ressens ce besoin de m'enfermer à nouveau, je deviens bipolaire à leurs yeux. Il

faudrait être toujours souriant, bavard mais pas trop, curieux mais pas trop, parler de soi mais pas trop et s'intéresser à la vie de chacun pour ne pas être jugé dans une entreprise. Alors je sais pertinemment qu'il y aura toujours un moment où je vais devoir expliquer à mes collègues ce qu'est l'introversion.

En 2023, ce trait de personnalité est toujours méconnu ou mal interprété dans la plupart des entreprises et même au niveau sociétal. Il n'est pas normal de vouloir travailler seul, de ne pas aimer le travail en équipe, de ne pas chercher à copiner avec tout le monde pour se faire connaître et correspondre aux codes de la société, de ne pas vouloir manger avec toute l'équipe, de ne pas vouloir se rendre à un afterwork pour « approfondir » les liens, de ne pas se sentir productif et à l'aise dans un open-space, de vouloir rester discret et de ne pas trop poser de questions. Faire les choses dans son coin, à son rythme, sans avoir besoin de se mettre en avant passe encore aujourd'hui pour un manque d'initiatives et d'investissements. Je m'évertue, à chaque nouvelle expérience, à aborder ce sujet quand je sens que mon comportement interroge. Je trouve cela, à la fois pénible et triste, de constamment devoir se justifier ou prouver que l'on travaille aussi bien voire mieux que ceux qui blablatent sans arrêt et passent leur temps à se mettre en avant, mais il n'y a que comme ça que les codes pourront évoluer.

Parce qu'il y a toujours un moment, après avoir échangé et pris place dans un groupe ou je finis par m'ennuyer et par perdre la connexion avec les gens et le fil à discussion. Je me mets à buguer sur la table, je regarde les gens, je rêve, je court-circuite mon cerveau. Il m'arrive parfois d'être heureuse quand une soirée s'annule au dernier moment, cela me donne une occasion d'être seule avec moi-même. Je n'ai pas peur des gens mais j'ai peur d'être oppressée par leur présence. Je ne suis pas timide, je ne sais juste pas quoi raconter. Je peux à de rares occasions me montrer bavarde si un sujet me passionne et si je sens une connexion profonde avec quelqu'un, mais souvent, je n'en ai pas envie. Je ne ressens pas ce besoin de dialoguer ou d'être sans arrêt accompagnée dans mes activités, dans mes sorties, dans mes réflexions, dans tout ce que je fais.

En Australie, nous avons rencontré plusieurs personnes avec qui le courant est très vite passé et qu'on recroisait de temps en temps au fil de notre périple. Avec elles, j'ai ressenti une réelle connexion qui va au-delà des conversations de surface, un partage du quotidien et une symbiose au niveau de notre rythme de vie et de nos émotions. Mais en dehors de ces rares connexions qui se font au bon moment, je ne vois pas l'intérêt de parler à tout un tas de personnes que je ne reverrai sûrement jamais. Cela me demande beaucoup d'énergie, de concentration et si l'envie n'est pas là, ces discussions anonymes ne m'apportent rien. Je n'arrive pas à avoir de places pour d'autres personnes que mes proches, ou alors il me faut vraiment un coup de cœur. Cela peut paraître égoïste quand on ne prend pas le temps de comprendre (si vous saviez le nombre de fois où ce diminutif est arrivé à mes oreilles), mais je n'arrive tout simplement pas à gérer trop de relations dans ma vie. Je finis par culpabiliser de ne pas accorder assez de temps à tout le monde car plus je connais de gens, plus j'absorbe de nouveaux stimulus, plus je me fatigue et moins j'arrive à être présente pour chaque personne. Je ne sais pas comment font les gens qui ont des dizaines d'amis, qui sont très familles ou qui ont un travail très prenant socialement. Parce que plus tu as de personnes dans ton entourage, plus tu es sollicité. Plus tu as de fréquentations, plus les gens veulent de tes nouvelles. Passé ce temps de conversation téléphonique ou virtuelle qui sert très facilement à entretenir le lien, vient toujours le moment où on te propose une sortie, histoire de se revoir. Donc, plus tu as de fréquentations, plus tu passes de temps sur ton téléphone à répondre à tout le monde et plus tu passes de temps à prévoir des sorties. Une relation, ça s'entretient et ça demande du temps. Voilà le hic. J'aime les relations mais je n'aime pas les entretenir. Alors la courte durée me va très bien, l'instantané. J'ai en plus de ça une sainte horreur de passer des coups de fil. Cette sonnerie qui retentit m'apparaît comme une intrusion dans ma vie privée et à chaque fois que je dois appeler quelqu'un, je prépare toujours mon discours dans ma tête tellement cela me demande beaucoup d'énergie.

Souvent, quand j'ai prévu de passer un moment avec une amie dans la semaine, je ne me sens plus disponible mentalement pour personne d'autre les deux ou trois jours suivants, car je dois garder suffisamment d'énergie pour mon travail et ma relation de couple. Le reste de mon temps sera consacré à mes loisirs et mes moments de solitude. Dans ma tête, ma semaine est donc déjà pleine alors que d'autres chercheront à remplir les moments de vides par des interactions.

Bref. Inapte aux relations sociales ? Je l'ai longtemps pensé. En vérité, j'ai besoin de peu de relations pour me sentir bien, et des relations qualitatives. Pour autant, c'est avec la petite proportion de personnes qui partagent ma vie que ma folie a besoin de s'exprimer, de s'extérioriser. Mon rire si facile a besoin d'être déversé, parfois très fort et souvent sans aucune raison qui justifie un fou rire. Mon imagination est si débordante que je peux arriver à me faire rire toute seule, mais mon sourire a aussi besoin d'être partagé et ma bonne humeur d'être communiquée. Les autres me sont donc particulièrement importants, à une plus faible dose que la plupart des gens.

Il y a des périodes de vie où j'ai plus besoin de contacts et de liens que d'autres. Quand je me suis retrouvée au chômage, j'ai eu un gros manque de liens avec les gens et j'en ai souffert tout autant que lorsque je me sentais oppressée à force de passer trop de temps entourée de gens. Trouver l'équilibre par rapport à mes besoins, c'est ce qui m'a pris le plus de temps. Savoir doser mes relations pour ne pas me sentir étouffée, ni trop seule, ça a été mon apprentissage de ces dernières années.

C'est à travers toutes ces réflexions sur l'introversion, que j'ai acquis la certitude de ne pas pouvoir exercer un travail où les échanges verbaux priment sur l'action ou la réflexion, ou alors à temps partiel, pour avoir de l'autre côté, mes moments à moi et mes activités créatives. D'ailleurs, je tire mon chapeau à toutes ces personnes qui prennent plaisir et travaillent en relation directe avec la clientèle. C'est un métier très prenant psychologiquement. Un métier où l'humain est primordial et la bêtise humaine malheureusement omniprésente.

## Et aujourd'hui ?

En arrivant en France, j'ai ressenti un trop-plein d'inquiétudes et beaucoup de stress que je n'avais pas ressenti une seule fois en Australie. En 2018, j'ai la sensation qu'un road-trip n'est pas un projet « normal » dans la tête de beaucoup de gens et pourtant beaucoup en rêvent, contradictoire non ? La faute au poids des statuts, des normes, de la sécurité tant recherchée et de nos habitudes. Que vont penser les recruteurs à mon retour ? Faut-il que je reprenne un CDI pour pouvoir avancer dans ma vie ? Je sais bien à quel point cette question peut être angoissante. Mais je trouve triste le fait de penser à son CV avant de penser à sa vie et à ses propres envies. Sincèrement, même si cette expérience m'a apporté des qualités humaines, une plus grande maturité et une ouverture d'esprit que je pourrai porter à contribution dans un emploi et vendre comme de potentiels atouts lors d'un entretien, ce n'est absolument pas pour redorer mon blason que je suis partie. Là-bas, je ne me suis posée aucune question de cet ordre- là. C'est en revenant que j'ai senti une forme de « pression », plus ou moins visible, pour mettre en avant cette expérience sur ce fameux bout de papier. Un vulgaire papier qui détermine notre degré de potentiel en termes de compétences et d'efficacité. Il n'était pas concevable que je puisse m'octroyer une année de pause sans que cela soit perçu comme une année de perdue. Ce n'est pas pour rien que le chômage est perçu très négativement dans notre pays. Il est vécu comme une rupture, une dégringolade, une expérience disqualifiante. Sans notre travail, on perd notre identité professionnelle, nos relations sociales, nos repères et tout notre cadre de vie. Le chômage, sans parler de la galère financière dans laquelle il nous plonge parfois, est pourtant, à mon sens, la meilleure période de vie pour entreprendre un des investissements les plus importants qui existe : l'investissement sur soi. C'est dommage que notre société ne le perçoive pas de cette manière.

Personnellement, je n'ai jamais autant développé de compétences personnelles qu'en ayant du temps pour moi. Et parfois même en ne faisant rien, on peut être très productif en laissant jaillir de nouvelles idées et en laissant l'ennui nous trouver des occupations.
Aujourd'hui, je n'ai toujours pas le job de mes rêves et je ne pense pas le trouver un jour, parce que je ne pense pas être faite pour quelque chose en particulier. Aucun travail ne me fait rêver, aucun boulot ne me passionne. Devenir testeur de fromages ou gardien d'une île paradisiaque ne me fait pas plus rêver que devenir avocat, comptable, prof de sport ou éducateur canin. J'ai des préférences professionnelles, mais aucune dans lesquelles je me vois toute une vie. J'aime surtout cette idée de virevolter, d'enchaîner les expériences et les rencontres. Changer de route. Varier les chemins. Ne jamais me figer.
En revenant d'Australie, j'ai travaillé quelques mois dans une association pour personnes handicapées, que j'ai quittée suite à mon déménagement, pour travailler dans la tonnellerie familiale. À l'heure où je te parle, je suis manutentionnaire en intérim depuis presque trois ans, mais plus pour très longtemps, car je m'en vais. Encore une fois. Ce travail je l'ai aimé pour la liberté qu'il me donnait mais aujourd'hui je m'ennuie et je sens que je dois changer de route. Ce travail, tout le monde peut le faire. Je sais que je ne suis personne, que demain un autre me remplacera sans problème. Et je crois au fond, que c'est ça que j'aime. Savoir que je peux m'octroyer cette liberté de me barrer. Même si l'ennui et la volonté de trouver plus de sens me poussent aujourd'hui vers la porte de sortie pour prendre à nouveau une pause, j'ai aimé dans ce métier cette possibilité de

me mettre dans ma bulle sans que personne ne vienne m'interrompre ou me déranger. J'avais mon objectif journalier à faire, mon rythme et j'avançais. Je n'avais plus besoin de me maquiller le matin, de porter une tenue cintrée de bureau, de sourire constamment aux clients ou de se plier en quatre pour telle personne comme je devais le faire dans mes anciens boulots. Je prends à nouveau ce que cette expérience m'a apporté, et je repars, dans cette quête de nouvelles aventures, imprévisible, comme j'aime.

J'adore ce moment où je quitte un emploi et j'imagine le prochain. Chaque nouveau travail est une nouvelle expérience de vie ou j'apprends beaucoup sur moi et sur les autres. J'aime découvrir de nouveaux apprentissages, avoir une nouvelle équipe, voir de nouvelles têtes, de nouvelles tâches à accomplir, j'aime apprendre des autres, m'améliorer, avoir tout à découvrir et être rapidement opérationnelle pour une durée déterminée. J'aime travailler dans une entreprise, m'adapter à une nouvelle organisation mais il me faut toujours une fin. Parce que côtoyer les mêmes personnes, réitérer les mêmes tâches, être enveloppée de la même atmosphère, cela court à ma perte. Je finis par m'ennuyer, manquer de sens, de découvertes, je finis par deviner l'imprévisible et par tomber dans le schéma du tout- cuit tout-fait. Un schéma qui conforte mais qui m'endort parce qu'il n'y a plus de choix à faire. J'ai besoin de choisir, pour ne jamais m'endormir. Toujours vivre fort chaque expérience, chaque journée, chaque nouvelle relation. C'est ainsi que je me sens vivre.

À l'heure de relire une dernière fois ce livre avant sa publication, j'ai 29 ans et j'occupe un nouveau poste. Je m'occupe de jeunes en difficultés scolaires. Encore une nouvelle expérience à ajouter sur mon CV incohérent, atypique, mais rempli de découvertes et de multiples compétences. Comme dans un voyage ou la destination m'est inconnue, c'est cette sensation d'avoir tout à découvrir que j'aime. J'apprends beaucoup plus sur moi dans l'inconnu que dans quelque chose qui m'est facile, routinier ou trop simple. Pourtant cet inconnu m'apporte son lot d'angoisses et de peurs infondées. Il n'est pas évident de changer constamment de travail, il faut sans cesse se réadapter et les débuts sont toujours synonymes de stress car je n'ai plus aucun repère et que je ne connais personne. Mais c'est à croire que j'aime me mettre dans ce genre de situations et vraiment sortir de ma zone de confort. Mon âme d'aventurière me permet de m'adapter à tout type d'environnement, jusqu'à ce que j'estime en avoir fait le tour. Malgré l'inconfort que cela me procure au début, j'arrive toujours à me faire une place tout en restant très indépendante, autonome et tout en me faisant respecter. J'adore bosser dans mon coin, être membre d'une équipe tout en étant en dehors du groupe.

Ce travail m'apporte beaucoup humainement mais cela reste très énergivore pour l'introvertie que je suis alors j'occupe tout mon temps libre à mes projets d'écriture. J'ai pour l'instant trouvé un équilibre tout en sachant qu'il ne dure jamais. Je n'exclue rien, je me laisse aller à mes sensations, à mes ressentis. J'aime ne pas m'éterniser quelque part, oser partir quand cela ne me convient plus. Je vois à quel point je meurs doucement quand je n'ai pas la liberté d'être et de vivre ma vie comme je le souhaite. Il est vrai que lorsque je ne suis pas en train d'écrire, le travail me paraît absurde. Je me demande tout le temps ce que je fous là, parce que je ne vois que du temps qui s'échappe.

Véritable électron libre, j'ai toujours eu du mal à m'investir pleinement dans une entreprise sur le long terme (trop de formalités, de faux-semblants dans les interactions, un sentiment de décalage dans les modes de management, trop d'attentes vis-vis du salarié). Je me sens souvent étrangère. Beaucoup me disent « c'est parce que tu n'as pas trouvé ta voie ». Je ne suis pas sûre que nous ayons tous une voie pour chacun d'entre nous, du moins en terme de professions. On n'est pas tous fait pour quelque chose en particulier. Il y a des individus qui possèdent des compétences multiples qui sont impossibles à rassembler dans un seul métier. Leur besoin de toucher à tout et leur soif de découvertes est à contre-courant de l'idée même de choisir un métier pour y faire carrière.

Je pense qu'on est tous capable d'exercer tout un tas de métiers différents en se formant sur le tas. Alors pourquoi ne pas tout essayer si on a qu'une vie.

***

Quand je regarde mes expériences professionnelles, je me rends compte que nous ne sommes jamais encouragés à parler de nos émotions au travail. Pourquoi ? Parce que les émotions trop intenses ou contraires aux valeurs du travail (rigueur, droiture, motivation et sérieux) ne sont pas jugées comme étant professionnelles. Malgré les pénibles fois où j'ai dû contraindre un rire ou un énervement face à un client, je parvenais toujours à faire rejaillir ma spontanéité. Je m'autorisais à siffler et chanter devant mon patron ou certains clients, je m'accordais des moments de folie et de rire même si cela ne se faisait pas, j'utilisais l'humour pour détendre une situation, alors qu'on attendait de moi une posture plus réfléchie et sérieuse. Certains de mes anciens managers n'appréciaient pas du tout cette légèreté et me le faisaient rapidement savoir, ce à quoi je répondais que cela ne m'empêchait pas d'être compétente et de bien faire mon travail. Bien souvent, quand l'image de l'entreprise prenait le dessus sur mon besoin d'authenticité, je savais que je ne ferais pas long feu dans cette entreprise. J'avais d'ailleurs très souvent cette impression de dénoter, d'être toujours rangée dans la case de la collègue perchée, celle qui ne fait rien pour ressembler aux autres, qui ne cherche pas à rentrer dans les groupes de potins.
Mais à ma grande surprise, à chaque fin de contrat, je recevais parfois de ceux qui avaient gardé leur âme d'enfant, des remerciements pour ma bonne humeur, ma jovialité et cette légèreté que j'apportais au sein de l'équipe et de l'entreprise. Quand je quitta mon poste dans la résidence de séniors à Bordeaux, je me souviens avoir reçu un message écrit du directeur en qui j'avais décelé aussi une grande sensibilité. Un message

de remerciement pour avoir simplement été moi-même à ce poste, avec toute cette joie de vivre et cette spontanéité qui me caractérisait. Ce message, que j'ai reçu sur mon téléphone quelques jours avant mon départ en Australie et que je garde encore précieusement, a été un véritable tremplin émotionnel. Une force qui m'a prouvé qu'être soi-même, sans chercher à s'uniformiser, peut apporter énormément à une entreprise.

J'ai aussi eu affaire à des entreprises très fermées et rigides dans leur mode de management. À mon retour en France, dans cette association où je travaille depuis quelques semaines, avant de déménager, je me retrouve sous les ordres d'une direction très protocolaire. Tout est très rigide, très carré, dans les décisions comme dans la gestuelle et le vocabulaire utilisé lors des discussions. Encore une fois, je me sens complètement décalée, je n'ai pas les codes de l'entreprise, j'ai les yeux qui pétillent, le soleil dans l'âme, je rigole de tout, de moi, de mes bourdes, je ne prend rien au sérieux parce que selon moi rien n'est grave et je ne comprends pas ce besoin de se prendre au sérieux. Dès les premiers jours de ma période d'essai, on me reproche de tutoyer une de mes collègues qui apparemment ne devait pas être tutoyée par rapport au statut de son poste, on me reproche d'être trop proche des résidents et de prendre les choses trop légèrement. Mon côté trop « copain-copain », sans filtres et léger bousculait les mœurs de cette entreprise. Ils n'avaient, comme toujours, rien à redire sur mon travail mais sur ma personnalité. N'étant apparemment pas assez conforme à l'image qu'ils souhaitent d'un salarié, et étant encore en période d'essai, je sentis dans le discours de mon directeur qui me convoqua à son bureau, que j'avais tout intérêt à me fondre dans le moule si je tenais à garder ma place. Le lendemain, je demandais à parler à la sous-directrice et à lui expliquer mon point de vue. Ma vision des choses n'étant pas compatible à la leur, deux semaines après avoir fixé une date qui arrangeait tout le monde, je quittais fièrement mon poste, avec la satisfaction d'avoir été au bout de ma mission et toujours en phase avec la personne que j'étais. La sous-directrice, au moment de rentrer chez elle, me souhaita une bonne continuation et me remercia d'être restée jusqu'au bout de ma mission et d'avoir accompli toutes les tâches qui m'étaient confiées. J'ai beau prendre tout à la légère, ma conscience professionnelle m'empêchera toujours de manquer de respect à mes supérieurs et de fournir un travail bâclé. Comme quoi, on peut parfois manquer de sérieux, mais fournir un excellent travail. Je la remerciai et souhaitai un bon courage humoristique à ce cher Mohamed, le seul collègue qui partageait mon grain de folie et avait su lire en moi. Le seul qui m'encouragea à rester moi-même.

Ce sont ces quelques messages positifs, ces brèves rencontres éclair noyées dans cette masse stérile et dysfonctionnelle, cette émotion dans les yeux de ceux qui me voient partir, qui me poussent à ne jamais me cacher derrière un rôle, un masque, un poste, une personne que je ne suis pas et à toujours rester fidèle à moi-même, même si ça ne fait pas l'unanimité !

Ce voyage m'aura permis de voir qu'en étant un peu décalée, les gens peuvent nous adorer comme nous détester et que cela peut-être une chance incroyable ! Il m'aura permis de comprendre qu'il n'y a pas de normalité, de réalité, de bonne façon de vivre ou d'être ! Sans ce voyage, je serais restée coincée dans mon travail, à ne pas oser partir, à essuyer des reproches et mesquineries de certains collègues frustrés, avec cette douloureuse impression d'étouffer sans savoir comment m'extirper. J'aurais cherché cette quête de stabilité en permanence comme idéal sans me demander si cela me rendrait vraiment heureuse. J'aurais sûrement inhibé ma folie, remis en question mon sentiment de décalage et peut-être que je me serais persuadée de ne pas être normal, car sans cette certitude que chaque vie doit être vécu à fond et avec passion, j'aurai appris à me comporter de la manière la plus lisse qui soit. Je me serais aliénée de mon âme. La raison aurait certainement pris la place sur mon cœur et je serais gentiment rentrée dans cette vie normée et rangée sans me poser de questions. Sans ce voyage, toutes ces réflexions ne seraient pas arrivées jusqu'à moi, alors, merci la vie !

*22/09/2022*
*3 ans et demi plus tard*

C'est dans cette quête permanente de trouver les bonnes réponses, que je me pose la question. Un engouement certain pour l'art de vivre en cohérence avec soi nous rassemble tous, aussi différents que nous sommes, dans cette même quête, ce même besoin de savoir. Rechercher cet état de vérité. L'évolution de nos aspirations nous pousse à trouver un sens à tout ce que nous entreprenons. J'ai fort espoir que l'homme deviendra de plus en plus à l'écoute de soi et donc indéniablement en bonne santé, car l'un ne peut aller sans l'autre. Pour autant, même en ayant des réponses, nous demeurons dans l'interrogation, encore et encore. Sommes-nous vraiment à notre place ?

Cette génération refuse d'être ignorante. Elle refuse de croire ce qu'on lui demande justement de croire. Elle refuse de croire, mais a besoin de savoir. Elle refuse de se positionner si elle n'a pas essayé. Elle refuse d'essayer si les ressentis ne sont pas bons. Génération de conscience. Génération d'espoir. C'est en maintenant la réflexion en permanence que ce monde évoluera, que cette société changera. Notre génération n'est pas fainéante. Elle dépeint le portrait de ce qui a longtemps semblé être une réussite. Elle va à contre-courant de ce profit tant galvaudé, de cette recherche vaine de performance. Elle promeut le fléau de notre société ; l'abnégation de soi.

Il est vrai que cette recherche « solitaire » de qui on est, n'est pas indispensable à notre survie. On peut très facilement finir sa vie dans le confort sans jamais avoir vécu une vie en cohérence avec notre âme et pour autant se persuader d'avoir eu une bonne vie. C'est là toute la complexité de la conscience qui diffère selon les individus. Certains s'accrochent au leurre d'une vie dictée, à la suprématie du devoir, à la ténacité des préjugés et peut-être ne se réveilleront jamais. C'est à un âge parfois vieillissant que les regrets se font dans la désolation de ne pas avoir pu s'écouter. Une existence partiellement vécue, un état de non-liberté inconscient sont désormais balayés par une envie *grandissante de comprendre, d'accumuler les expériences, les voyages et les rencontres. La réflexion personnelle c'est l'avenir de demain.*

*Faire partie de ce monde ne suffit plus. Être un maillon parmi tant d'autres ne nous permet pas de trouver notre voie. Aspirer d'abord à une quête de soi en profondeur avant de rentrer dans les grandes étapes de la vie, c'est ainsi que nous éloignerons frustrations, regrets et choix de vie inadaptés par méconnaissance de soi. Le schéma de vie raisonnable nous pousse à bien travailler à l'école dans l'unique but de trouver un métier où les débouchés sont nombreux et propices à une belle carrière. On suit le mouvement, on fait plaisir à notre famille et vient le moment où on doit vraiment choisir dans un panel restreint de professions, sans même savoir qui on est vraiment au fond de soi. Combien de jeunes adultes se sont dit à ce moment-là « mais qu'est-ce que je fous là ? » sans savoir où aller. À défaut d'avoir eu cet enseignement à l'école, c'est à nous et grâce à la puissance du partage et des réseaux sociaux que nous arriverons, jour après jour, à modeler notre cerveau à un autre art de vivre.*
*Génération de l'entre deux. Il est temps de comprendre, de poser nos cerveaux abrutis et d'observer le monde d'en haut. Revenir à soi, se reconnecter et oser faire des choix qui ne relèvent pas de la raison ou d'un besoin de sécurité. Quand la fréquence du cœur vibre fort dans tout ce que nous entreprenons, c'est le malheur qui s'endort. On a créé ce monde en croyant avoir plus de libertés. Mais avoir plus de libertés ne signifie pas pour autant être libre. On a créé un monde en croyant que le toujours plus nous rendait heureux. Mais vouloir plus ne signifie pas pour autant évoluer. On a créé un monde en croyant que suivre son cœur nous ferait perdre du temps. Mais suivre la raison nous éloigne parfois bien plus loin de notre chemin. On a créé un monde d'illusions sur lesquelles de grandes vérités se sont accrochées. Comme une moule à son rocher, on est resté, comme aimanté. Mais quand la force de l'aimant ne fonctionne plus, c'est l'humain qui reprend le dessus.*

## *Savourer sa chance*

*Il n'y a d'hommes plus complet que celui qui a beaucoup voyagé, qui a changé vingt fois la forme de sa pensée et de sa vie.*
Alfonse de Lamartine

Vivre à l'étranger, c'est également se rendre compte de notre confort de vie en France et de cette chance que nous avons à plein de niveaux. Il est certes facile de pointer ce qui ne va pas dans notre pays et de ne voir que le positif d'un autre pays qui nous a fait rêver le temps d'une année, mais je suis bien consciente que nous avons ici aussi d'énormes points positifs comme il y a en Australie des aspects moins sympathiques.
Ne serait-ce qu'en termes de culture, la France regorge de patrimoines historiques. Je me souviens nous être dit, après avoir regardé le nombre de kilomètres parcourus sur une carte australienne, qu'en ayant parcouru la même distance de Bordeaux en Russie en quelques mois seulement, on pouvait très bien visiter la France entière. Finalement, je ne connais pas si bien mon pays. J'ai toujours été attirée par l'étranger, mais avec la pandémie, j'ai tourné mes yeux vers ma terre et toutes ces régions que je vois sans cesse dans les reportages télé, mais que je connais trop peu. Je me suis mise à visiter autour de moi, le temps d'un week-end et finalement, c'était comme si je me sentais ailleurs tout en étant chez moi. Je n'ai certes pas ressenti ces sentiments intenses, comme ceux que nous avions eus sur la terre australienne, mais si on s'imprègne de cette nouvelle terre que l'on foule sous nos pieds, il suffit de se mettre dans la peau du voyageur pour que n'importe quel séjour prenne la forme d'une aventure. Il faut faire preuve de curiosité, oser sortir des sentiers tracés, pour découvrir en détail un pays que l'on connaît en surface.
Je pensais que je ne serais dépaysée qu'en entendant une nouvelle langue et en faisant face aux chocs des cultures. Cela est vrai. Quand on part en

destination inconnue, il y a l'excitation, le sentiment de décalage et le bonheur de connaître autre chose du monde dans lequel on a grandi, ce sont des sentiments incroyablement beaux à vivre. Mais pour autant, le dépaysement n'a pas besoin de dépasser les frontières pour se faire sentir. Une nouvelle région nous promet aussi des découvertes culinaires, de nouveaux paysages à observer, un nouveau dialecte et de vrais moments d'authenticité avec les locaux.

Oublier de parler de la gastronomie me parait être un énorme péché quand on évoque la France. Je ne vous raconte pas comment nous avons manqué de toutes ces saveurs et ces mets incroyables ! Ressentir le manque nous a été essentiel, pour prendre conscience de toutes ces richesses dont dispose notre pays. Quand on achète une minuscule tranche de roquefort huit euros, dans une grande surface et qu'on ne retrouve même pas le vrai goût de ce fromage, c'est terriblement frustrant. Le camembert ressemblait à du caoutchouc, le jambon en tranche avait le même goût que du plastique, les gâteaux au chocolat avaient un goût de gâteau , mais pas de chocolat et le pain n'avait rien de ressemblant à notre bonne baguette croustillante. Nous avons acheté une fois de la viande en grande surface ; un goût de médicament périmé nous a quelque peu rebutés.

À vrai dire, les seules fois où nous avons apprécié la cuisine, c'était au restaurant. Les prix sont bien plus élevés qu'en France alors ce fut à chaque fois l'occasion de fêter notre rencontre amoureuse, nos anniversaires ou l'arrivée de la famille. Mis à part ces rares occasions, nous avons la plupart du temps mangé du thon en boite, des pâtes, du riz, des bananes, quelques légumes et des boites de conserve. La nourriture est relativement coûteuse et l'alcool, le fromage et les cigarettes sont énormément taxés et donc hors de prix. La vente d'alcool est d'ailleurs interdite dans les grandes surfaces, la loi est très stricte à ce sujet. Il nous fallait aller dans un Liquor-Shop, un magasin uniquement dédié à l'alcool. Au début, cela nous a surpris et puis en fin de compte, cela nous a semblé logique. On n'achète pas un paquet de pâtes comme on achète une bouteille d'alcool. Il faut savoir que l'alimentation australienne n'est pas soumise aux mêmes normes agroalimentaires qu'en France. Je ne me suis pas suffisamment bien renseignée à ce sujet donc je resterai évasive, mais certains des Australiens que nous avons rencontrés ont évoqué l'utilisation d'hormones de croissance et d'antibiotiques pour faire grossir les fruits et légumes notamment. Ceci est dit, nos bons produits français nous ont énormément manqués !

Notre pays regorge également d'une très bonne qualité de vie, mais parasitée par une culture qui prône un modèle de vie unique et qui manque cruellement d'ouverture. Le manque de tolérance et l'esprit très étriqué des français serait pour moi le gros point négatif, que j'ai encore aujourd'hui du mal à supporter. La richesse que nous possédons nous apporte un confort de vie incroyable dont on ne s'aperçoit même plus. Ne serait-ce que la propreté de nos rues, les routes goudronnées, les feux de signalisation qui fluidifient toute une circulation et les pistes cyclables qui renforcent la sécurité et nous sautent aux yeux quand on revient d'un voyage en Indonésie. La facilité que l'on a à se déplacer d'une ville à une autre, d'un magasin à un autre, tout est plus rapide, accessible et bien plus confortable. La possibilité de choisir son métier, sa ville, sa voiture, son partenaire de vie, d'habiter à la campagne ou en ville, de créer son mode de vie, de choisir si l'on souhaite fonder une famille ou non, d'être en couple ou non, de déménager dans une autre région, etc., tout est finalement possible ici. Cela prend du temps, souvent en partie dû à la complexité et la lourdeur des démarches administratives, mais cela reste possible alors que dans d'autres pays, cela n'est pas forcément évident, voire même impensable.

C'est à se demander parfois si tout ce confort est vraiment nécessaire si derrière, on finit par s'y habituer et ne plus se rendre compte de rien.

**C'est à se demander si un peu de dépouillement ne nous rendrait pas plus conscients et plus aptes à ressentir la simplicité de la vie.**

# DEUXIÈME PARTIE

## Questions/Réponses

*L'idée qu'on essaie de véhiculer, c'est que chacun d'entre nous est libre de vivre ses rêves, au prix de certains choix de vie, de grandes concessions et d'énormes convictions.*
Les Coflocs

## Rappel à la vérité

Cette partie a été une des plus longues à terminer. Une bonne année après, c'est là que j'ai pu commencer à faire le bilan et que je continue quatre ans après. En vérité, ce voyage n'a fait que consolider ce que je savais déjà sur moi et rassurer les zones d'incertitudes.
Voici une liste de toutes les vérités que ce voyage m'a apprise.

## Vivre le temps présent

Depuis ma plus tendre enfance, que ce soit à l'école ou auprès de ma famille, on m'a toujours appris à anticiper, à penser au futur, car c'est soi-disant s'éviter des ennuis. Sauf que je me suis aperçue en grandissant, que trop anticiper engendre aussi beaucoup d'anxiété inutile. À trop vouloir prévoir ce qu'il se passera dans un futur pourtant imprévisible, à trop vouloir rigidifier sa vie en essayant de contrôler au maximum chaque situation, on se prend vite la tête, on se crée du stress alors que tout va bien et que rien n'est vraiment grave tant que l'on respire encore. On ne vit plus dans le moment présent, mais dans l'anticipation permanente. L'entourage est d'ailleurs un des premiers facteurs d'anxiété. « Comment vas-tu faire quand tu seras là-bas ? », « Et si tu n'y arrives pas ? », « As-tu pensé à ça ? », « Il faudrait que tu prévoies ci, que tu fasses ça ». La vérité c'est que tout se passe au moment présent. Ma vie se passe là, maintenant. Je ne sais pas ce qu'il va se passer plus tard alors je verrai bien au moment venu. Tout va bien alors ne gâchons pas ce bon moment et profitons-en non ?

## Se respecter soi-même avant de respecter les autres

Notre environnement extérieur et nos fréquentations en disent énormément sur la relation que nous avons avec nous-mêmes. On ne se rend parfois pas compte que nous sommes les propres créateurs de nos vies. Mais avant de s'entourer, il faut savoir apprendre sans les autres. En passant du temps seul, que l'on aime la solitude ou qu'on en ait peur, c'est par ce biais que nous allons plonger en nous. Plus on plonge profond, plus on écoute nos émotions, plus on se rend compte de nos lumières (qualités, potentiels, valeurs)et de nos zones d'ombres (défauts, manques, souffrances). On s'aperçoit que certains de nos choix répondent souvent à des manques ou à des peurs. En travaillant sur ces zones d'ombres, on parvient à maîtriser bien plus nos choix, nos comportements, notre vie entière et donc à mettre bien plus en lumière nos qualités et talents. La connaissance de soi emmène à des relations plus qualitatives, plus brutes, sincères et plus en adéquation avec notre personnalité. Elle nous éloigne des personnes qui pompent notre énergie ou qui ne vibrent pas sur la même fréquence et nous rapproche de celles qui correspondent plus à notre énergie actuelle. La connaissance de soi emmène plus de franchise, plus d'affirmations et donc plus de confiance en soi, car on connaît nos limites et nos pouvoirs illimités. C'est à partir de ce moment-là, que l'on peut donner aux autres, sans attentes et construire de bonnes bases, dans chacune de nos relations. Cependant, il est bon d'affirmer que lorsque cette quête personnelle nous semble aboutie, lorsque l'on ressent cette paix et ce respect à l'intérieur de soi, c'est avec les autres que nous pourrons nous déployer et donner ce qu'il y a de meilleur en nous, pour construire notre vie et aider le monde. Nous avons besoin de ce temps « égoïste », pour pouvoir ensuite rayonner avec autrui. Parce qu'on ne peut pas vivre éternellement dans sa solitude.

## L'argent oui, mais pas que !

Mon utilisation de l'argent a également évolué. Quand tu voyages dans 5 mètres carrés, tu ne peux pas t'encombrer de beaucoup d'affaires. Tu vis d'une manière très sommaire. Le moindre espace de rangement est très vite utilisé. C'est au départ un effort constant de sortir de ce besoin de consommer, pour finalement arriver à se débarrasser du superflu, quelques mois plus tard sans grande difficulté. Tu te rends compte bien vite que beaucoup de choses relèvent du surplus, de l'abondance matérielle et que tu as finalement besoin de peu pour vivre. L'abondance ne s'achète pas, mais se trouve partout ; dans les moments en famille, entre amis, en se promenant dans la nature, en partageant un moment de vie, un sourire, un repas, un verre, une amitié, un amour. L'abondance se trouve dans chaque instant que tu vis et dans chaque souvenir que tu amasses. C'est vraiment ça qui rend riche intérieurement. Uniquement ça. La richesse personnelle, bien plus que la richesse matérielle, c'est ça qui m'importe aujourd'hui.

L'argent est une aide très précieuse, mais pendant cette année, je me suis rendue compte qu'en vivant sur mes économies, en réduisant mes dépenses au minimum, en travaillant quand on en a vraiment besoin, le bonheur était présent. Avec dix fois plus d'argent finalement, notre voyage n'aurait sûrement pas été aussi authentique et formateur que celui que nous avons vécu. L'argent t'aide à gagner du temps et te facilite la vie c'est certain. Acheter une machine à laver et un lave-vaisselle te prendra beaucoup moins de temps qu'aller dans une laverie et faire ta vaisselle à la main. Engager une personne pour faire ton ménage te fera forcément gagner du temps que tu pourras consacrer pour une autre activité peut-être plus enrichissante pour toi. On est bien d'accord qu'un peu d'argent utilisé à bon escient n'a jamais fait de mal à personne. Avoir de l'argent = moins de temps consacré à des contraintes = plus de temps pour soi = se consacrer vraiment à ce qu'on aime faire et ce qui nous remplit.

Cependant, la réalité c'est que l'argent nous crée aussi parfois de faux besoins et de nouveaux prétextes qui nous éloignent de la personne que l'on est et de nos vrais désirs. Et surtout, plus on a de l'argent moins on apprend à faire les choses par soi-même. L'argent n'achète pas l'alignement. Imagine-toi vivre seul dans une petite cabane en bois entourée de natures. À quoi vont te servir tout tes fringues et autres gadgets ? Quelle serait ta véritable personnalité ? Quelle faculté développerais-tu ?

Depuis ce voyage, j'ai drastiquement réduit ma consommation à tous les niveaux. Cela fait des années que je n'ai pas acheté un vêtement neuf et que je privilégie les affaires de seconde main autant pour mes vêtements que pour de la décoration ou divers ustensiles et bonjour les économies que je fais ! Tous ces vêtements/bijoux/chaussures qui m'avaient effrayée en revenant ont disparu de mon armoire. Je ne vois plus l'intérêt de dépenser 100 euros dans un pull, je ne ressens plus cette « obligation » d'acheter quand c'est les soldes, au contraire cela m'angoisse presque. Je n'achète plus pour combler quelque chose en moi que je n'arrive pas à identifier.

Mes activités créatives me permettent d'exprimer et de sortir ce que j'ai en moi. Cela m'apporte bien plus que de m'acheter le jean qui me donnera les plus jolies fesses et me comblera le temps d'un court instant. Toutes ces économies accumulées me permettent finalement de me payer un court séjour quelque part qui m'apportera bien plus d'utilité qu'un ustensile puisse m'apporter. Il est vrai qu'à 20 ans, à part le sport et le shopping, je n'avais aucune activités personnelles qui me permettaient de m'exprimer. Acheter était donc un moyen pour moi de me combler intérieurement et aussi de me différencier.

Le rapport argent/temps a également pris une place majeure dans ma philosophie de vie. Sans vouloir me couper de ce monde, je tends vers un mode de vie qui me permettrait de travailler moins, en dépensant moins et en apprenant à faire par moi-même ce dont je suis capable de faire, au lieu d'acheter pour gagner du temps. Je rentre progressivement dans un désir de vie plus simple, loin des habitudes collectives qui prônent le travail et la consommation à outrance. J'ai choisi de prendre le parti de travailler moins et d'enchaîner des missions de courte durée pour gagner ma vie tout en ayant du temps pour me consacrer à mes envies d'écriture, à notre production personnelle de fruits et légumes dans notre potager et à mes prochains périples qui me nourriront l'âme. Je me suis mise à faire ma propre lessive depuis plusieurs mois et cela s'avère être finalement bien plus rapide et économique que je ne pensais. J'ai voulu essayer de m'atteler à la fabrication de mes cosmétiques mais j'avoue ne pas trouver cela encore aussi efficace que les produits que j'achète déjà et mine de rien, c'est encore quelque chose que j'ai du mal à faire rentrer dans mes habitudes. Petit à petit, je tâtonne un peu, j'apprends à être dans une démarche plus éclairée et consciente de chacun de mes gestes et actions dans mon quotidien et il est vrai qu'en y prenant goût, cela est plus facile de s'y intéresser et de se sentir concerné. Mais il est vrai aussi que fabriquer soi-même a aussi ses limites. Déjà d'un, on ne peut pas tout fabriquer soi-même sinon on y passerait nos journées entières (cela est donc incompatible avec un emploi à temps plein) et de deux, cela prend forcément plus de temps que si on achetait le produit déjà tout fait. Il faut donc pouvoir se dégager du temps et c'est vrai que dans une vie rythmée par le travail, les trajets en voiture ou dans les transports en commun, les rendez-vous à droite et à gauche et les tâches quotidiennes à la maison, ce temps, on ne l'a souvent pas ou alors il faudrait y consacrer une bonne partie de nos week-ends. Sauf que une fois la semaine terminée, on a envie de tout, sauf de passer son temps à préparer la cuisine, nettoyer son intérieur et fabriquer nos produits domestiques et autres recettes pour la semaine prochaine (sinon on passe sa vie à Faire au lieu d'Être, alors que c'est en baissant un peu le rythme de nos vies que l'on s'éloigne du stress et que l'on se rapproche de de soi et du présent... l'équilibre est dur à trouver n'est-ce pas ?).

Si tu as envie d'essayer, peut-être est-ce une première fois pour toi, voici ma recette de lessive et de crème hydratante fait maison.

## RECETTE DE LESSIVE

- Remplir une bouteille d'1L à moitié d'eau chaude.
- Râper 2 cuillères à soupe de savon de Marseille certifiés (possibilité d'acheter directement des copeaux de savons mais plus cher à l'achat et bien vérifier la composition).
- Verser les copeaux de savon dedans à l'aide d'un entonnoir et remuer légèrement pour faire fondre le savon.
- Ajouter 2 cuillères à soupe de bicarbonate de soude et mélanger doucement car risque de mousser.
- Remplir le reste de la bouteille avec de l'eau froide.
Ta lessive est terminée en même pas 5 minutes !

Il est possible d'ajouter 2/3 gouttes d'huiles essentielles pour parfumer ta lessive. Il est recommandé de mettre ta lessive directement dans le tambour et de nettoyer régulièrement la machine car le savon sur le long terme peut encrasser les tuyaux.

## RECETTE DE CRÈME HYDRATANTE NUIT

- Dans une casserole, mélanger 6 cuillères à soupe de 2 huiles végétales de votre choix (ex : 4 cuillères d'huile de coco et 2 cuillères d'huile d'olive).
- Verser une cuillère à soupe de cire d'abeille.
- Faire fondre le mélange doucement au bain-marie et mélanger.
- Hors du feu, ajouter 2 gouttes de vitamine E (conservateur) et remuer.
- Transvaser la préparation dans un petit pot en verre de 50mL. Ta crème est prête, à conserver au frigo !

Pour une crème anti-ride : 3 cas d'huile de jojoba, 2 cas d'huile de rose musquée et 1 cas d'huile de pépins de figue de barbarie (cette huile est chère mais comme on en met moins, elle durera dans le temps).

**Attention cependant à introduire l'huile de pépins de figue de barbarie et de rose musquée après avoir fait fondre la cire d'abeille avec l'huile de jojoba car ce sont 2 huiles qui n'aiment pas les variations de températures et se dégradent sous la chaleur.**

J'ai, comme tout le monde, vécu dans le schéma « métro, boulot, dodo » sans me poser de questions. J'avais un job, je payais mes quelques factures, mais je passais mon temps en dehors de la maison, pour boire des coups, aller au cinéma, faire du shopping et manger au restaurant pour me relaxer et me changer les idées. Par flemme de cuisiner, j'avais acquis le réflexe de me faire livrer des plats et quand je m'ennuyais, j'achetais en ligne. Sans que j'en sois consciente, je passais mon temps à dépenser mon argent dans des activités, pour me sentir vivre et des services, que je pouvais parfois faire moi-même. Je travaillais pour gagner de l'argent, et sitôt le frigo rempli, je dépensais cet argent pour me « détendre » ou me divertir. C'était ça ma vie, ma définition de vivre sa vie. En fin de compte, je pense qu'on est tellement frustré de passer notre temps au travail, dans les transports et à s'occuper des tâches quotidiennes, qu'on tombe très vite dans cette surconsommation de matériels, produits et loisirs pour se sentir vivre et passer le moins de temps possible dans la contrainte en dehors de celles qui nous sont impossibles à éliminer. C'est qu'il y a peut-être un déséquilibre quelque part non ?

Je pense que c'est très difficile, à l'heure d'aujourd'hui, de revenir à une vie plus simple, d'avoir moins de distractions et d'apprendre à peu consommer, tant nous sommes habitués à vivre dans le confort, à avoir une multitude de choix devant nous et à suivre tant d'injonctions. Mais il suffit d'un petit pas, d'une prise de conscience, il suffit de voir que le monde et les hommes qui y habitent ne vont pas tous bien dans ce schéma de vie, pour que le déclic se produise et que l'on améliore à notre échelle quelques pans de notre vie.

## *Ose être qui tu es.*

C'est ce que tu as de meilleur à donner. La folie d'être soi, c'est un peu devenu le mantra de ma vie. Je remarque qu'il y a si peu de gens qui sont vraiment eux-mêmes en société et qui s'aiment pour ce qu'ils sont. La folie, même douce et sans danger connote toujours ce sentiment de peur et d'anormalité. Moi c'est ce qui m'attire, me transporte, m'émoustille, me rend vivante. Je pense sincèrement que pour être soi, un peu de folie est nécessaire pour sortir de cette homogénéité sociale, de cette rigidité ambiante, de ce sérieux à outrance qu'ont beaucoup d'adultes. S'accomplir en dehors d'une norme (qui est contraire à l'épanouissement personnel), c'est le plus grand challenge pour un être humain.

J'ai longtemps endossé le rôle de la fille sérieuse, à l'école, avec mes parents, devant d'autres adultes, parfois même devant mes anciens amis. Le « sérieux » était pour moi synonyme de droiture, d'obéissance et donc de réussite. Ce sont du moins les valeurs que l'on m'a inculquées et que bon nombre de parents inculquent à leurs progénitures, ce qui n'est en soi pas une mauvaise chose (ce qui m'a d'ailleurs très bien réussi scolairement parlant). Je n'aimais pas l'école, mais j'avais de très bonnes notes excepté pour la physique et les mathématiques que je trouvais déjà, beaucoup trop abstraits à mon goût.

Durant toute ma scolarité, j'ai suivi ce modèle de réussite et cette volonté d'être douée dans toutes les matières, qui relevait beaucoup plus d'un fort besoin de satisfaire mes parents et mes professeurs que d'une véritable quête personnelle. Mais bon à cet âge-là, savoir ce que l'on veut c'est aussi une question bien abstraite. En parallèle de cette quête de réussite scolaire, j'ai subi pendant des années du harcèlement scolaire, qui m'a énormément fragilisée et persuadée que plus j'étais discrète, moins je me ferais remarquer. Sauf qu'en plus d'être sérieuse et discrète, je ne savais absolument pas me défendre. J'étais donc la proie idéale des harceleurs. Cela a commencé à l'école primaire (bien que je me souvienne de moments très douloureux également en maternelle), puis jusqu'aux années lycée, j'ai subi moqueries, insultes, critiques sur critiques, bizutages en tout genre et même quelques bousculades. Je me souviens de ce jour à la cantine scolaire de l'école primaire, où un de mes camarades de classe se demandait s'il était possible d'arracher plusieurs cheveux en même temps. Le temps que je comprenne que j'étais la mieux placée pour tenter l'expérience, il m'attrapa par la tête et m'arracha une grosse touffe de cheveux en rigolant. Fier de lui, il montra à toute la table la poignée de cheveux qu'il venait de m'arracher. La douleur physique que j'ai ressentie à ce moment était tout aussi terrible que la honte qui m'envahissait alors que tout le monde rigolait autour de moi. Je me souviens également de cette récréation que je passais encore seule. J'ai pourtant eu quelques rares amies, jamais trop, mais parfois j'étais seule à longer les trottoirs de la cour, à me faire oublier, à passer de longues minutes aux toilettes, à espérer que la cloche sonne la fin de cette interminable récréation. Encore en position de proie facile, je passe timidement devant les deux terribles de l'école qui m'appellent et me demandent de venir les voir. Naïve, je m'exécute. Je sens d'avance qu'il y a de fortes chances qu'ils se moquent de moi mais j'y vais quand même, persuadée de me tromper sur leur sort. Ils me font croire que j'ai quelque chose dans le dos et me demande de me baisser pour me l'enlever. Je me baisse en avant et l'un d'entre eux descend ma jupe à mes chaussures pendant que l'autre s'amuse à planter son doigt dans mes fesses en faisant « prout ». Ce jour-là, heureusement que j'avais un collant par-dessus ma culotte. Je me relève, abasourdie, me rhabille terriblement honteuse et repart en écoutant toujours les mêmes rires autour de moi.

Entre temps, j'ai connu des années scolaires plus calmes et plus propices à l'amitié, mais le harcèlement te rattrape toujours quand tu montres ta sensibilité ou quand tu restes seul. En 3ème, mes parents décident de me changer de collège pour garantir ma réussite. Je passe donc d'un collège public à un collège privé et je fais ma rentrée dans ce nouvel établissement scolaire où j'ai cru pouvoir me reconstruire. Mais il y a toujours un ou plusieurs éléments perturbateurs dans chaque classe et il en suffit d'un pour créer un effet de groupe dévastateur.

Enfants, ados ou même adultes, on ne se rend pas compte que de simples mots peuvent anéantir quelqu'un. C'est dans ce nouveau collège, que ce cher Rodolphe a passé l'année entière à me dévisager de haut en bas, à venir me voir à chaque récréation pour m'insulter ouvertement, les yeux dans les yeux, pour me dire à quel point j'étais moche, conne, mal habillée et à quel point je ne servais à rien. C'est cette même année que j'ai retrouvé un jour, mon cartable et mes vêtements tout en haut d'un arbre, après avoir mangé seule à la cantine. Je passe ces moments où toute la cour de récré me fuit parce qu'une prof avait trouvé des poux dans mes cheveux, ce moment où la prof de math se moque de mes joues qui deviennent rouge écarlate à chaque fois que l'on m'interroge, ces moments où j'entends mon nom suivis de rire, ces réunions parents-profs où j'entends que je suis trop calme, trop timide, transparente et qu'il faut que je sorte de ma coquille alors qu'eux-mêmes n'ont pas conscience de ce que je vis et de qui je suis vraiment.

D'ailleurs pourquoi faudrait-il que l'on soit bavard, à l'aise pour prendre la parole en public et dans la démonstration de soi pour ne pas être inquiété ? On ne demande pas à ceux qui participent et ne savent pas s'arrêter de parler d'être plus silencieux et plus calmes, si ? L'école peut-être un environnement très toxique pour ceux qui ne correspondent pas au moule, aux attentes du système scolaire et des codes sociaux valorisés. Et heureusement qu'Internet n'existait pas à mon époque, car je mesure toute la difficulté pour les enfants harcelés aujourd'hui, de s'en sortir sans séquelles et sans drame !

J'ai détesté toute ma scolarité ainsi que le cadre trop rigide de l'école et son cruel manque d'écoute vis-à-vis des enfants. Dans ce collège privé, je me souviens avoir réussi à trouver le courage de me rendre jusqu'au bureau du principal pour dénoncer mon harceleur et montrer ma détresse. Je me sentais si mal et seule face à toute cette méchanceté. Le proviseur était absent ce jour et son assistante m'a conseillé d'oser lui répondre et d'apprendre à me défendre toute seule comme une grande.

Merci l'école !

J'ai continué dans ce schéma de droiture, de mal-être et de silence jusqu'au lycée. Prendre sur moi, ne rien montrer et bien travailler pour qu'on soit fière de moi. Toujours aussi mal dans ma peau et ayant peu d'amis, je me voyais mal sortir de ma coquille devant des gens qui se moquaient ouvertement de moi et des adultes qui ne faisaient pas grand-chose pour m'encourager à sortir de ce mal-être. L'unique heure de colle de ma vie, en Terminale, m'a clairement prouvé à quel point je me sentais soumise et à la merci du regard des autres. Je me souviens de ce jour, ce carnet de liaison tendu à la prof, cette première et dernière heure de colle de toute une scolarité et cette angoisse qui montait. J'étais terrorisée de l'annoncer à mes parents. J'aurais pu vomir tout mon repas du midi tellement je me souviens de cette douleur dans mon ventre, pour une simple punition, qui m'avait d'ailleurs permis de transgresser les règles avec les quelques copines qui m'accompagnait ce jour-là dans la salle de permanence. Pour une fois, je me suis retrouvée à la place du perturbateur. Je me suis sentie un peu rebelle sur le coup, mais pas fière du tout pour l'annoncer. Au final, mes parents, tout aussi surpris que moi, m'ont simplement lancé cette fameuse phrase que l'on a sûrement tous entendue de la bouche de nos parents ; « j'espère que c'est la première et dernière fois ».

À ce moment-là de ma vie, je ressens une souffrance indicible et la situation va s'inverser, mais pas vraiment comme il le faudrait. Les autres ne me comprennent pas, pire, se moquent de moi donc je décide de me révolter avec la seule arme que j'ai, à ce stade et que je ne sais pas utiliser, la parole. Je fais subir aux autres ce que moi-même je subis, à défaut de chercher à comprendre ce qu'il se passe en moi. Je ne suis pas aimable, je me mets à critiquer et à me moquer des autres à mon tour. Ma colère m'a envahie. Je suis en guerre à l'intérieur de moi et contre tous ceux qui me contraignent. J'en veux à la terre entière. Alors, je me venge. Je me fais des amies. Pas des vraies, mais je me sens au moins entourée et encouragée dans mes conneries. J'obtiens mon baccalauréat et ne sachant pas qui je suis et que faire de ma vie, je m'inscris dans cette faculté d'économie, comme bon nombre de jeunes étudiants paumés. Doux Jésus Marie Joseph, mais qu'ai-je fait ! L'économie = matière que je n'arrive même pas à définir tellement cela m'évoque un flou intergalactique. J'étais vraiment persuadée qu'en étant assidue et sérieuse, je réussirais pleinement sur cette voie, comme cela m'a réussi pendant de longues années. J'avais 18 ans et je me sentais aussi perdue qu'un bernard-l'hermite sans sa coquille.

C'est à cet âge que ma folie naturelle, comprimée en moi depuis tant d'années, s'est mise à rejaillir. J'ai commencé à découvrir cet aspect de ma personnalité. Ce côté rebelle, qui déteste les ordres et obéir à des choses que je trouve inutiles. Paradoxalement, c'est à cet âge que ma dépendance affective a commencé à prendre le dessus de manière assez violente. Chose qui ne m'était jamais arrivée jusque-là, mon premier jour ou dirais-je plutôt ma première heure de fac, s'est terminée au bout de 40 min à l'arrêt du tramway, en fou rire avec celle qui deviendra à ce jour ma meilleure amie. Je possède, depuis ce jour, une aversion pour tout ce que je peux trouver de trop sérieux à mon goût, tant en matière de conversations, de travail, de fréquentations que de manière de vivre. Je n'aime pas le sérieux, il m'ennuie et m'attriste. Je crois que je l'ai trop été et j'ai comme l'impression d'en avoir développé un dégoût. Être trop sérieux dans sa vie pour moi c'est se brider et renoncer à son âme d'enfant, qui, elle seule, nous rend encore authentiques. Beaucoup d'adultes deviennent bien trop chiants, disons les choses. Si nous avons la chance de vivre et de pouvoir respirer, pourquoi ne pas le faire avec un peu de folie, si rien n'est éternel ? Ce n'est pas parce qu'elle nous met face à des coups durs, que la vie doit forcément être vécue sérieusement.

Ma période à la faculté s'est achevée au bout d'un mois ou du moins dirais-je quelques jours, si j'enlève tous ceux où un prétexte m'empêchait d'y aller. Le seul cours que je n'ai jamais loupé, c'était la sociologie. Je notais et prêtais une attention folle à tous les cours de ce cher professeur, qui me parlait de psychologie, de conditionnement, et d'hérédité. Aujourd'hui, je me demande pourquoi je n'ai pas étudié la psychologie. Mes proches et Internet m'ont tellement rabâché qu'il n'y avait aucun débouché, que ne sachant pas vraiment si cela me plairait et préférant écouter les autres, qui à cette époque me paraissaient mieux me connaître que moi, j'écoutais avec attention et sérieux toutes leurs paroles. À 28 ans, je reste toujours une mordue de psychologie et de philosophie, j'adore comprendre les comportements humains et tout ce qui découle de nos croyances. Qui sait dans une autre vie, j'aurais peut-être été un deuxième Freud au féminin.

Les études supérieures me redonnent cette liberté tant recherchée, je refais surface et s'envolent toutes ces années de harcèlement et de moqueries. Je commence tout doucement à m'affirmer, mais le chemin vers la connaissance de soi est encore très loin. Mon BTS Tourisme ne me passionne pas autant que j'espérais, mais les résultats sont là et je suis avec mes copines alors je crois encore être sur la bonne voie. C'est fou comme on peut être fort dans un domaine et pour autant ne pas être à sa place.

Je ne regrette pas ce difficile parcours scolaire qui m'a menée à devenir la personne que je suis aujourd'hui. En revanche, je suis peinée par notre système scolaire. Une scolarité que je trouve peu étudiée pour que chaque élève puisse s'y retrouver. L'école ne donne pas vraiment envie aux élèves d'apprendre. Rares sont ceux qui s'y rendent avec plaisir. On a plus adoré l'école pour les copains et les jeux que pour l'enseignement en lui-même. Mais encore faut-il avoir des copains haha !

Je revois ces cours interminables, parfois à la limite de l'endormissement, assise sur une chaise, jusqu'à huit heures par jour. Je me revois me déconcentrer à la dixième minute de cours et me perdre dans mes pensées, pour n'en ressortir qu'à la fin du cours. Je me vois aussi passer plus de temps à m'imaginer ma vie plutôt qu'à écouter cette multitude de matières, dont la moitié ne me servira pas à grand-chose plus tard. Notre cerveau n'est clairement pas fait pour rester concentré aussi longtemps. Comment peut-on rester attentif six à huit heures par jour à écouter des matières que l'on n'a pas vraiment eu le choix d'étudier ?

Je me revois écouter difficilement un cours de physique, avec mon cerveau clairement axé vers l'aspect poétique de la vie. Je me revois essayer d'y trouver une quelconque utilité et me perdre face à cette immensité de chiffres et de calculs incompréhensibles, que ma calculette pouvait d'ailleurs très bien calculer à ma place. Il y en aurait eu des cours qui m'auraient passionnée et apporté des connaissances que je n'aurai pas oubliées un mois après !

Je trouve cela regrettable qu'on ne puisse pas étudier l'art de bien communiquer, la bienveillance, les bases de la psychologie humaine ou même qu'on nous apprenne à écouter notre corps et à développer notre libre-arbitre ou à connaître la nature, les animaux et toutes ces espèces végétales qui nous entourent. Bien évidemment qu'il y a des bases à connaître dans chaque matière. Bien évidemment qu'il est important de savoir lire, écrire, calculer, connaître l'histoire de son pays, savoir bien s'exprimer dans la langue de son pays et s'ouvrir aux langues étrangères. Mais passer quinze années assise sur une chaise pour n'avoir retenu finalement, même pas le quart de toutes ces connaissances, je ne comprends pas l'utilité.

On apprend nos leçons pour être noté et une fois noté, on nous attribue un niveau. Niveau qui nous différencie de nos camarades, mais ne révèle pas notre vrai potentiel. Pire. Une note à un ou deux chiffres qui conditionne notre futur. Alors quand je vois la manière dont les adultes communiquent parfois entre eux et se comportent avec si peu de sagesse, je me dis que le savoir « être » et l'écoute de notre être, prévalent largement sur une tête bien pleine et de jolies notes. Une personne avec une tête bien pleine, mais incapable d'être bienveillante et totalement inconsciente de ses failles, n'est absolument pas un objet d'admiration pour ma part, alors qu'une personne qui travaille sur elle-même et s'ouvre l'esprit mais qui possède peu de culture générale, dégage bien plus d'authenticité et de grandeur en elle. Les connaissances ne rendent pas meilleurs. La connaissance de soi et des autres oui.

## Être soi relève d'un grand courage

Et en même temps, je trouve cela nécessaire de se donner ce courage ! Ne pas être soi, c'est passer à côté de son potentiel, de sa vie. Cela reste un avis personnel, car une vie réussi pour d'autres personnes, n'est pas liée au fait d'être soi-même, si cela reste un choix. Certains peuvent se sentir pleinement en phase avec une vie où le manque de liberté personnelle prédomine. Ce peut-être un choix, culturel, religieux ou même personnel qui nous pousse à privilégier les sacrifices au détriment de nos désirs.

Ce ne sera jamais le mien. Je préfère prendre le parti de vivre pleinement ma vie, quitte à délaisser certaines choses indispensables pour d'autres. La seule vie dont nous disposons et qui peut s'arrêter demain doit être remplie de sens et non décidée par d'autres.

C'est quelque chose qui a tendance à me peiner, de voir, encore aujourd'hui, des personnes prisonnières de leur vie, cloîtrées dans des valeurs et croyances qui sont souvent celles de leur entourage et non les leurs. Des personnes qui vivent la vie que leurs parents auraient aimé avoir, inconsciemment ou par devoir. Des personnes qui poursuivent des études traditionnelles, parce qu'apparemment faire du commerce ou du droit serait mieux que de faire un métier artistique ou manuel. Des personnes qui se privent de leur propre bonheur pour le donner à autrui. Des personnes qui agissent à l'encontre de leur petite voix et briment une grande partie d'elles-mêmes.

Qui es-tu quand personne ne te regarde ?

Tout ce qu'on nous a raconté et tout ce que nous avons entendu n'est peut-être pas fait pour nous. Il y a beaucoup de grandes vérités qui ont été écrites, lues et récitées pour que cela parle à un plus grand nombre. Cela ne veut pas dire qu'il faut forcément tout suivre à la lettre et se comporter comme tel. Est- ce que cette vision de la vie que m'ont inculquée mes parents et ces valeurs humaines me semblent aujourd'hui à mon image ? Qu'est-ce qui me sert aujourd'hui ? Si je ne me reconnais pas dans cette croyance, par quoi puis-je la remplacer ?

- « Oui, mais si j'écoute mes rêves, j'ai peur qu'on me prenne pour un/e fou/folle ? »

Entre une personne qui s'oblige à rester dans une vie qui ne le rend pas heureux, qui bousille sa santé physique et morale au détriment de son bonheur parce que c'est la valeur de la vie qu'on lui a inculquée et une personne qui ose s'affranchir de l'avis des autres, qui désapprouve ceux qui la persuadent de faire fausse route et qui écoute ses ressentis pour avancer dans sa vie… honnêtement, qui est le fou dans l'histoire ?

*10/09/2018*
***Jour 255***

*Avant de vivre cette folle aventure, je me sentais réellement capable de pouvoir vivre dans un autre pays. Un pays où mes habitudes n'existeraient pas, où mes repères se verraient chamboulés. C'était sans connaître cette notion de manque et sans se rendre compte des richesses tant culturelles que culinaires ou sociales qui caractérisent la France.*

*Cependant, en matière de philosophie de vie, d'ouverture au monde, de poursuite du bonheur, la France n'est certainement pas le premier pays qui me vient à l'esprit.*

*Là-bas, on te demande d'être numéro un, pas d'être heureux. À aucun moment, on ne nous a inculqué la valeur de la vie, la vraie, la valeur des choses les plus infimes, la valeur d'un moment, la valeur de l'amitié, de l'amour... On passe notre temps à douter, à se poser des questions par peur de passer à côté de notre vie et c'est pourtant ce manque de lâcher-prise et d'écoute de soi qui nous emprisonne. On te fait croire sur les panneaux publicitaires qu'être toi-même c'est bien, « venez comme vous êtes » qu'ils disent. La réalité c'est qu'on veut que ta propre personne soit conforme à des exigences précises et non l'inverse. La réalité c'est qu'une étiquette vient souvent te coller à la peau quand tu poses un pied en dehors de la ligne. Le monde évolue à une vitesse folle, mais pas notre pensée. L'Australie c'est le pays où la morosité n'existe pas. Leur sourire, leur optimisme, leur ouverture au monde, leur besoin de se connecter à la nature, leur façon de s'émerveiller de tout, de vivre intensément en prenant soin de son prochain, tout ceci reflète cette philosophie de vie que nous n'avons pas. Ici, j'ai découvert un pays qui apprend à te connaître non pas en te demandant directement « quelle est ta profession », mais ce à quoi tu aspires, qu'elles sont tes loisirs et qui tu es. Tu peux d'ailleurs passer des heures à parler avec un Australien sans que le monde professionnel ne vienne s'insérer dans la discussion. Parce qu'ici le travail ne te conditionne pas et est aussi important que les moments qu'on s'accorde à soi. Ici, le voyage n'est pas une option ou* un luxe, mais une tout autre manière de vivre. Ici, il n'y a rien de surprenant à faire ses courses ou même à partir au travail pieds nus, à considérer un inconnu comme un ami, à sourire du matin au soir qu'il pleuve ou non, que tu aies passé une mauvaise journée ou non. Ici, pas besoin de courbette ou de phrase de politesse pour te distinguer, le naturel c'est plus efficace. Ici, pour abréger une conversation ou rentrer chez toi, pas besoin de justification ou d'excuse, tu t'en vas en saluant, libre comme l'air. Ici, les codes sociaux s'apprennent en quelques secondes, se taper la bise avec tous tes merveilleux collègues ça n'existe pas, un simple bonjour et c'est parti. Ici, ils ont le goût de l'effort, parce que l'effort est valorisé par l'expression de soi. Ta différence est vue comme un atout. Personne ne cherchera à te faire rentrer dans une case, la norme n'est pas un facteur de réussite. Porte des cheveux verts si tu veux, bouffe des graines si ça te chante, promène-toi le nombril à l'air sans crainte, bronze en string sans jugement, ris haut et fort dans un lieu bondé, danse en pleine rue si l'envie te prend, les gens ne se retourneront pas.

Sois la même personne en France et la moitié des regards se poseront avec insistance sur ta petite personne. Rêve de cet autre monde et on te rira au nez.

Aujourd'hui, nous avons rencontré Zelly, un musicien londonien qui a passé sa vie à voyager. Un artiste comme je les aime, doué d'une forte intelligence émotionnelle et d'un discours très profond sur la vie, il en est venu au fait qu'aujourd'hui, nous nous posons beaucoup trop de questions et que nous ne vivons pas assez le moment présent. Se demander si on a pris le bon chemin, la bonne décision, fait partie intégrante de notre quotidien. Savourer la vie c'est savourer les bons, les petits, les grands, mais aussi les mauvais moments. C'est accepter l'erreur et l'échec tout comme la réussite personnelle et la fierté.

Se libérer de cette pression sociale c'est faire preuve d'un immense courage.

À méditer : l'homme pense beaucoup trop et ne ressent pas assez.

*Nous avons parfois peur de nous ouvrir pleinement à la vie, d'accueillir son flot impétueux. Nous préférons contrôler nos existences en menant une vie étroite, balisée, avec le moins de surprises possibles. L'être humain a peur de la vie et il est en quête de la sécurité de l'existence. Il cherche, tout compte fait davantage à survivre qu'à vivre. Or, survivre, c'est exister sans vivre, c'est déjà mourir. Passer de la survie à la vie, c'est une des choses les plus difficiles qu'ils soient.*
Frédéric Lenoir

## Je vous réponds

Il y a quelque temps, je vous avais demandé sur les réseaux sociaux de me faire part de toutes vos interrogations, que peut soulever un tel projet (organisation, budget, démarches administratives, relations…). Voici vos questions et voici nos réponses !

## Pourquoi êtes-vous partis ?

Idéalement, le mieux est d'éviter de partir sur un coup de tête pour une aussi longue période, mais concrètement, tu n'as pas besoin d'avoir un véritable projet pour te décider à partir. Quand l'envie te prend, réfléchis un peu, mais pas trop non plus. Envie de changer d'air, de tester tes limites, de changer de vie ou de faire une pause dans ton quotidien ? Tous les prétextes sont bons et très peu d'excuses sont valables ! Mais il faut savoir que le voyage ne représente pas la solution miracle. Tes problèmes, tu les retrouveras même à l'autre bout du monde si ton seul but est de les fuir.

Nos projets étaient différents à tous les deux, mais notre envie de partir pour une longue durée était partagée. Louis avait pour projet de travailler dans le secteur viticole pour se perfectionner et s'ouvrir à d'autres méthodes de travail. Il n'avait pas spécialement été amené à beaucoup voyager dans sa jeunesse et ressentait cette envie de découvertes. Pour ma part, j'avais l'envie de découvrir un autre pays, une nouvelle manière de vivre, de nouvelles personnes et de vivre quelque chose de fou. Je n'avais aucun projet professionnel, je voulais goûter à la joie du voyage qui a tant bercé ma jeunesse mais pas n'importe quel voyage. Celui qui dure. Celui qui laisse des traces.

## Quand partir ?

Certains vont partir trois semaines après avoir pris leur décision, d'autres mettront plusieurs mois voire des années pour se décider à sauter le pas. Tout est propre à chacun ! Personnellement, partir sans rien n'avoir préparé n'était pas envisageable du tout pour moi. Dans tous les cas, tu auras besoin d'entreprendre des démarches administratives, avec des délais parfois assez longs, donc cela reste quasiment impossible de partir du jour au lendemain sur une aussi longue durée. En ce qui concerne le délai, nous avons décidé de ce projet en juin/juillet et nous sommes partis après les fêtes de Noël de la même année. Cinq à six mois de préparation, d'économies, de démarches et d'excitation.

## Pourquoi l'Australie ?

Au début de notre projet, nous avions trois pays qui nous intéressaient, à savoir les États-Unis, le Canada et l'Australie. Forcément, le « rêve » américain s'est positionné en première position, mais ça c'était avant que l'on prenne conscience des difficultés pour un étranger de travailler là-bas. Il y a bien un visa touriste (qui n'autorise donc pas le travail sur place) mais qui a une durée maximale de trois mois. Bien trop court pour nous. Nous avons donc rapidement abandonné l'idée pour nous positionner soit sur le Canada, soit sur l'Australie. Mon choix était déjà fait. Étant déjà allée au Canada en colonie et malgré la beauté de ce pays, mon attrait pour le climat australien commençait à me faire de l'œil. Les clichés typiques de l'Australie (le surf, le soleil, les kangourous et l'ambiance à la cool) nous ont très vite encouragés dans ce choix et cette destination s'est rapidement transformée en certitude.

## Quelles étaient tes peurs avant le départ ?

Je ne sais pas si je peux vraiment parler de peurs. Je dirais plutôt de l'appréhension par rapport à cet inconnu dans lequel nous allions nous plonger de longs mois. Mais en me sachant accompagnée, il est vrai que cela m'a sûrement évité de ressentir la peur. Je ne pense pas être capable de tenter une telle aventure toute seule, du moins pas sur une aussi longue période et pas aussi loin. J'ai l'habitude de partir me promener seule, de faire mes activités seule ou de partir quelques jours/semaines en voyage mais jamais plus loin que l'Europe donc si c'était à refaire en solitaire, je resterais sûrement en Europe ou dans un pays francophone. Être à deux m'a donné une force et un courage que je n'aurais pas eu seule.

## Quelles sont les démarches à effectuer ?

### Démarches administratives

Quand on s'apprête à vivre dans un autre pays, on transvase en quelques sortes notre vie entière ailleurs. Visa, passeport, permis international, vaccin, assurance maladie, assurance auto, compte bancaire étranger, transfert d'argent, procuration bancaire et postale, droits chômage/caf à geler, forfait téléphonique, Internet, abonnements et loyer à résilier… les démarches ne manquent pas, mais tout est fait pour que ce soit facile à mettre en place.

## Démarches financières

La partie des finances est celle qu'il faut le plus anticiper. Un road-trip ou un tour du monde, ça n'est pas gratuit. Nous n'avons malheureusement pas gagné au loto. Nous avons économisé, pendant plusieurs mois.
Nous nous sommes privés, en matière de sorties et de dépenses diverses pendant six mois. Nous nous sommes fixés un budget de 5000€ chacun.

## Démarches diverses

En plus des démarches administratives et financières, nous avons effectué des démarches d'ordre médical. Nous avons préféré prendre rendez-vous avec tous les professionnels de santé pour faire un check-up complet (dentiste, médecin généraliste pour les vaccins, gynécologue, ophtalmologue). Tout le monde ne le fait pas, mais on tenait à partir l'esprit tranquille, car malgré nos couvertures santé là-bas, les frais médicaux peuvent s'avérer exorbitants.
J'en ai profité pour me procurer tous les médicaments nécessaires pour notre trousse à pharmacie, qui nous a bien été utile !
J'ai également fait une copie de tous mes papiers administratifs/ordonnances sur une clé USB. Cette anticipation nous a évité de dire bonjour aux médecins australiens.

## Comment votre couple a vécu ce voyage ?

Comment arriver à faire résister le couple à cette nouvelle vie? Qu'est-ce que cette aventure a changé dans notre relation ? Avons-nous toujours les mêmes attentes ? Tant de questions que l'on se pose avant le départ. Mais quand il faut y aller, il faut y aller, alors on se dit qu'on verra bien, tout en étant persuadé que notre couple résistera ! Je m'étais déjà fait mon propre avis avant le départ, qui a d'ailleurs été confirmé lors de nos multiples rencontres avec d'autres voyageurs. Je pense honnêtement que si le couple n'est pas déjà ancré sur des bases saines ou suffisamment solides, le voyage peut s'avérer compliqué. Cohabiter dans un appartement et dans un van, n'a rien de comparable. Dans nos vies métro-boulot-dodo, à moins de travailler également avec notre conjoint/e, on passe rarement chaque minute de notre journée collée à notre partenaire. Notre rythme de vie effréné ne nous permet pas aussi d'apprendre à cohabiter de manière intelligente avec l'autre. Le manque de temps, les activités, loisirs et priorités de chacun nous donnent, parfois, de nombreuses excuses pour éviter les discussions et les remises en question. En étant ensemble 24h/24h, les discussions s'amènent vite et cette fois, on ne peut plus les éviter. Là-bas, on ne pouvait pas fuir ou voir nos copains pour se changer les idées. S'il y avait des problèmes, il fallait les affronter et les résoudre rapidement, malgré l'inconfort que cela nous procure. Se supporter tous les jours et toutes les heures, cela peut vite être étouffant si nous ne sommes pas déjà habitués.

L'idéal est de partir avec le même état d'esprit que son conjoint/e, quitte à réajuster quelques projets pour que chacun y trouve son compte. En réalité, tout peut paraître problématique et en même temps rien ne l'est vraiment, si on a confiance en soi et en son couple. Quand d'autres voient leur couple se renforcer, d'autres aussi reviennent seuls. Nous avons croisé pas mal de couples, de toutes régions, de tout pays. Le constat est clair, mais pas dramatique. Une grande majorité de ceux qui sont toujours ensemble après cette aventure avait déjà quelques années de relation derrière eux. La cohabitation c'est soit la continuité d'un doux bonheur, soit une désillusion totale. Malgré tout, il existe bien heureusement des couples qui se sont justement rencontrés aux prémices de cette aventure et qui ont vu leur amour se déployer et leur complicité se renforcer. Alors si vous le sentez, partez et aimez-vous !

Pour ceux qui idéalisent le voyage comme nous l'avons un peu idéalisé au début, cette partie ne donnera pas que des étoiles plein les yeux, mais surtout beaucoup de vérité ! Vivre en amoureux dans un van, face à un magnifique coucher de soleil, les pieds dans le sable, un verre de vin à la main, enlacés. Aaaaaaaah on rêve tous de ce romantisme !

Bon, je vous rassure, il y a un peu de ça, mais pas que. Dans notre cas, cette intimité extrême a consolidé notre couple. Vivre dans un van ne nous a pas empêchés de nous apprêter, de prendre soin de nous et même si les longues douches chaudes ne font pas souvent partie du quotidien, finalement on se rend compte qu'on n'est pas obligé de se doucher tous les jours et que parfois, entre une douche glacée ou rien, la décision est très vite prise. Plutôt dormir sale que me geler les fesses sous les douches de plages publiques en plein vent ! Oui parce qu'il peut aussi faire très froid en Australie.

Finalement, on se rend compte que même dans notre rapport aux corps et à la propreté, on en fait des tonnes et on surconsomme sans que notre corps en ait réellement besoin. On n'a clairement pas besoin de se doucher tous les jours pour être « propre » et se sentir bien, surtout quand on passe la journée à ne rien faire. Si on n'avait pas tout ce confort à portée de main, si on connaissait vraiment la valeur des ressources naturelles, on ne serait pas aussi pointilleux sur plein de détails. Pareil pour la lessive et toutes ces odeurs alléchantes qu'on associe à tort à la propreté alors que le propre n'a pas d'odeur ! Ce n'est pas parce que nos draps ou petites culottes ne sentent rien qu'elles ont été mal lavées.

Pardonnez cette incartade et revenons à nos moutons.
Vivre en van c'est expérimenter des situations insolites. Se lever en plein milieu de la nuit pour aller faire pipi dans la nature, sentir les feuilles nous chatouiller les fesses, dans le froid, la pluie, le vent ou la chaleur. Vivre dans un van c'est comme vivre dehors la plupart du temps, donc s'adapter à l'environnement et ne faire qu'un avec la nature. C'est aussi vivre avec les maladies de l'autre, les odeurs corporelles, faire parfois ses besoins à dix centimètres l'un de l'autre (ça rapproche), remarquer certaines choses ou comportements que l'on n'aime pas voir chez l'autre... Vivre en van c'est briser les barrières de la pudeur, mettre de côté les bonnes manières et les codes de bienséance soi-disant bons pour notre couple. Personne ne fait caca des paillettes, non même pas nous les filles ! J'ai souvent entendu cette gêne, voire même ce blocage que nous avons à faire nos besoins ou même péter, quand notre compagnon est dans les parages, même après des mois voire des années de relation. Honnêtement, si votre couple n'a pas dépassé ce stade, vous imagineriez-vous vivre à deux dans un van en plein épisode de gastro ?

Tous ces petits désagréments auxquels on ne pense pas quand on évoque le road-trip font pourtant bien partie de cette réalité. Nous avons survécu aux gastros, aux odeurs nocturnes, à notre hygiène, parfois passée au second plan. Bon par contre, qu'on se le dise, éviter de regarder l'autre faire caca est tout de même un point à ne pas négliger. Cela peut vite éteindre cette flamme qui brillait encore entre vous !

Vivre en van c'est aussi tout partager émotionnellement. Les coups de blues, les énervements, les colères, le stress, les larmes, la joie, les doutes, les peurs et les rires, qui prennent parfois des proportions énormes tellement tout est amplifié. En vivant à deux, dans cinq mètres carrés, on devient très vite l'éponge émotionnelle de l'autre. Alors il faut savoir se préserver, prendre du temps pour soi, s'éloigner quand notre humeur déteint sur l'autre. Je me souviens d'une simple panne, qui, sous l'effet du stress de l'imprévu a dégénéré en une énorme dispute et à un lever de main, qui n'attendait plus qu'une dernière insulte pour partir sur la joue de l'autre. Ce n'est pas chose aisée, mais cette cohabitation permet d'apprendre à connaître notre partenaire comme jamais nous ne l'avions connu jusqu'ici.

Je suis persuadée que tant qu'on n'est pas sorti de notre train-train quotidien en couple, on ne peut pas savoir si on aime vraiment l'autre et s'il nous correspond véritablement. Car en sortant de nos habitudes on ne réagit pas pareil, notre personnalité est plus vive, plus expressive et ressort bien plus que si on reste dans une vie confortable sans prendre de risques. Il faut-être capable de se remettre en question par rapport à l'autre, d'oublier notre ego et cette vilaine fierté qui met à mal tant de relations. Il faut être capable de s'excuser, les yeux dans les yeux, de pardonner l'autre et de passer rapidement à autre chose. Cette aventure demande de fortes qualités humaines, mais rassurez-vous, nous détenons tout ceci en nous.

L'astuce infaillible en cas de tensions ?
Partager un bon repas autour d'une bouteille de vin si la tension peut s'apaiser dans le calme et la discussion. Si vraiment c'est encore à chaud, le mieux est que chacun vaque à ses occupations, parte se promener seul pour faire baisser la colère, s'imprégner de l'air ambiant et réfléchir sur ses actes ou paroles. Mais dans tous les cas, la discussion, calme et posée, sera le dernier remède pour diluer le conflit et éviter qu'il ne s'enracine. En fin de compte, même si nous avons rencontré des moments difficiles, ce n'est pas pendant le voyage que notre couple a été mis à rude épreuve, mais lors du retour. Nous avons tous les deux vécu un retour difficile, mais d'une manière totalement différente et surtout pas en même temps.

Il est vrai que même si nous ne sommes plus les personnes que nous étions avant, nous ne pouvons pas être 100% hermétiques à notre environnement, à cette société de consommation, de stress, cette pression du travail, ce rythme parfois trop intense et contre notre nature qui nous entoure et qui finit indéniablement par déteindre sur nous.

## Comment se passent les premiers jours ?

Avant de partir, nous avions réservé deux semaines dans une colocation à Sydney, pour nous permettre de prendre nos marques, récupérer de la fatigue du décalage horaire et surtout avoir une sécurité si on ne trouve pas directement un van à acheter. Cela nous a coûté relativement cher, en pleine période de fêtes de fin d'année, mais nous avons bien fait, parce qu'il nous a fallu une semaine pour arriver à nous caler sur le rythme australien. Je ne vous raconte pas l'ennui des premières nuits, quand on se réveillait à quatre heures du matin et la fatigue qui arrivait à 17h. Nous avons aperçu nos colocataires seulement le premier et le dernier jour, tellement nous étions décalés.
Pendant ces deux semaines d'adaptation, nous avons de suite voulu acheter notre van en regardant les annonces sur les groupes Facebook de voyageurs. Au bout de deux semaines, nous partions avec notre van, en direction de la Barossa Valley pour commencer à trouver du travail. Travailler dès le départ fut le meilleur moyen pour s'acclimater au pays. Je pense que nous aurions mis plus de temps à nous adapter, si nous avions commencé par voyager sans rien connaître du pays.

## Avez-vous eu des coups de blues ?

Bien sûr qu'il y en a eu. Comme on en connait tous dans nos vies en France ou ailleurs, les coups de blues font partie de l'aventure. Parfois tes proches te manquent, ta famille, tes amis. Face à ce beau paysage, tu aimerais le partager non pas, qu'avec ton conjoint, mais avec d'autres personnes. Plusieurs fois nous avons eu ces coups durs. Il y a des moments où on ne s'extasiait pas autant qu'on aurait dû. Le besoin de côtoyer ceux qu'on aime nous a plus d'une fois « empêché » de contempler pleinement un paysage ou une situation. Le manque se faisait sentir, mais sitôt la route reprise, il s'effaçait et nous repartions de plus belle, main dans la main, vers de nouveaux horizons, profitant à fond de cette aventure.

Nous avons aussi ressenti, vers la fin du voyage, une sorte de lassitude à changer constamment d'endroits pour découvrir à chaque fois de nouvelles choses. Cela peut paraître fou de ressentir ça, mais il est vrai que ce qu'il y a de plus important dans un voyage, ce n'est pas forcément le nombre de kilomètres parcourus ou de monuments visités en un temps précis, mais plutôt de prendre le temps de s'imprégner de chaque ville et de chaque atmosphère.

On a eu également des moments où nous prenions la route et ne croisions presque personne pendant des journées entières d'affilée. On s'attend de ce fait, à trouver au bout du chemin autre chose que ce paysage désertique que l'on avale depuis une semaine, et on est forcément déçu quand le résultat n'est pas à la hauteur de nos espérances. C'est un peu le comble du voyageur, qui s'attend parfois à trouver des merveilles à tous les coins de rue et qui parfois se désole à devoir dormir derrière des poubelles ou à se retrouver dans une ville peu attractive sans réel centre d'intérêt. Et pourtant, c'est ce qui fait tout le charme d'un voyage. Le beau et le moins beau.

## Avez-vous acheté votre van ?

Avant de partir, nous nous étions renseignés sur les possibilités qui s'offraient à nous pour acheter un véhicule sur place. Louer un van pour une année n'était pas du tout intéressant financièrement. Nous nous étions fixé un budget à ne pas dépasser, par rapport au type de véhicule que nous souhaitions. Nous avons donc acheté notre van à des Français, qui venaient de terminer leur road-trip. Nous avons été très vigilants sur chaque facture d'entretien du véhicule. Il faut savoir que l'Australie a une législation bien différente concernant l'achat de véhicules. Chaque immatriculation est reliée à un État et suit donc les règles de ce même État. En fonction d'où est immatriculé le véhicule que vous souhaitez acheter, le contrôle technique n'est pas forcément obligatoire, le changement de propriétaire peut parfois se faire en ligne, et le prix peut varier du simple au double. Si le contrôle technique est obligatoire, il faudra l'effectuer dans un garage agréé de l'État correspondant à l'immatriculation (compliqué si vous êtes à l'autre bout du pays et impossible de le revendre sans cela !). Ce pourquoi, beaucoup de backpackers, comme nous, avons privilégié un véhicule immatriculé dans un des deux États qui ne nécessite pas de contrôle technique obligatoire : le Western Australia ou South Australia. À nos risques et périls, car nous n'avions aucune garantie du bon fonctionnement du véhicule, mise à part les factures des différentes révisions que nous avons exigées, quelques connaissances en mécaniques apprises et une bonne confiance en notre vendeur. Nous avons également demandé à faire un tour avec le véhicule pour vérifier le moindre bruit suspect. Finalement, nous sommes plutôt bien tombés. À part le klaxon défectueux qu'ils ne nous avaient pas mentionné ainsi que la courroie de distribution, que nous avons par chance changée à temps, nous avons pu faire notre périple sans trop de souci mécanique. Heureusement que nous avons déjà l'habitude en

France de faire vérifier nos véhicules assez souvent, car une arnaque de ce type peut très vite gâcher le voyage !

## Comment financer un tel voyage ?

L'aspect financier reste le principal frein pour beaucoup. Pour ma part, ce n'est pas ce qui m'a posé problème compte tenu de ma situation confortable. Je vivais encore chez mes parents, donc pas de loyer à payer et peu de charges. Je faisais rapidement des économies tous les mois. Louis vivait quant à lui en colocation dans un appartement, mais il a rapidement pu mettre de côté, en effectuant divers boulots étudiants et nous avons comme évoqué ci-dessus, économisé sur tout. Je pense que quand on est conscient de ce qui nous attend derrière, on rechigne beaucoup moins à faire des sacrifices.

Il nous a fallu acheter avant le départ, nos billets d'avion, le visa et régler l'assurance maladie privée. Ce sont les seules grosses dépenses que nous avons dû faire au préalable. L'achat du van sur place est aussi une somme à prendre en compte dans le budget, sans compter les premières nuits souvent en auberge de jeunesse ou dans un appartement comme nous avons fait.
Il faut savoir que pour partir en Australie avec le Visa Vacances et Travail, un minimum de 2500€ par personne est fortement recommandé pour rentrer sur le territoire. Les contrôles restent peu fréquents, mais il faut le savoir. Un problème de santé ou un accident de la route est vite arrivé, et tu peux très rapidement te retrouver à sec, même avec une assurance. Beaucoup de ceux que nous avons rencontrés sont partis avec moins de 2500€. Encore une fois c'est un choix. Nous avons préféré la sécurité.
Concernant le financement du voyage sur place, à moins d'avoir économisé des dizaines de milliers d'euros avant de partir, le moment où

ton compte bancaire t'indique qu'il est temps de trouver du travail arrive vite ! Le coût de la vie étant relativement élevé en Australie, il est toujours bon de bien savoir gérer son argent, surtout quand ton aventure dépend de ça. Nous avons travaillé principalement dans les vignes ou les champs. Des travaux agricoles qui sont faciles à obtenir, souvent sans avoir besoin de CV et de compétences, à condition de se bouger et de taper à chaque porte ! Au total, nous avons travaillé 4 mois et demi sur l'année et voyagé le reste du temps.

## Notre tour d'Australie en quelques chiffres

**Total dépensé à l'année :** 22 600€ à deux
Tout inclus : Billets d'avion (Australie et Bali), visa, assurance santé et voiture, essence, logements, activités, réparation et rénovation du van, alimentation, extras, etc.

**Budget de départ :** 5000€ chacun
**Kilomètres avalés :** environ 35 000 kilomètres en onze mois et demi.
**Achat du van :** 3000€ et revente à 3200€ avec 347000 kilomètres au compteur.
**4 jobs :** Deux mois et demi de vendanges, deux semaines de ramassage de fruits/légumes, deux semaines de taille de la vigne, un mois de ramassage de myrtilles.
**Rénovation du van (panneau solaire + cuisine + divers) :** 1080€
**Réparation et entretien du van :** 1900€
**Assurance Santé :** 430€ par personne Assurance Voiture + Rego : 520€
**Essence :** un plein de 45L tous les 300km, à tes calculs !
**Cartes transport en commun Sydney + Melbourne :** 360€

Camping (pour le plaisir d'avoir plus de conforts, et surtout sur la côte est, où le camping sauvage est interdit) : 2400€
Carte prépayée téléphone (Telstra et Optus) : 300€ par personne
Nourriture : 3000€
Activités : 1600€ + aide de nos familles
Extras et plaisirs (restaurants, une canne à pêche qui n'a attrapé aucun poisson, souvenirs, jeux, parkings, alcools) : 1000€

## Réflexions

Finalement, à y regarder de plus près, on se rend compte que la vie nomade coûte relativement moins cher que la vie sédentaire. Une fois l'achat de la voiture amorti, nos dépenses restent principalement liées à l'essence et à l'entretien du véhicule, qu'il faut, comme une maison, parfois restaurer. Mais il n'y a pas de box internet à payer, d'abonnements en tout genre, de factures d'électricité ou d'eau à payer tous les mois, de taxes d'habitation ou foncière, c'est à nous d'aller chercher tout ce confort. Nous travaillions donc principalement dans l'unique but de nous nourrir et découvrir une partie du monde.
Dans une vie sédentaire, la principale dépense reste le loyer ou le remboursement du crédit du lieu d'habitation et toutes les factures qui vont avec. Ces dépenses nous permettent d'avoir un toit et bien plus de confort, mais nous travaillions donc pour maintenir cette « sécurité » et parfois, non sans difficultés.

Ces deux styles de vie me semblent diamétralement opposés, tant en termes de dépenses, que de rythme et d'épanouissement. Malgré tout, les difficultés restent nombreuses dans les deux cas comme les moments de joie. Il n'y a pas de meilleur style de vie, il suffit de choisir celui qui nous correspond ou d'essayer les deux !

Cependant, contrairement au sédentarisme qui peut vite nous déconnecter de nous-mêmes, le nomadisme, de par son absence de sécurité, nous oblige à écouter notre instinct et cette voix qui émane de nous. C'est un mode de vie qui apporte bien plus d'authenticité à notre vie, même sur une courte période ! On est constamment lié, sans le vouloir, à la nature et aux habitants. On ne fait qu'un avec dame nature. On vit au rythme du soleil et on s'adapte au temps alors que dans une habitation, l'électricité nous permet de veiller plus tard. On s'isole bien plus entre nos quatre murs à défaut de vivre à l'extérieur. Le rapport avec la nature n'est pas du tout le même.

En ayant goûté à ces deux modes de vie, je m'aperçois que l'on peut être très heureux sans goûter au confort permanent et que l'on peut être très malheureux en vivant dans un confort absolu. Parfois avec moins de moyens et moins de dépenses, on peut bien plus découvrir la vie, le monde et soi-même, qu'en cherchant à tout le prix le confort et la stabilité.

Pour autant, pourrions-nous vivre une vie de nomade toute notre vie ?
Pour ma part, non. Nous étions contents de rentrer pour retrouver un endroit régulier où nous pourrions nous ancrer et construire nos projets de vie. Voyager c'est bien, j'adore ça et j'en ai besoin, mais bouger pour bouger, n'a pas plus de sens que rester toute sa vie à la même place. Je pense que la vie est faite pour découvrir et je sais que je serais très malheureuse si on m'enlevait cette opportunité de voyager et si on m'obligeait à rester toute ma vie entière dans la même ville et dans une même routine. Mais pouvoir se poser de temps en temps pour réfléchir, prendre le temps et construire quelque chose me semble aussi très important.

Comme beaucoup de choses dans la vie, il suffit juste de trouver le juste équilibre et de ne pas se fermer de portes. On peut vouloir se stabiliser pendant 10 ans, vivre dans une maison, en avoir marre et tout vendre pour s'acheter une maison roulante et continuer sa vie différemment. J'aime sortir de ma « sécurité » pour me régénérer et me sentir vivre réellement sinon je me sens pourrir. J'ai besoin de voir le monde et le bout de la rue pour me stimuler, mais j'aime après quelques heures ou journées en dehors de ma zone de confort, rentrer dans mon cocon quand j'ai ma dose de découvertes. J'ai commencé depuis deux ans, choses que je ne faisais pas avant, à partir seule découvrir les villes et villages qui m'entourent. Je ne pars jamais très loin et seulement sur la journée pour réduire les frais de logement, mais j'y prends de plus en goût. Cela me nourrit beaucoup et j'ai tout aussi bien cette impression de voyager, qu'en partant dans un autre pays. Alors je continue à vivre mes expériences seule, car cela participe aussi à ma propre construction. Ce sont des moments qui n'appartiennent qu'à moi. Je sais qu'en étant à deux, je profiterais aussi, mais pas de la même manière. Connectée à mon esprit, j'ai dans ces moments-là, une pleine présence de mon corps, je me nourris de chaque personne que je croise sur ma route, chaque oiseau que j'entends, chaque paysage que je vois. C'est dans ces moments insolemment simples que je ressens énormément. À chaque fois que je reviens à la maison, je me sens totalement apaisée. J'ai l'impression d'avoir été connectée avec le monde, en pleine possession de moi-même. Ces sensations sont indescriptibles.

Aujourd'hui je ne pourrais plus m'en passer, c'est comme une drogue et je projette au fur et à mesure d'élargir mes escapades en solitaire. Mon premier voyage en solo est programmé, je trépigne d'impatience. Ce n'est pas donné à tout le monde. Arriver à faire des activités seule, partir seule, beaucoup n'y arrivent pas ou ne l'ont jamais fait. Et pourtant, essayer petit à petit, c'est si formateur. Au début on a peur, on se sent mal à l'aise, seul au monde, on se demande ce qu'on fait là. Mais au fil des minutes et à force de réitérer l'expérience, on lâche prise, on se laisse aller, on sait que la maison n'est pas loin alors on se détend un peu et on laisse l'environnement autour nous pénétrer. On observe les gens autour de nous, on leur sourit tellement on se sent bien, on se voit agir, on se voit vivre. C'est une véritable mise à nu face à soi. Au fur et à mesure, on arrive à se sentir rassuré même quand la maison sera un peu plus loin.

Je pense que donner du sens à sa vie, ça tient juste à trouver cet équilibre, propre à chacun. Ne pas s'oublier, penser que même si nous sommes bien entourés, il est toujours important de penser à soi pour ne pas se perdre et regretter ce qu'on aurait aimé faire plus jeune. Vivre sa vie comme on l'entend et accepter tout ce qui découle de nos choix.

*Notre monde actuel est pris dans cette frénésie du toujours plus, de l'activisme, de l'accumulation des richesses alors que l'homme a besoin de bien peu de choses pour être heureux. L'essentiel de son bonheur ne relève pas de ses possessions, mais de la paix de l'âme.*
Frédéric Lenoir

## Remerciements

Je tiens à remercier en premier lieu toutes les personnes qui ont fait ou continuent de faire partie de ma vie, à leur manière. Ma famille, mes amis, mon chéri mais aussi tous ceux dont le chemin a croisé le mien, pour partager un bout de vie, un court moment ensemble jusqu'à ce que nos voies se séparent. Je suis persuadée que chaque personne que l'on croise dans notre vie nous apporte sans le vouloir, son lot de bienfaits, de joies, de leçons mais aussi d'inconforts. Les autres sont une source incroyable d'apprentissages. Il y a des gens qu'on adore, qui nous apportent une joie immense rien qu'en les apercevant de loin, qui nous élèvent bien plus haut qu'on ne pourrait le faire seul. Il y en a d'autres qu'on a du mal à faire rentrer dans notre intimité car les différends nous éloignent, l'énergie qui se dégage n'est pas compatible avec la nôtre ou simplement que nous ne sommes pas faits pour partager un long chemin ensemble. Qu'importe. Ce sont toutes ces personnes qui nous guident et nous orientent vers notre chemin de vie.

Vous avez tous apporté à votre manière, inconsciemment ou non, des prises de consciences et un petit bout de vous dans ma propre construction. La vie n'est certainement pas déjà tracée et linéaire. C'est un long chemin dans lequel on a besoin de se perdre pour trouver notre mission de vie, notre destin, ce pour quoi on est fait. Ma mission, je pense l'avoir trouvée dans cette soif de spontanéité, ce besoin de découvertes et de libertés incessantes. Je me suis plusieurs fois perdue, dans un travail, dans des relations, dans une quête de vie qui me semblait bien trop lisse pour moi. J'ai essayé, car il faut toujours essayer pour savoir. J'ai vu ma singularité s'appauvrir, ma folie se dissiper, mon âme d'enfant mourir et j'ai compris que ce n'était pas pour moi.

Merci à toi mon amour. A tes côtés, j'ai pris conscience de qui j'étais. Nous nous sommes élevés chacun à notre tour pour accéder aujourd'hui à un état plus intense que l'amour, quelque chose de plus pur. Notre relation a tant évolué que je ne te remercierai jamais assez pour tout ce que tu as pu m'apporter jusqu'à présent, pour ton soutien inconditionnel et ta compréhension dans chaque étape de mon évolution. Merci d'avoir cru en ce livre quand je n'y croyais plus.

Merci à ma famille d'être à mes côtés. Nous ne sommes certes, pas les plus démonstratifs, mais je ressens tout l'amour que l'on se porte mutuellement à travers votre soutien, vos petits gestes et votre acceptation. J'ai développé en grandissant, des compétences émotionnelles, une sensibilité incroyablement puissante et créatrice et un besoin presque vital de m'exprimer à travers l'écriture, que je n'aurais pas pu déployer sans cette pudeur. J'ai appris à décoder les moindres gestes, postures et signes qui traduisent les émotions que l'on cache et l'amour que l'on porte à autrui. Ce sens de l'observation me sert énormément aujourd'hui. Je mesure également la chance que j'ai eu de goûter au plaisir du voyage si jeune. Vous m'avez transmis le goût de la solitude, du silence, du calme. Un sublime cadeau. Vous m'avez appris l'indépendance et je suis partie découvrir mon libre- arbitre. Grâce à vous, j'ai appris que la vie est courte, le monde est grand et qu'il faut partir à sa découverte. Je ne conçois plus ma vie sans exploration, sans nature, sans cet amour du monde et de mes proches autours. Sans cette liberté, il m'est désormais impossible de respirer.

*Et toi,
quelle sera ta prochaine aventure ?*